万千
教育

汉英双语版

童年的秘密

The Secret of Childhood

【意】玛利亚·蒙台梭利　著

郑福明　译

中国轻工业出版社

图书在版编目（CIP）数据

童年的秘密：汉英双语版 / （意）玛利亚·蒙台梭利（Maria Montessori）著；郑福明译. —北京：中国轻工业出版社，2017.2（2022.1重印）
ISBN 978-7-5184-1138-2

Ⅰ. ①童… Ⅱ. ①玛… ②郑… Ⅲ. ①早期教育－教育理论－汉、英 Ⅳ. ①G610

中国版本图书馆CIP数据核字（2016）第238797号

总 策 划：石 铁
策划编辑：高 君　　责任终审：张乃柬
责任编辑：高 君　　责任监印：刘志颖

出版发行：中国轻工业出版社（北京东长安街6号，邮编：100740）
印　　刷：三河市鑫金马印装有限公司
经　　销：各地新华书店
版　　次：2022年1月第1版第2次印刷
开　　本：710×1000　1/16　印张：25.50
字　　数：340千字
书　　号：ISBN 978-7-5184-1138-2　定价：78.00元
读者热线：010-65181109，65262933
发行电话：010-85119832　传真：010-85113293
网　　址：http://www.chlip.com.cn　http://www.wqedu.com
电子信箱：1012305542@qq.com
如发现图书残缺请拨打读者热线联系调换
161056Y1X101ZYW

译者导读

玛利亚·蒙台梭利（Maria Montessori，1870—1952）出生于意大利安科纳省，是意大利历史上第一位女医学博士，也被公认为20世纪最伟大的儿童教育家。蒙台梭利的教育理论和方法享誉全球。她对世界学前教育的卓越影响，在于她在自己所创办的“儿童之家”（Children's House）中进行了长期的教育实践，孜孜不倦地探索了符合儿童身心发展规律的教育方法，打破了保守教育思想的禁锢，总结出一整套适应儿童发展敏感期、促进儿童感官教育、激发儿童自主性、启迪儿童吸收性心智的教具和教法，为世界各国学前教育的发展树立了一种典范和模式。她对世界学前教育的卓越影响，更在于她尽心竭力地为贫困儿童和残疾儿童争取和创造了受教育的机会。她的足迹遍布许多国家，她的教育成就轰动欧洲，进而引发了全球性的“蒙台梭利运动”。如今，蒙台梭利学校、蒙台梭利协会早已遍布世界各大洲。她用自己的大爱和智慧，为推进教育机会平等、促进社会公正和推动世界和平做出了巨大贡献。她在1949年、1950年和1951年连续3年获得“诺贝尔和平奖”候选人的资格，受到世界各国人民的敬仰。

蒙台梭利是一位博学的学者，她的研究领域不仅涉及医学，还涉及哲学、心理学、教育学和人类学。蒙台梭利是一位杰出的教育家和社会活动家。1899年，蒙台梭利开始研究残疾儿童的教育问题。1907年1月6日，她在意大利罗马开办了第一所“儿童之家”，招收了50多名2—7岁的儿童，这也是第一所蒙台梭利学校。1909年，“儿童之家”的教育成效吸引了全球教育工作者的注意，蒙台梭利的著作也开始被广为传译。至1912年，蒙台梭利学校已如星星之火，遍布世界各大洲。欧美各国也纷纷成立蒙台梭利协会。1929年，第一届国际蒙台梭利大会（International Montessori Congress）在丹麦举办。随后，蒙台梭利和她的儿子马里奥·蒙台梭利（Mario Montessori）创办了国际蒙台梭利协会（Association Montessori Internationale，简称 AMI），负责指导世界各地蒙台梭利学校及教师的培训工作。该协会的创办，得到了包括弗洛伊德和皮亚杰在内的学者的大力支持。时至今日，在全球110多个国家和地区已经开办了2.2万所蒙台梭利学校。

蒙台梭利也是一位多产的作家。《蒙台梭利方法》（*The Montessori Method*，1909）、《蒙台梭利手册》（*Dr. Montessori's Own Handbook*，1914）、《发现儿童》（*The Discovery Of Child*，1948）、《吸收性心智》（*The Absorbent Mind*，1949）等都是她的力作。她的著述被译为40多种语言文字在世界各地出版。在她众多的著述中，《童年的秘密》（*The Secret of Childhood*，1936）是最为脍炙人口的代表作。书中不仅提出了“敏感期”的重要概念，而且通过大量生动的案例对儿童的“自由”与“秩序”的关系进行了详尽的论述；书中不仅鞭笞了传统的教育理念和方法对儿童发展的压制与阻碍，揭示了成人的不当干预或溺爱是儿童心理和行为问题的重要诱因，而且阐述了儿童与生俱来的巨大发展潜能，警示成人要摈弃对儿童的成见和偏见，耐心观察儿童，向儿童学习。她在本书中所发出的这些振聋发聩的呼声，所提出的教育理念和操作方法，轰动了她所在的那个时代，也影响了无数父母和教师对儿童的认识和理解。

儿童的健康、快乐成长，是每一位父母和教师共同关注的事情。然而，我们关注了儿童并不意味着就理解了儿童。《童年的秘密》一书揭示了这样一些现象：长期以来，许多父母和教师都习惯于从成人的视角去关注儿童，用我们自己的喜好去取代儿童的兴趣，用我们自己的想法去代替儿童的思考，为我们自己的便利去压制儿童的自由。我们很少有时间耐心地聆听儿童的心声，我们很少有时间细致地观察儿童的行为，我们很少有时间细心地品味儿童的兴趣，我们很少有时间反思我们对儿童的态度。针对这些现象，蒙台梭利在该书中围绕“解放儿童”这一主题，不仅极力倡导敬畏生命的态度和尊重儿童的理念，还阐述了儿童发展过程中身体与心理之间相辅相成的密切关系，明确了教师的角色和作用，提出了观察儿童和教育儿童的途径和方法。

蒙台梭利的基本教育理念在于儿童的学习不是从外在进行知识的灌输，而是需要启发内在的心智和潜能。教育者的重要使命是为儿童创设一个“有准备的环境”。教师通过创设美丽、有序和便利的教室环境，既让儿童在充分的自由活动过程中发挥自主性，激发自我发展的内在动力，又让儿童在与环境和他人的互动过程中获得内在的秩序感和规则意识。蒙台梭利的教育理念，在一定程度上是对18世纪以来卢梭自然主义教育理论的延续和发展。时至今日，在我国学前教育领域，不论是教育部于2001年颁布的《幼儿园教育指导纲要（试行）》、于2012年颁布的《3—6岁儿童学习与发展指南》，还是于2016年颁布的《幼儿园工作规程》，都明确指出要“尊重幼儿的人格和权利”，强调“幼儿的学习是以直接经验为基础，在游戏和日常生活中进行的”。这些幼儿教育的指导思想与原则，与包括蒙台梭利在内的许多儿童教育家所倡导的科学教育理念一脉相承。《童年的秘密》一书对于我们今天更深入地了解儿童的学习与发展以及不断地提升儿童教育的质量，依然具有重要的借鉴作用。

本书是根据美国克瑞顿大学（Creighton University）约瑟夫·科斯特洛（M. Joseph Costelloe）翻译，由巴兰坦图书公司（Ballantine Books）于1966年出版的英译本翻译的。景赛男和魏少容参与了本书前期的部分翻译工作。全书由郑福明审校。由于译者水平有限，译文中定有不妥之处，敬请读者指正。

郑福明

2016年5月于华南师范大学教育科学学院

目　录

童年的秘密（英文版）／193

童年的秘密

（中文版）

The Secret of Childhood

【意】玛利亚·蒙台梭利　著

郑福明　译

导　论

童年：一个值得关注的社会问题

多年来，童年一直是社会关注的热点问题。如同其他重大的社会运动，人们对童年的关注并非由某人发起，而是如同火山一般，因酝酿已久，终致喷薄而出。科学的发展极大地降低了婴儿的死亡率，促进了人们对儿童的关注，进而使人们逐渐意识到年幼的孩子也时常被学校乏味的功课折磨得筋疲力尽。

有关儿童健康的研究结果表明，儿童的生活不仅不幸福，而且身心疲惫，连走在路上也弯腰驼背。儿童已沦为肺结核病的易感群体。

经过数十载的研究，时至今日，我们已经认识到儿童作为人类的一员，他们的生命被扭曲了，而难辞其咎的恰恰就是生养他们的父母和他们周围的其他成人环境。那么，我们又是如何定义儿童的呢？对于每天埋头于自己工作的成人来说，儿童就是不停地带来各种麻烦的祸根。在现代都市中，许多家庭都蜗居在狭小的住所里，导致儿童根本没有可以玩耍的地方。而在车水马龙的街道或行人匆匆的路上，更没有适合孩子们游戏的空间。普通人家大多是双职工家庭，父母都赶着要完成自己的工作，几乎无暇陪伴孩子。若是父母失业，无论是父母还是孩子，他们的生活都将陷入举步维艰的境地。即便家庭条件较好，孩子们也同样被画地为牢，由陌生人照看着，仅限于在自己的房间里活动。对于家中父母的领地，他们不敢越雷池一步。无论在哪里，孩子们都感到不被理解，家里也没有他们可以自己活动的地方。他们必须谨言慎行，轻声细语，任何东西都不能触碰，因为家中的一切东西都是父母的财物，孩子不许触碰。孩子拥有什么呢？什么都没有。曾几何时，孩子们甚至连自己可用的小椅子都没有。

孩子一旦被发现坐在地上或长辈的椅子上，就会受到责备。如果家里有成人的话，他会把孩子抱起来，让孩子坐在他的膝盖上。儿童就如同一个乞丐，四处寻觅却一无所获。他刚踏入一个房间，就被驱赶出去。他在家中的地位，无异于一个被剥夺了所有公民权且无家可归的人。孩子被排挤到了社会的边缘，成人似乎具有天授的权利，可以随意责怪、羞辱和惩罚他。

缘于某些心理怪癖，对于为孩子们准备一个适宜的环境，成人总是不以为然。甚至可以这样说，社会是有愧于儿童的。成人为自己制定了各种法律，却没有为自己的下一代这么做，以致儿童被排斥于法律之外。虽然孩子们成了父母专横天性的牺牲品，但当他们踏入这个世界时总是带着一种新的能量，而这种新的能量不仅能矫正先辈的过失，还能给这个世界注入新的活力。

从过去漫长的几个世纪，甚至从有人类以来，人们对于儿童的需要和命运就一直置若罔闻。直到近年来，人们才开始有所意识。人类在儿童卫生领域所取得的巨大进步，拯救了无数婴儿的生命，使得他们不致夭折。到了20世纪初，人们开始关注儿童的健康问题，也开始从一个新的视角认识儿童的生命。学校开始走向现代化。无论是在家庭还是在校园，人们都开始接受以和风细雨和宽容接纳为特征的新教育原则。

科学的进步使得人们开始关注儿童。此外，人类认识水平的提高，也引发了其他一些运动。儿童问题开始进入人们的议事日程。城市里不仅开设了儿童乐园，而且在公园里和广场上为儿童专设了游戏场所。儿童剧院拔地而起，儿童读物和杂志也应运而生。户外活动场地和家具也是基于儿童的需要量身设计的。随着大众社会意识的提高，人们不遗余力地为儿童创办了诸如童子军或女童篝火营等各种组织。这些组织既为儿童提供了培训的机会，也提升了他们的自尊意识。政治鼓动家也极力想要把控儿童，旨在使他们成为达到某种政治目的的驯服工具。无论我们是否愿意，无论是为了儿童自身还是带有其他一些企图，对儿童的关注已经成为一种事实。儿童已成为社会生活中不可或缺的组成部分。父母所关注的，不再只是在节假日让孩子穿上盛装四处招摇。那些都已成为过去，时至今日，儿童已被当作社会生活的一个部分。

如同我们所看到的，儿童地位的改善，既非一己之力所能为，也不是仅凭各种团体和组织间的合作就能实现的。那么，应归结于什么呢？应归结于儿童时代的黎明已经到来，而新时代黎明的曙光给我们的社会带来了极其重要的变化。

我们必须认识到这一变化对社会、国家乃至人类的意义。此前，各种自发的运动都表现出了对儿童的兴趣，然而这些运动之间各自为政，互不关联。这表明，儿童地位的改善，并非由某种单一因素所致，而是社会剧变过程中的一种自然潮流，它昭示着一个新时代的到来。我们是承上启下的一代，在逝去的岁月里，人们只想着创设一个以成人为中心的便利、安逸的环境，丝毫未把儿童放在眼里。

如今，我们处于一个新纪元，我们的所作所为必须兼顾成人与儿童的需要。我们正迈入一种崭新的政治秩序，我们必须为其成员提供两种各具特色的社会环境：一种是成人的环境，另一种是儿童的环境。

我们当前所面临的任务，既不是对已有的社会运动推波助澜，也不是对各种代表儿童利益的私营机构进行协调组织。否则，充其量我们只是在成人之间携手做些善事，既无法触及我们和儿童的内心世界，也无法真正触及儿童这一社会问题的实质。

我们当前面临的任务是让儿童这一社会问题深入到我们的内心世界，唤醒我们的意识，激励我们立即行动起来。儿童并不是一个成人只能从外在去观察的陌生人。相反，每个成人的生活，都必定要经历童年这一最重要的人生阶段。长大之后成为怎样的人，根本上取决于童年那段时光。

一个人长大之后的幸福感受，与其孩童时代的生活经历息息相关。我们的错误往往会落到儿童的身上，并给他们带来不可磨灭的影响。我们终将离开这个世界，但儿童要承受因我们的错误造成的后果。对儿童的任何影响，必然影响到整个人类。因为每一个个体所受到的教育，都体现在其心灵的悄然变化过程之中。

为了儿童的利益所做出的不懈的努力，将有助于我们揭示人类的秘密。正如只有经过不断的科学探究，我们才能够洞察自然界的众多秘密一样。

儿童这一社会问题好比一棵即将破土而出的幼苗，它那鲜嫩的气息吸引着我们。其根系深扎土中，难以移植。如若我们刨开土壤，就会发现其根系四处伸展，如同迷宫一般。

这些深扎土中的根系，象征着我们内心的模糊意识。这些陈年的旧意识，使得我们无法真正地理解儿童，也无法直觉地认识儿童的心理。因此，我们必须摈弃这些陈旧的意识。

成人对自己下一代惊人的无知和漠视不仅根深蒂固，而且由来已久。深爱孩子但又潜意识地责骂孩子的成人，会在孩子的内心留下难言的悲伤，这种悲伤折射了成人自己所犯的错误。对童年这一社会问题的思考，使得我们更为敬畏主宰人类自然发展的法则。这一思考，也有助于我们重新认识自己，并使我们的社会生活有一个新的方向。

第一部分

1. 儿童的时代

近年来，儿童保育和教育工作可谓突飞猛进。固然，人们生活水平的提高是一个因素，但这更多地要归功于人们对该领域的重要性有了普遍的认识。首先，自从19世纪最后的十年以来，人们日益关注儿童的健康问题；其次，对于儿童的个性发展，人们也有了新的重要认识。

时至今日，如果离开了与儿童生活有关的知识，那么，无论是医学、哲学还是社会学领域的任何一个分支学科的研究，都会寸步难行。对于人们认识生物与进化的每一个阶段而言，胚胎学的作用虽至关重要，但是了解儿童的生活，其作用更是有过之而无不及。此外，对儿童的研究所获得的知识，其影响更为深远，因为这些知识还有助于我们思考各种人类问题。

人类进步的动力，并非源自儿童是一个肉体，而是源自儿童是一个精神存在。儿童的精神决定了人类进步的进程，引导着人类迈入高一级的文明形态。

其实，瑞典诗人和作家埃伦·基早就预言："我们所生活的世纪必将是一个儿童的世纪。"如果我们耐心翻阅文献就会发现，维克托·伊曼纽尔三世[1]在登基后的首次演说中也有过类似的表述。那次演说发表于20世

[1] 维克托·伊曼纽尔三世（Victor Emmanuel III，1869—1947），意大利国王。——中文译者注

纪元年，即1900年。他指出，本世纪开启了一个新的时代，并称之为“儿童的世纪”。

这些预言或许很好地反映了19世纪最后的十年里，科学在人们心目中所产生的影响。那时，普罗大众开始意识到传染病给孩子带来的苦难，因传染病侵袭造成的儿童死亡率十倍于成年人。与此同时，儿童还备受学校严格纪律的煎熬。

然而，没有人能够预见儿童深藏于内心的重要秘密，而且就是这个秘密能够揭开人类灵魂的面纱；儿童自身具有的这个秘密一旦被发现，它将有助于成年人解决他们自己的及社会的一些问题。揭示儿童内心的秘密，不仅已经成为儿童研究这门新兴科学的基础，而且将会对整个社会产生重大影响。

儿童与精神分析

精神分析开启了一个崭新的研究领域，使得我们能探究潜意识的秘密。虽然精神分析不能解决实际生活中的紧迫问题，但是它有助于我们理解儿童内在生命力量的作用。

可以这么说，精神分析突破了以往心理学认为的不可能逾越的意识层面。这就如同人们终于跨越了海格力斯石柱[1]，而这些石柱曾被古人视为世界的终极。

如果精神分析未曾探测到潜意识这片汪洋大海，那么就很难解释怎样通过对儿童心理的认识来更深入地理解人类这个问题。

众所周知，精神分析最初是医学的一个分支，是用于治疗心理失常的一种新技术。精神分析揭示了潜意识在左右人类行为方面的力量，这不失为一个重要的发现。精神分析能深入人的潜意识，探究人的心理反应，借此揭

[1] 在古希腊神话中，海格力斯石柱（Pillars of Hercules）是世界尽头的标志。——中文译者注

示一些具有重大意义的神秘因素，从而彻底改变人们旧有的观念。精神分析向人们揭示了一个广袤的未知世界，而这一世界与个体的命运息息相关。然而，精神分析未能成功地探究这一未知世界，它未曾穿过海格力斯石柱，也未曾冒险跃入这片浩瀚的海洋。由于受到类似古希腊人的偏见的制约，弗洛伊德[1]只是对病理学的案例进行了研究，未曾涉及正常的案例。

夏尔科[2]早在19世纪就发现了潜意识。在特别严重的精神病病例中，我们会看到潜意识显露出来，就像可以看到火山喷发前地壳内的岩浆在滚滚沸腾一样。病患在潜意识状态下和在意识状态下的奇妙反差，被当作患精神病的征兆。弗洛伊德更进了一步，他借助于精巧的技术，发现了深入了解潜意识的方法，不过，他所关注的几乎全是那些心理异常状况。有多少正常人会自愿承受这种痛苦的心理分析测试呢？毕竟，这种测试就如同对心灵施行手术一样。弗洛伊德的心理学理论，正是从对精神病患者的治疗中推导和建构起来的。因而，这一新的心理学理论主要是基于异常个案治疗中的一些个人经验。弗洛伊德看到了潜意识的海洋，但并没有对其进行深入的探究，而是将其描述为暴风骤雨的海峡。

这也说明了弗洛伊德的理论为何还不甚完美，为何其技术未能给精神病患者带来十分满意的治疗效果，而且不一定总能治愈他们。这也解释了为何由古代经验积淀下来的一些社会传统，会成为普及弗洛伊德某些理论的障碍。为此，要对潜意识这一浩瀚的领域进行探究，只有临床技术和理论推理显然是不够的，还需要更多的东西。

童年的秘密

要对潜意识这个广阔而未知的领域进行探究，需要借助于其他科学分

---

1 弗洛伊德（Sigmund Freud，1856—1939），奥地利心理学家，开创了潜意识研究的新领域，是精神分析学派创始人，主要著作有《梦的解析》等。——中文译者注

2 夏尔科（Jean-Martin Charcot，1825—1893），法国医学家，精神病学奠基人，弗洛伊德的老师。——中文译者注

支以及不同的概念和方法。当我们力图通过观察儿童对周围环境的反应去探寻儿童心灵的成长，并目睹儿童因内心的挣扎致使心灵阴暗和扭曲的悲剧时，我们或许能从本源上研究人类的问题。

精神分析理论最为惊人的发现之一，在于指出精神病可能源自婴儿期。从潜意识中被唤醒的一些已经被遗忘的往事表明，儿童是一些未知苦难的受害者。这个发现与人们原先的想法大相径庭，因此，它既给人留下深刻印象，又让人深感不安。儿童纯真的心理所遭受的磨难是缓慢而持续的，但人们从未认识到，这种孩童时期的心理磨难会是成人心理疾病的潜在诱因。孩童时期的心理磨难，源自儿童自发的活动受到处于支配地位的成人的压制。这种压制，通常与对儿童影响最大的成人，即儿童的母亲有关。

对于精神分析的探究可以分为两个层次，我们要认真地区别这两个层次。其中，第一个层次较为肤浅，它来自个体的天赋本能与他必须适应的环境条件之间的冲突，因为这些环境条件时常与个体的原始欲望格格不入。这种冲突是能够解决的，因为要将造成个体心理困惑的内在原因提升到意识层面并不困难。第二个较深的需要不断进行探究的层次是童年的记忆。在这一层次发生的冲突，并非成人与其当前所处的社会环境之间的冲突，而是儿童与其母亲，或者更一般地说，是儿童与成人之间的冲突。

这类较为深层的冲突难以解决。精神分析对这类冲突一直甚少触及，人们也没有为解决这类冲突做什么努力。这类冲突，充其量被当作病因的一种。

如今，人们已经认识到，在治疗所有疾病的过程中，无论是身体的疾病还是心理的疾病，都应充分考虑到个体童年时代的经历。那些可以追溯到童年阶段的疾病，通常都是最为严重且最难治愈的。其原因就在于，成人的生活模式在其早年时期就已定型了。

虽然身体的疾病已经导致专门的医学分支得到了发展，诸如胎儿护理和婴儿卫生等，并促使全社会更加关注儿童的身体健康，然而，在心理疾病方面不可同日而语。尽管现在人们也意识到，成人遭遇的严重心理困扰及其适应所处环境方面遇到的困难，其根源都来自童年时期，但尚未尝试去解决童年期的冲突。

在解决童年期冲突这一问题上，人们之所以止步不前，或许是因为精神分析所采用的探究潜意识的技术。这种技术运用于成人患者时虽然取得了惊人的发现，但它不适用于儿童，而事实也证明一旦尝试运用在儿童身上，反而会成为一种负累。我们无法引导儿童回忆其童年时期所经历的事情，因为他依然处于童年这个阶段。因此，当与儿童打交道时，我们更需要采用观察而不是探究的方法。但这种观察必须从心理的角度进行，旨在发现儿童在与成人及其周围社会环境相处时所发生的冲突。显然，这种方法使我们脱离了精神分析的理论和技术，进入了一个对儿童及其社会环境进行观察的新领域。

对儿童的观察，在于了解儿童的心理活动所反映出来的人类生活现实，并不涉及心理疾病探究这样的艰巨任务。实际上，人类生活的现实包含了个体自出生以来的整个人生。关于人类心理探究的历史还有待谱写。迄今，还没有人描述过儿童所遇到的障碍，也没有一个人描述过儿童与比他强大的支配他但又不理解他的成人间的冲突。不仅如此，对于儿童所遭受的未知折磨，对于儿童稚嫩的心灵所经历的煎熬，对于儿童未能达成天性使然的目标，对于儿童潜意识中所滋生的自卑心理，也同样还没有人描述过。

精神分析对于人们研究儿童的心理几乎没有什么帮助，因为精神分析主要关注的是疾病及其治疗措施。但是，对儿童心理的研究将有助于精神分析的发展，因为这种研究应对的是一般性和普遍性情况，目的在于预防那些引起精神疾病的冲突的发生，而这正是精神分析所关心的。

一个研究儿童的科学探究新领域由此应运而生。它与精神分析有相似之处，但又截然不同。这一新领域关注的是正常的人而非病态的人，并着力帮助儿童的心理发展。它的目的在于增进我们对儿童心理的了解，同时唤醒成人关心儿童的意识，并促使他们认识到对儿童的错误态度源于他们自己的潜意识。

2. 对成人的指控

弗洛伊德在描述导致成人心理紊乱的深层原因时，使用了“压抑”这个词，其词义可谓不言自明。

当一个儿童在发展过程中受到成人的“压抑”时，他就无法依天性发展和成长。但是，“成人”一词本身是抽象的。事实上，儿童是与社会隔绝的；如若成人对儿童有影响，则必定是指某一个具体的成人，即与儿童最亲近的成人。一般情况下，这个人首先是指他的母亲，其次是指他的父亲，最后是指他的老师。

社会赋予成人一个截然不同的角色：成人应担负起教育儿童和促进儿童发展的使命。但如今，随着对人类心理探究的深入，对于那些曾被视为儿童守护者和恩人的成人，人们提出了控告。但是，由于几乎所有的成人要么是儿童的母亲、父亲、老师，要么是儿童的监护人，因此我们可以这么说，所有的成人都站在了被告席上。此外，应为儿童幸福负责的社会也受到了控告。在这一令人惊讶的控告中，存在某种富有启示性的东西，它就像上帝最后的审判，神秘而令人敬畏：“我把孩子交给了你们，而你们对他们做了些什么呢？”

被告对这一责问的第一反应是进行抗议和自辩：“我们已尽了最大的努力。我们爱我们的孩子。我们为了他们而牺牲了自己。”由此，出现了两个自相矛盾的概念：一个是有关有意识的，另一个是源于潜意识的。这种辩护既是耳熟能详的，也是根深蒂固的，但我们对此兴致索然。我们感兴趣的是这种控告，而非谁被控告。被控告人在养育和教育孩子的过程中，可谓殚心竭力，但是他发现自己陷入了一个迷宫般的困境。他就像迷失在一片广阔的森林里，找不到一个出口，因为他不知道迷路的原因。其实，他的错误就源于他自己。

所有那些主张维护儿童利益的人士，都应该对成人发出这样的指控，而且应该毫无例外地不断地这么做。

突然间，这样的指控成为一件极其有趣的事情。因为这样的指控所谴责的是源自潜意识的错误，而非因不明事理所犯的错误。后一种错误意味着个人的某种失误，会让人感觉很丢脸。这样的指控使人们能够认识自我，也会提升人们的思想境界。因为我们取得的每一个真正的进步，都来自对未知事物的发现和利用。

这也就是人类对自己的错误总是抱着一种矛盾心态的原因。有意识的错误，会让我们感到痛苦；无意识的错误，则吸引着我们，让我们着迷。因为正是这种无意识的错误隐含着一个秘密，它让我们跨越某个已知和期望的目标，最终将我们提升到一个更高的水平。这也解释了为什么中世纪的一个骑士，当他因自己的荣誉受到一些侵犯而准备决斗之际，会拜倒在祭台前谦卑地忏悔："我是一个罪人；我严正声明，这都是我的错。"宗教圣典为我们提供了这些截然不同态度的鲜明例子。比如，在尼尼微[1]城，为什么人群会聚集在约拿[2]周围？为什么他们所有人，从国王到百姓，都急切地加入到以约拿为核心的人群中？约拿告诉大家，他们罪孽深重，如果他们不知悔改，尼尼微城就会被毁灭。再比如，施洗约翰[3]是如何将众人召唤到约旦河边的？他发现了什么神奇的权柄汇聚了如此非同寻常的人群？他其实只是将众人称为"蛇鼠一窝"！

这的确是一个很奇特的精神现象：人们蜂拥而入聚集在一起，只为了

---

1 尼尼微（Nineveh），古代亚述帝国的首都，在现在的伊拉克境内。——中文译者注

2 约拿（Jonas），《圣经·旧约》中神的仆人、先知，被神派去尼尼微城劝说当地人悔改。——中文译者注

3 施洗约翰（John the Bapist），耶稣的表兄，在约旦河中为众人施洗礼，劝人悔改。——中文译者注

听自己被人控告。更有甚者，他们还赞同控告中所说的话，承认自己所犯的错误。这种不留情面的持续指控，将一直深埋于人们潜意识中的东西带到了意识的层面。所有在精神上的成长，就在于人们获得了意识，并呈现了之前在意识之外的东西。正是沿着这条发现之路，文明才能往前迈进。

如果要用与当今截然不同的方式对待儿童，如果要将儿童从危害其精神生活的冲突中解救出来，首先就必须先进行一次剧烈的变革。在这个基础上，其他的一切才有可能改变。但是，这一变革将有赖于成人。事实上，尽管成人宣称他愿意为了孩子竭尽所能，而且信誓旦旦地说，出于对孩子的爱，他不惜牺牲自己，但是他也承认自己遇到了一个难以解决的问题。为此，他必须借助于自己的意识和主观认识之外的某些东西。

关于儿童，依然还有许多未知的东西。对于儿童心理的某个方面，我们一直知之甚少，但不可不知。我们必须怀着牺牲精神与满腔热情去探究它，就如同有些人到陌生之处开山凿石只是为了寻找黄金一样。这正是那些想要探究隐藏于儿童心灵深处的未解之谜的成人，必须要做的事情。无论是哪种国籍、种族和社会地位，每一个成人都应该为此而努力，因为这意味着我们的共同努力将产生对于人类的道德进步来说不可或缺的要素。

由于成人对儿童或青少年还缺乏认识和理解，因此他们之间时常处于冲突之中。改变这种状况的方法，并不是要成人获得一些新的知识，或者达到更高的文化水准。绝非如此！成人所需要的是找到一个不同的出发点。成人必须发现自己身上存在的那种无意识的错误，而正是这种错误使得成人无法将孩子当作孩子看待。如果没有这样的心理准备，如果没有采取与这种心理准备相应的态度，那么，他就不可能往前进一步探究儿童。

探究自己的内心世界并非像想象的那么困难，因为即便是无意识的错误，也会带来痛苦和折磨。一提起解药，人们就会迫不及待地想要用它来消除病痛。一个手指关节错位的人会急切地想要让关节复位，因为他明白如若不然，手指的痛楚就不会消失，而且他也不能使用手去工作。同样的道理，一旦他意识到自己误入歧途，就会极力想走回正轨，因为他已有的认知会让他觉得过去曾长久忍受的软弱和痛楚已经忍无可忍了。当他回到正轨上时，一切就又变得顺风顺水了。只要我们能认识到我们曾一直把太多的东西归因于自己，只要我们相信“再跳高一些就能摘到苹果”，那么我们就会有认识儿童的渴望，就能认识到儿童的心灵具有与我们截然不同的特性。

在与儿童的交往过程中，成人没有变得自私自利，但变得以自我为中心。凡是与儿童心理有关的事情，成人都从自己的角度去审视，也正因为如此，他们对儿童的误解与日俱增。由于成人这种以自我为中心的视角，所以他们将儿童视如一个空瓶，并极力想要往里面填塞东西；他们将儿童视作迟钝和无助的人，对儿童的各种事情都大包大揽；他们自认为儿童是缺乏内在精神指导的人，需要不断地给予他们指引。概而言之，成人将自己看成了儿童的创造者，并从自己与儿童的关系的角度出发去判定儿童行为的好坏。成人将自己视为儿童善良或邪恶的试金石。他认为自己是一贯正确的，必须依照他的既定标准来塑造儿童。如若儿童有任何偏离成人行为方式的举动，都会被认为是邪恶的，成人会迫不及待地对其进行矫正。

一个如此对待儿童的成人，即便他深信自己热情澎湃、爱心满怀且对儿童怀有无私的牺牲精神，他的所作所为也是在无意识地压抑儿童自身个性的发展。

3. 生物学插曲

沃尔夫[1]发表了有关生殖细胞分裂的研究成果，揭示了生物体发展和生长的方式。与此同时，他还给我们提供了一个惊人的例子，说明内在的力量如何驱使着生物体朝着预定的目标前行。他通过实验研究彻底推翻了莱布尼兹[2]和斯帕兰札尼[3]等前人的生理学观点，即一个受精卵细胞中已经含有成人的最终形式。那个时代的哲学家认为，受精卵细胞已经含有一个按比例缩小的人，虽然它尚不完美，但只要为其提供适宜的环境，它就能最终成长起来。他们之所以得出这一结论，是因为对植物种子的观察研究。植物的种子在其两片子叶间，藏有一株已含胚芽和胚根的幼小植物。将这些种子植入土中，它们就能生长和成熟。他们将这种认识生搬硬套到动物和人身上。

然而，在显微镜被发明之后，沃尔夫得以观察生物体的实际成长状况。他首先观察了鸟类的胚胎，发现它们起源于单个受精卵细胞。显微镜下的观察显示，这种细胞并不像人们之前所想象的那样具有成鸟的形态，而是像其他细胞一样，具有细胞核、细胞质和外层细胞膜。不仅如此，无论是动物还是植物，每一生物体都源自这种原始的、尚未显示出差异的细

---

[1] 沃尔夫（Kaspar Friedrich Wolff，1733—1794），德国生理学家，胚胎学创始人之一。——中文译者注

[2] 莱布尼兹（Gottfried Wilhelm Leibnitz，1646—1716），德国哲学家，数学家。——中文译者注

[3] 斯帕兰扎尼（Lazzaro Spallanzi，1729—1799），意大利生理学家，博物学家。——中文译者注

胞。在显微镜被发明之前，人们在种子中所观察到的幼小植物，其实是从果实的原始生殖细胞中长出来的胚胎，它一落地就能不断生长。

然而，生殖细胞与其他细胞有所不同，其差异之处就在于生殖细胞会遵循一个预定的进程经历一个快速分裂的过程。但是这个原始细胞本身丝毫没有这个进程的任何物质证明，尽管其细胞体内含有极小的物体，即决定遗传特征的染色体。

如果我们探寻动物胚胎的早期发育过程，就会发现最初的细胞一分为二，而后又二分为四，这一细胞分裂过程会不断持续，直至最终形成一个被称为“桑椹胚”的中空的球体。这一球体会继续发育，向内折叠，形成另一个被称为“原肠胚”的球体，该球体具有双层壁，张口朝外。经过细胞不断地继续分裂和退化过程，这个胚胎渐渐拥有了复杂的器官和肌肉。因此，虽说并没有可见的设计方案，但生殖细胞会服从它自身所带的内隐的指令。这就如同一位忠心耿耿的仆人，对于主人托付他办的事情牢记在心，从来无须凭借任何书面文件就去贯彻执行了，因为书面文件反而可能泄露主人私密的嘱咐。我们也只能从这些孜孜不倦的细胞所完成的工作中，一窥其内在的进程。

在所有哺乳类动物的胚胎中，最早出现的器官之一是一个小囊，它随后发育成为心脏。人类的胚胎也是如此。这个心脏以固定的节律搏动，其搏动的速率是母亲的两倍。它为身体中的各种正在形成的组织提供养料，并且将不知疲倦地搏动。胚胎的发育是在悄无声息中独立完成的，真可谓创造的奇迹，令人惊叹！各种细胞在整个巨大的转变过程中，都能做到循规蹈矩，丝毫不差。有些变成了软骨组织，有些变成了神经，还有一些则变成了皮肤，它们各司其职。然而，这一创造的奇迹总是被小心翼翼地隐藏着，不轻易显山露水。自然界用一种坚固的材料将发育中的胚胎包裹起来，只待时机成熟再把它们打破，一个新的生命因此而来到这个世界。

但是，诞生的生命不仅仅是一个物质的机体。如同生殖细胞一样，它也有其内在的心理机能。这个新的机体，将不仅仅通过各种器官发挥功能。它还具有各种本能，但这些本能并不存在于单个细胞之中，而是存在于有生命的机体之内。如同每一个受精卵自身都带有整个机体成长的进程一样，新生的机体，无论它属于哪一物种，自身都隐含着能使它适应周围环境的心理本能。每一个有生命的机体都毫不例外，即便对于最低等的昆虫而言也是如此。蜜蜂之所以能在它们那个复杂的社会公共群体中生活与劳作，依靠的就是其神奇的本能，但这种本能只有成熟的蜜蜂才具备，在卵或幼虫中则难觅踪迹。小鸟也只有在孵化出来之后才会有飞翔的本能。诸如此类，不胜枚举。

当一个新的生命来到世间时，其自身就隐含了各种神秘的引导本能，而这些本能将是它的工作、特征和环境适应的源泉。动物所置身的外在环境不仅为其提供了生存的手段，而且通过提供各种不同的刺激造就了各种动物的特性。各种动物也因此通过各自独特的方式，为这个世界能保持普遍的和谐与稳定而各尽其力。每一种动物都有其最适合的生存环境，每一种动物也都有其独具一格的身体特征，使之能为维持世界的和谐与稳定尽一份力量。每一种动物在世界上的位置，在它出生之时就已一目了然。我们知道这只动物会很温驯，因为它是一只羔羊；另一只动物则会很凶猛，因为它是一头幼狮；这只昆虫会不停地奔波劳作，因为它是一只蚂蚁；另一只昆虫则只会孤寂地歌唱，因为它是一只蝗虫。

与低等动物一样，新生儿也具有其物种特有的心理内驱力。如果认为只有丰富的精神生活远在其他物种之上的人类缺乏心理发展的进程，这真是荒谬之至！不像凶残的动物，其本能在自身的行为方式中会表露无遗，儿童的心理是深藏不露的，无法让人一目了然，因为儿童并不受那种在非理性的生物中同样可以发现的先天本能的支配。这个事实恰恰表明儿童具有极大的行动自由。这种内在的自由要求成人精心对待每一位儿童，这是一件个性化的、秘密的工作，也是一项艰难的任务。在儿童的内心有一种难以被破解的秘密，这一秘密会伴随着儿童的成长而被逐渐揭示出来。这就如同生殖细胞在其变化过程中所遵循的隐秘模式一样，只能在其发展过程中才能被发现。

这就说明了为何只有儿童才能展现人类的自然成长进程。但如同其他处于早期阶段的生命一样，由于儿童的娇嫩，儿童的精神生活需要得到保护，需要一种适宜环境的呵护，就如同大自然用胚膜来包裹胚胎体一样。

4. 新生儿

陌生的环境

新生命诞生后进入的并非一个自然的环境，而是一个被人类改造得面目全非的世界。这个陌生的环境，是人类为了拥有一个更为安逸的生活方式而以牺牲自然为代价建构起来的。

新生儿从原先的一种生活方式进入到另一种生活方式，这是其一生中最难以适应的转变。对此，人们给了他怎样的照料去帮助他呢？在人的一生中，出生时所经历的剧烈冲突和挣扎以及由此带来的痛苦，是任何其他时期所无法比拟的。这个时期值得我们认真研究，然而至今人们还没有这么做。

许多人坚信，我们对新生儿是十分关心的。

但我们是怎样关心他们的呢？

新生儿出生以后，每一个人所关切的都是他的母亲。母亲生育孩子经受了很多痛苦，但孩子不也同样经受了痛苦吗？人们细心呵护着母亲，使她免受光线和声音的干扰。但我们可曾想过，新生的孩子可是来自一个原先不受光线和声音干扰的地方。他也需要安静，需要暗淡的光线。他原本生长在娘胎里，在那里他不会受到任何袭扰，感受不到丝毫的温度变化，可以在一个液态环境中静养。然而，在出生的瞬间，他离开了无光和安静的母体，完全暴露于空气之中。他那娇嫩的身躯不但要接触一些粗糙的物体，而且要被毫不用心的成人粗鲁地对待。

由于新生儿看起来如此的弱不禁风，以至家人真的不太敢去触碰这个新的生命，因此他们便将孩子交到专门照料婴儿的保姆手里。可是，保姆的手时常也不适合承担这一精细的任务。关于孩子的照料，并不是用一双有力的手把他紧紧抱住就可以了，对待孩子的方式要适宜才行。护士在照料患病或受伤的成人之前，要学会怎样搀扶病人，要学会在给病人绑绷带或者涂药时不给他们带来太大的痛楚。

但对于新生儿，我们没有提供这样的照料。医生漫不经心地拎起新生儿，当新生儿绝望地大哭时，并没有人在乎：所有听到哭声的人都只是心满意足地露出微笑。他们觉得哭声就是孩子的语言，认为孩子通过哭泣既能清洗他的眼睛，又能增加他的肺活量。

孩子出生后，马上就被穿上了衣服。早些时候，新生儿还曾被紧紧地包裹在襁褓之中，他那原本蜷曲在母亲子宫里的幼小身体被拉直了，就像上了石膏似的动弹不得。其实，对于新生儿乃至出生一个月内的婴儿而言，衣服都不是必需之物。事实上，这方面的状况也有了逐渐的改善。被用来紧裹着婴儿的襁褓消失了，取而代之的是柔软轻薄的套衣。如果这一过程能持续下去，那么，为婴儿准备的衣柜也终会销声匿迹。

婴儿最好能像艺术作品中常见的那样裸露着。由于婴儿出生前一直生活于母体内，因此，他们出生后显然需要得到温暖。但是，这种温暖应该来自周围的环境，而不是包裹着他们的衣服。衣服其实并没有为孩子提供温暖，只不过是保存了孩子体内散发出来的热量。从动物照料其幼崽的方式中，我们可以得到佐证。虽然动物幼崽的身体上覆盖了绒毛或毛皮，但它们的母亲依然守候在身旁，用自己的身体温暖着它们。

继续探讨新生儿缺乏照料的问题已经显得没有必要了。我相信，如果美国的父母有机会和我交流，他们一定会告诉我他们对婴儿是如何关怀备至的。我也相信，德国和英国的家长会觉得我对他们在婴儿照料方面所取得的进展知之甚少，并会对此感到惊讶不已。基于在不同国家的个人经历，我也知道，在婴儿照料方面我们的确取得了进步。即便如此，我也必须指出，在世界上还没有任何一个国家能充分认识到新生儿真正需要的是什么。

如果进步在于看到之前未曾见过的东西，做过之前认为没必要甚至不可能的事情，那么，我们必须承认，虽然我们已经为新生儿做了很多事情，但是依然还有一条漫长的路要走。

在此，我要指出一点：无论我们有多么爱孩子，从他降临到我们身边的那一刻开始，我们就在本能地提防他。出于贪婪的本性，只要是我们拥有的，即便它没有什么内在的价值，我们也会极力去保护它。从孩子呱呱落地开始，这种私念就支配着成人的思想："注意啊，别让他把东西给弄脏了，别让他烦人。当心啊！看好他！"

我相信，当人们对儿童有了更深的认识之后，就会找到一种更好的方式来照料他们。我们不要认为让儿童避免受到伤害就万事大吉了，我们还必须采取措施使儿童的心理能够适应这个世界。实验研究显示，儿童需要得到这种帮助，而且我们在这方面必须对父母进行指导。

在富裕的家庭中，父母不仅依然为孩子提供华丽的摇篮，还在孩子的衣服上镶上考究的花边。然而，按照这个标准，如果还盛行鞭笞的话，那么这就如同用镶金的手杖鞭打孩子。这种奢华完全无视孩子的心理需要。家庭的财富应该带给孩子幸福，而不是为他创设奢华的环境。对于孩子来说，最好的环境是给他们一间安宁而平静的房间，在这间房间里他们听不到街道上的嘈杂声，光和热都可以得到调节和控制。

在把孩子举起来时，成人也要小心谨慎。这需要成人事先做些练习，掌握一定的技能。新生儿还很羸弱。他和母亲一样，也刚经历了生死的考验。潜意识里，我们看到孩子平安诞生时的欢欣喜悦，某种程度上是一种宽慰感，认为危险已经过去。有时，孩子出生后会出现呼吸困难，需要吸氧；有时还会出现血肿或皮下出血。但即便是这样的孩子，我们也不能把他和患病的成人混为一谈。新生儿的需要与病人的需要迥然不同。他所需要的，正如一个竭力想在身体和心理上适应崭新而又陌生的环境的人所需要的。

我们对新生儿的态度不应是一种怜悯，而应是一种对神奇造物的敬畏。对于一直被局限于我们自己感知范围之内的这一有灵生命，我们要心存敬畏。

我曾经看到过一个新生儿被放到一桶水中，差点被淹死。当他在水里突然下沉时，这个新生儿睁大双眼，伸展出小手小腿，他似乎感到突然下沉而想要往上一跳。这是他第一次体验到恐惧。

我们触摸和搬动新生儿的方式，以及此时我们身上萌发的微妙感情，使我们不禁联想到了牧师在祭台前祈祷的姿势。在寂静和黑暗之中，一丝柔和的光线穿过染色的玻璃窗照进来。殿堂之上，牧师在主持着祈祷活动。他的手是纯洁的，他的动作是慎重的和经过深思熟虑的。在这神圣的殿堂之内，弥漫着一种充满希望和高尚的情感。新生儿，就应该在这样一种环境中生活。

如果我们把对孩子的照料和对孩子母亲的照料进行比较，并设想我们用照料孩子的方式来照料孩子母亲的情形，就会发现我们的方式错了。

为了让产后的母亲得以静卧休养，新生儿会被抱走，以免惊扰了母亲，只有在需要哺乳的时候，他才被带回到母亲身旁。人们不仅会给婴儿穿上漂亮的衣服，还会用花边和丝带把他打扮起来。在这个过程中，婴儿被不停地摇晃着。我们对新生儿所做的这一切，就如同要求刚分娩后的母亲立刻起床，穿上衣服去参加一个宴会一样。

新生儿时常被成人从摇篮上抱起来，放到肩膀上，然后又被成人放到母亲身旁。谁曾想过这样去折磨母亲呢？人们还为自己的这种做法辩护，宣称新生儿还没有真正的意识，既感受不到快乐，也感受不到痛苦，因此给他们无微不至的呵护是非常愚蠢的行为。

对于不省人事或生命垂危的成人，我们给予了无微不至的照顾。对此，我们又是怎么想的呢？我们之所以对他们关怀备至、全情投入，只是因为他们有得到帮助的需要，而不是因为他们意识到需要得到帮助。因此，我们的确没有理由像现在这样对待婴儿。

我们对于人类生命中的这第一个阶段的探究还远远不够，然而，我们对其重要性的认识与日俱增。正如我们现在所知道的，儿童在他生命中的前几个月所经历的艰难与贫乏，会影响到他今后发展的整个进程。但如果我们从儿童身上能发现人类的本质，那么我们从儿童身上也同样可以发现整个种族未来的幸福。

虽然新生儿刚刚经历了人生中最大的危机，但人们给予他的关注少得可怜。尽管他自身已有一种力量能够使他创造一个比我们现在生活的世界更为美好的世界，但当他来到我们中间时，我们几乎不知道怎样去迎接他。

“他来到这个世界……但这个世界并不了解他。他成了他自己，但他不接受自己。”这是我们在《约翰福音》的序言中所读到的一句话，在某种意义上，这句话也同样适用于新生儿。

5. 自然本能

哺乳动物在艰辛的哺乳期，会依其本能为自己的幼崽提供细致的照料。普通的家猫为我们提供了这种关心下一代的例证。小猫出生后，猫妈妈会把它们藏匿在暗处。猫妈妈会精心守护小猫们，甚至不让它们被人看到。但过了一段时间，当小猫们变得美丽而又充满活力时，猫妈妈就会带着它们走出来。

在野外环境中生活的动物，对于其幼崽的照料更是无微不至。大多数这类动物都过着群居的生活，但是当雌兽临产时，它就会离开群体的陪伴，找一个隐蔽的地方产崽。幼崽生下来后，它会让它们与兽群分开二三个星期，有时长达一个月，甚至更久。其分隔时间的长短依物种而异。在这段分隔期，母亲是其子女的奶妈和帮手，会为子女找一个安静而又能遮风避雨的地方，让它们躲在里面，免受光线和嘈杂之声的干扰。虽说动物幼崽天生就具有各种发展得很充分的能力，生下来后很快就能站立和行走，但它们的母亲依然会精心照料它们，一直到它们变得更为强壮并能自己适应新的环境，分隔期才算结束。那时，母亲才会带着幼崽回到群体中，这样它们就能与近亲群体共同生活。

这些较高级的动物的母性本能根本上是相同的，无论它们是马、野牛、野猪、狼还是老虎，全都如此。它们表现出来的对下一代的关爱，确实令人感动。

一只雌性野牛产下幼崽之后，会让它远离群体数周之久，在这期间，它会给予幼崽无微不至的照料。小野牛冷了，母牛会用两只前腿拥着它；

小野牛脏了，母牛会耐心地把它舔干净；小野牛饿了，母牛会由四腿站立改为三腿站立，只为了便于小野牛吃奶。即便母牛把幼崽带回到野牛群后，它也会一如既往地为幼崽提供耐心的照料。这种照料，在所有的四足哺乳类动物中都是相同的。

有些动物并不满足于只是找一个单独的地方产崽，它们为了给下一代准备一个窝而历经艰辛。比如，母狼会在树林中偏僻隐蔽的角落找一个山洞。如果找不到这样的栖身之所，它就会在地上刨出一个坑，或在空心的树干里筑穴，并从自己的胸脯上扯下毛发整齐地铺好。它这样做不仅能为幼崽提供温暖和保护，还便于为幼崽哺乳。小狼出生后，在一段时间里眼睛是紧闭着的，耳朵也听不到外面的声音。在这个生命的早期阶段，所有的母亲都会驱逐任何想要靠近幼崽的外来者。

雌性家畜的这些母性本能有时却变形了。母猪甚至会吃掉自己生下的小猪，但是母野猪是最为体贴和富有温情的母亲之一。同样，关在动物园笼子里的母狮也可能把自己生下的幼崽吃掉。这表明，只有不受人为的束缚，动物天生的保护本能才能正常发展。

哺乳动物的母性本能清楚地表明，幼崽开始与外界环境接触时，需要得到特别的帮助。经历了出生时的考验，随之各种能力也被唤醒之后，幼崽便进入了一个关键时期。在这一时期，它们需要休息和与群体分离。过了这段时期，它们依然需要得到持续数个月的照料、哺育和保护。

雌性动物不仅在乎其后代身体方面的需要，而且会顾及它们自然本能的发展，这样才能塑造出同一物种的又一个个体。只有在一个静谧且光线暗淡的环境里，雌性动物对其后代的这种照料才更为有效。当小马驹的腿长得较为有力时，它就学会了识别并跟随自己的母亲，这时，它看起来也更像是一匹马了。但是，在它长成一匹小马之前，母马不会让任何人接近它；同样，猫妈妈在幼崽睁开眼睛和开始能够行走之前，是不会允许别人看它的。简而言之，只有在幼崽长成小猫之后，母猫才会允许。

大自然在极其用心地守护着动物的成长。雌性动物在竭力唤醒下一代的潜在本能时，它所关注的不仅仅是后代在身体方面的需要。

以此类推，可以这么说，除了对新生儿给予身体方面的精心照料外，我们还应该关注他们的心理需要。

6. 精神胚胎

实 体 化 身

基督教最深奥的秘密之一就是“实体化身”，也就是“圣经化成了肉体，与我们同在”。在每一个婴儿诞生之时，我们都可以发现某种与此秘密相似的东西，这时一种寓于肉体中的精神便出现了。

科学并没把儿童当作“实体化身”看待，而是把新生儿看作一个由各种器官和组织混合而成的生命整体。可即便如此，这也依然是一个奥秘。如此复杂的一个生命体是如何产生的呢？

对于新生儿的心理生活，我们应给予特别的关心。如果儿童出生之时就有了这种心理生活，那么随着儿童的成长，这种心理的力量又将会变得多么的强大？如果我们将“教育”理解为儿童的心理成长而不是智力发展，那么，我们可以确切地说，儿童的教育应该从一出生就开始。这与现在人们的看法是一样的。

我们从儿童的意识活动和潜意识活动的区别中，就可以找到儿童心理生活存在的佐证。即便我们只是关注一些较为浅显基本的概念，我们也必须承认，无论是对于儿童的身体成长和营养吸收，还是对于各种不同的心理活动，本能都在其中起着作用。对于动物而言，这些心理活动都带有其物种的特性。就运动能力而言，儿童的发展速度比其他动物要慢。儿童在出生之时，尽管能使用他的各种感官，并能对光线、他人的触摸和声音等有所反应，但运动能力的发展却显得微乎其微。

新生儿看上去一副可怜巴巴的样子，显得很无助，而且这种状况将会持续很久。他还不会说话，不能坐直，无时无刻都需要受到关注。在很长一段时间里，他所能发出的唯一的声音就是哭喊，以促使其他人赶紧过来帮助他。过了一段很长的时间，数月、一年，甚至更长的时间之后，他才开始能够站立和行走。而要能够开口说话，所需要的时间则更长。

现在，我们可以将儿童的心理和生理成长描述为一种“实体化身”。我们将这种“实体化身”理解为一种神秘的力量，这种力量使得新生儿柔软无力的身体得到了活力，使他能够成长，教他学会说话，并让他逐渐走向至臻。

值得关注的是，新生儿会有很长一段时间处于无助的状态，但其他幼小的哺乳类动物几乎一出生或者在出生后很短的时间内就能站立、行走和寻找妈妈，而且能使用其物种的语言，尽管这种语言还不甚完美，甚至还有些别别扭扭。小猫能发出“喵”的声音，小羊能发出怯怯的哀鸣声，小马也能发出哀怨的嘶鸣声。虽然它们能让外界听到它们的声音，但更多的时候，它们是默不作声的。其实，动物幼崽的啼叫和哀鸣并不会对这个世界有多大的影响。

动物幼崽长得很快，也很少遇到麻烦。它的身体中早已拥有一种本能，而这种本能决定其之后的一举一动。我们已经知道一只小老虎会如何跃起，一只还无法站立的小山羊会怎样跳跃。每一种动物都有其与生俱来的本能，这些本能会超越身体器官的功能。这些本能表现在动物的各种行动之中，相对于动物的体形而言，它们更为稳定，并且是物种的特色。

对于动物而言，除了其身体生长机能之外的其他所有具体特征都可以用“心理特征”一词来概述。既然所有动物在出生之时都具有这方面的特征，那么在儿童身上为什么就不应该出现呢？

有一种观点认为，动物的本能源自以往物种经验的沉淀和积累，物种把这些经验以遗传的方式不断地传承给下一代。那为何人类对于祖先的传承如此缓慢呢？人类一直以来就是直立行走和用语言沟通的，也一直关心下一代。有一种观点认为，人类的心理生活要比其他任何动物都丰富多彩，因此人类是唯一没有心理发展模式的动物。坚持这种观点是非常愚蠢的。

看似矛盾的背后，必定隐藏着某种真相。人类的心理深藏不露，不像动物的本能那样轻易就被揭示出来。儿童不受既定的和先天的本能的左右。这一事实表明，儿童具有内在的解放和行动的自由。人类为了方便自己使用而制造的大量的不同类型的物品，或许就能说明这一点。有许多物品是“批量生产”出来的，也就是说，这些物品是用机器快速制造出来的，所有东西都别无二致。还有一些物品是手工制作出来的，虽然制作它们的速度较慢，但每一件产品都各具特色。手工制作出来的物品，其价值在于每一件都直接体现了制作者的印记。比如，一件物品展示了刺绣工的技艺，而另一件物品则体现了一位伟大艺术家的天赋。

如果我们将这两种物品的对比拓展到生物范围，那么，我们可以这么说，人类与动物的心理差异表现在：动物就如同批量生产出来的物品，每一只动物都具备其物种的特征；而人类则如同手工制作出来的物品，每一个人都与众不同。每一个人都有其自身的创造精神，使得每一个人都是一件艺术品。但是，我们还需为此付出许多艰辛的劳动。在任何结果呈现之前，我们都需要完成一些内在的工作。这些工作并非对现有作品的简单复制，而是一种积极的革新和创造。当这个成品展现在世人面前时，它会使人感到惊叹和不可思议。这就如同一位艺术家将倾注了其心血的珍藏大作展现在世人面前一样。

个性的塑造是“实体化身”的一项秘密工作。儿童是一个不解之谜。我们只知道儿童具有他人无法超越的潜能，但并不晓得他将来会成为怎样的人。他必须借助于自己的意志才能实现“实体化身”。

我们通常所说的“肉体”是由许多“自主肌肉”组成的一个复合体。“自主肌肉”，顾名思义，是指这些肌肉的活动是受到意志左右的。这些肌肉与人类的心理活动密切关联，如果没有这些肌肉，我们的意志也就没有了用武之地。如若缺乏运动的媒介“肌肉”，那么任何生物——即使最低等的昆虫——都寸步难行，尽管它们具备运动的本能。对于高等动物而言，尤其是人类，其肌肉组织不计其数且错综复杂，以至解剖学家坦言：“学习解剖学的学生要想认识肌肉组织，至少必须仔细研究7次。”这些不同类型的肌肉组织协力表现出各种复杂的动作。有些肌肉发挥主动的作用，有些则是被动参与；有时它们一起工作，有时又互相掣肘。

一种抑制总是伴随着一种驱动力，并对这种驱动力进行矫正。许多肌肉通过协调工作而完成极为复杂的动作，如杂技演员的动作，或能把最细微的动作传递到琴弓上的小提琴演奏者的动作。每一个动作和每一次调整都要求无数肌肉同时发力，每一块肌肉都发挥作用以使活动趋于完美。

但人类一直以来都无法完全信任本能，因为人类发展的指导原则是隐藏于儿童身上的个体能量。儿童的精神生活不仅独立于每一种外部活动，而且先于这些活动，并让这些活动充满活力。

如果只是因为婴幼儿不能站立，或者无法协调他的运动，就认为他的肌肉软弱无力，那可就错了。新生儿通过晃动肢体，彰显其肌肉的力量。尽管吮吸和吞咽是涉及许多肌肉协调运作的复杂动作，但是和其他动物一样，婴儿出生时就能做出这些动作了。但是，在其他的活动中，儿童不再受本能的束缚了。不过，就儿童而言，这些由本能支配的动作并不占主导地位。随着儿童日益强壮，他们要等待意志的指令才能协调肌肉。儿童并非仅仅作为人类种族中的一员在成长，而是作为一个个体在成长。我们知道，儿童最终能学会说话和直立行走，但他也必将展现出自己独特的个性。

对于动物的幼崽长大之后会变得怎样，我们是心知肚明的。比如，瞪羚会变得步履轻快而敏捷，大象的脚步则会显得笨拙和沉重；老虎会很凶猛，吃草的兔子则会很胆小。

但是，人类个体的发展却有无限的可能，他们在孩童时期表现出来的无助恰恰是其独特个性发展的温床。现在尚不能清晰发音的他们终有一天会开口讲话，虽然对于他们将会说出什么语言我们还未知晓。在语言学习方面，他们会尽己所能注意四周的人，模仿他们听到的声音，开始是音节，而后过渡到词语。在与周围环境接触的过程中，他们发挥了自己意志力的作用，使自己的各种能力得到了提高。因此，在某种意义上，他们也成为了自己的创造者。

哲学家们一直对儿童出生后的无助状态深感兴趣，然而，教师和医生对此漠不关心。就像其他许多潜藏于潜意识中的东西一样，儿童的这种无助状态也一直被简单地认为是没有什么特别意义的一个事实而已。

然而，实际上，这种态度已经危及儿童的心理生活。它使人们认为，不仅儿童的肌肉是被动的，而且儿童自身也是无助、被动的，儿童没有自己的心理生活。因此，成人一直误认为儿童之所以如此的活泼热情，是因为自己的照料和帮助之故。他们将这种帮助看成自己的责任，并且将自己想象成儿童的塑造者和儿童心理世界的建造者。他们想象着通过为儿童提供指导和建议来帮助他们发展情感、智力和意志，但他们只是从外部来完成这一创造性的工作。

当成人如此这般行事时，他们还宣称拥有一种神圣的力量，使他们成为了儿童的神。他们还套用《创世纪》中的话自吹自擂："我将按我的想象来创造人。"傲慢是人类的第一宗罪。成人这种想要代替上帝的念头，正是导致其子孙后代痛苦的原因。

但是，假若儿童自身拥有开启其个性发展的钥匙，假若他有自己的发展路线和需要遵循的规律，那么儿童体内一定存在着一些很微妙的力量，而成人不适时宜的干预会阻碍这些力量的悄然展现。从远古起，人类就因为干预了这些自然规律，才致使儿童发展的神圣计划受到阻碍，结果也妨碍了上帝对人类安排的实现。

人类所面临的最大问题之一，就在于未能认识到儿童拥有一种积极的心理生活，尽管儿童当时还不能将其表现出来，而且儿童需要一段较为漫长的时期才能秘密地完善这种心理生活。

儿童就如同陷入黑暗地牢中的灵魂，竭力想要破笼而出以重见天日，想要来到世上，渴望获得成长；虽然这个过程很慢，但灵魂必定会用意志的声音来呼唤迟钝的肉体，激发其活力。然而，自始至终，儿童的身边都站着一位力大无比的巨人，他随时准备猛扑过去，把儿童压垮。

人们没有为儿童的“实体化身”做任何准备，因为没有人期待它发生，甚至没有人知道它是什么。在这一过程中，反而有许多绊脚石。

正在进行“实体化身”的儿童是一个精神胚胎，他需要一个适合自己的特殊的环境。正如一个肉体的胚胎需要在母亲的子宫里发育一样，精神胚胎也需要得到外界环境的保护。这种环境应该充满爱的温暖，有着丰富的营养，里面的一切都传达着“欢迎他到来”的信息，不会让他受任何伤害。

当成人终于认识到这一点的时候，他们就会转变对儿童的态度。把儿童看成一个正在“实体化”的精神存在，这不仅会激励我们，而且还会赋予我们新的责任。当我们端详着儿童那迷人的好似玩具一般的幼小身躯时，当我们在他身上倾注了无尽的关怀时，我们才开始真正理解罗马诗人朱维诺尔所说的一句话：“应该把至高无上的敬意献给儿童。”

儿童“实体化身”的过程是通过一种神秘的力量而努力实现的，这一创造性的工作足以被写成一部戏剧。

其他的生物都未曾有过儿童的这样一些经历：不断感知意志的力量；给沉睡的潜能发出指令，使之得到激活并依规行事。这个娇弱的前途未卜的小生命刚刚有些意识。在不停地尝试自我实现的过程中，他通过感官感受周围的环境，并通过肌肉接触外部环境。

在个体、精神胚胎及其环境三者之间，存在一种交互作用。个体需借助于环境进行塑造，并迈向完善。儿童也不得不适应周围的环境，而这一过程中所付出的努力使其个性得到了整合。

这种缓慢而渐进的活动使得人们借助于心灵的力量不断掌握各种工

具。在这个过程中，人的心灵必须保持警觉以确保发挥统领的作用，这样，各种活动才不会因惰性而丧失活力或变得机械呆板。心灵必须不断地发出指令，这样，不受固定本能支配的活动才不会因退化而陷入混乱。为了防止这种情况发生，人们需要不断努力以增强儿童心灵的活力，并为儿童精神“实体化”这一无止境的工作做出贡献。

因此，正如胚胎发育成了儿童，儿童又长大成人一样，人的个性也是通过自身的努力而形成的。

实际上，父母对他们子女的生命有什么贡献呢？父亲提供了一个肉眼看不见的细胞。母亲除了提供另一个细胞之外，还为受精卵提供了一个生活环境，使其能够最终成为一个发育全面的小孩。说父母创造了他们的孩子是不对的。相反地，我们应该说：“儿童是成人之父。”

我们应该把儿童的这种神秘的力量看作某种神圣的东西。在儿童努力展现这种力量时，我们应该表示欢迎，因为正是在这样一个创造性的时期，个体未来的个性被确定了下来。

这就是我们必须对儿童的心理需要进行科学的研究，并为儿童的这种需要准备一个适宜的环境的原因。

我们正处于一门科学的初创期，而这门科学必将取得长足进步。只要我们致力于这门科学，并付出艰辛的努力，那么我们就能揭示人类发展的秘密。

7. 心理发展

敏　感　期

即便对于最幼小的婴儿来说，在能运用外在的表达手段之前，其感官知觉也促进了他的心理发展。

虽然这种发展是悄无声息地进行的，但是，我们不能因此就错误地认为它并没有发生。以语言为例，这就好比说一个儿童已经具有说话的能力，尽管他的外部语言器官还不足以让他进行适宜的表达。实际上，在儿童身上存在着一种掌握语言的倾向。对于儿童心理发展的其他方面而言，也是如此。婴儿具有一种创造的本能，一种以自己所处的环境为基础创建一个心理世界的积极潜能。

就此而言，所谓“敏感期”的发现具有特别的意义，因为它与生长的现象密切相关。

当说到生长发育时，我们所指的是从外表上可辨识的现象。而对于生长的内在机制，人们只是在最近才开始有所探讨，认识也还不全面。现代科学的发展为我们提供了两种认识的途径。其中，一种途径是研究与身体发育相关联的的腺体和内分泌物。由于它们对于儿童的健康和保健来说至关重要，因此这种研究方法非常受欢迎。另一种途径则是研究所谓的“敏感期”，这有助于我们理解儿童心理的发展。

荷兰科学家雨果·德·弗里斯发现敏感期存在于动物身上。但是，在我们的学校里，我们发现孩子身上也有敏感期，并且将它运用到了教学之中。

敏感期是指生物在其发育过程中的婴儿状态下所具有的一种特殊敏感性。敏感期是非常短暂的，而且仅在获得某种特性时闪现出来。个体一旦获得了这种特性或特征，这种特殊的敏感性就会消失。生物的每一种特性都是借助于这样一种短暂的冲动或力量获得的。因此，成长不是由某种模糊的先天遗传因素决定的，而是在周期性或短暂的本能引导下通过努力实现的。这些本能通过提供一种冲动为个体提供指导。这种冲动指向的是某种确定的活动类型，而这种活动类型与成人的活动类型具有显著的差异。德·弗里斯首先注意到昆虫具有敏感期。昆虫的各种变形代表了其在发育过程中的不同阶段，而这些阶段很容易被观察到。

德·弗里斯以一只普通蝴蝶的幼虫——毛虫作为例子进行说明。众所周知，毛虫发育迅猛，贪食无比，对植物造成了毁坏。德·弗里斯所研究的这种蝴蝶的毛虫在其出生后的前几天却无法吞噬大片的叶子，只能吃长在树枝顶端的娇嫩叶芽。

就如一位伟大的母亲一样，雌蝴蝶受本能所使，会找到一个由树干和树枝交叉形成的角落，然后在这个安全而又隐蔽的地方产卵。当蝴蝶幼虫钻出来时，是什么让它知道想要吃的嫩芽就在头顶上方的树枝顶端呢？是光！毛虫对光极为敏感。是光线吸引了它，让它痴迷，进而使它挪动着身躯，一步步来到了光线最强的树枝顶端。

在树枝顶端，毛虫找到了可以大块朵颐的嫩叶。一个值得注意的事实是：一旦毛虫长到能够吃粗食，其敏感期也就过去了，它不再对光线敏感。这一本能也就失灵了，变得荡然无存。它不再受到光线的特别吸引。这一敏感期已成明日黄花，毛虫会另觅他路，探寻不同的体验和生活方式。毛虫并非从此眼瞎目盲，而只是对光习以为常罢了。同样是这一只幼虫，它曾经是那么的贪食，此时却受到另一种敏感性的影响，很快变成了进行斋戒的苦行僧。它在这段严格的斋戒期内，为自己造了一具“石棺材”，把自己埋葬其中，犹如死去一般。然而，它正在为化蝶而忙碌不已。待到破茧而出之时，它已有了一双美丽的翅膀，在阳光的照耀下，熠熠闪光。

众所周知，蜜蜂幼虫的成长都要经过一个阶段，在这一阶段，每只雌性幼虫都有可能成为蜂后。但是，这个蜂群只会选择其中一只作为蜂后。工蜂会为蜂后准备一种被称为“蜂粮”的特别食物。被喂食了这种极好的食物之后，这只雌性幼虫就成了这个蜂群的蜂后。如果在被工蜂挑选时，它已经不再是幼虫，那么它就不可能成为蜂后。因为它此时已经不再有贪婪的食欲，它的身体也将不再可能发展成蜂后所应具备的硕大身躯。

这些例证有助于我们理解儿童发展中的一个关键因素。儿童本身具有一种生机勃勃的冲动，促使他展现出惊人的行为。如果缺乏这种冲动，儿童将会变得无助而迟钝。成人对于儿童的这些不同状态并不会产生直接的影响。但是，如果儿童未能遵循其敏感期的指引行事，那么他就失去了自然成长的机会，而且这种机会一去不复返。在心理发展过程中，儿童表现出了惊人的征服力，只不过由于我们对此已经习以为常，所以也就熟视无睹了。一个出生时一无所有的孩子，是如何适应这个纷繁复杂的世界的呢？他是怎样识别事物的呢？在没有教师指导的情况下，他又是借助于什么神奇的方法快乐而不知疲倦地学习一种语言并掌握它的各种细节呢？而对于成人来说，在适应新环境和学习一种新的语言时，需要得到持续的帮助。他们会觉得这种新的语言很乏味，而且他们也永远无法像小孩子掌握自己的母语那样完善地学习这种新的语言。

在敏感期，儿童能学会自我调适并有所收获。敏感期如同一束光，把儿童的内心照亮，或者像一块电池，提供能量。正是这种敏感性，使得儿童能以一种强烈的方式与外部世界接触。在敏感期内，一切都变得简便易行，所有的一切都充满了活力和热情。儿童所做的每一次努力意味着他们力量的增长。只有在目标达成之后，儿童才会感到疲倦和乏味。

当这些心理上的一种激情耗尽之后，另一种激情又被点燃。童年期就是按照这样一种持续的节律，从一个胜利走向另一个胜利，由此构成了童年期的快乐与幸福。正是这种心灵中燃烧不止的美丽火焰，使得人类能实现精神世界的创造性工作。另一方面，在敏感期消失之后，人们心智上的进步就只能通过推理过程、主观的努力和艰苦的探究而获得。麻木冷漠会让人滋生对工作的厌倦情绪，这是儿童心理与成人心理的根本不同之处。儿童自身具有一种特别的活力，使他能够以一种神奇的方式自然地征服事物。但如果在这一敏感期内，儿童在付出艰辛努力的过程中遇到障碍，他就会感到困扰，甚至会发生自我认识的扭曲。虽然对于儿童这种精神上的创伤我们还知之甚少，但是他们的伤痕大多是由成年人无意识地烙上去的。

时至今日，我们对儿童的这种成长，即这些具体特征的获得，一直深信不疑。然而，在长期的实践过程中，我们也注意到，当儿童生机勃勃的活力受到外力的阻碍时，他们会有一种悲伤和强烈的反应。由于人们对他们这种反应的原因尚未明了，所以人们曾认为他们是在无理取闹，或者认为他们是在抵抗成人对他们的安抚。对于儿童所表现出来的各种不同的行为，我们用“突发奇想”、“任性”或“发脾气”来描述。其实，这些行为之间并没有什么共同之处。我们把他们任何没有明显原因的，或者固执的、无理性的行为都称为“任性”。我们也已认识到，儿童某些类型的“发脾气”行为可能会恶化。这本身就是一个在不断产生影响的诱因，显然，对此需要设法进行矫正。

敏感期对于我们理解某些孩子的“发脾气”行为有很大帮助，但并不能解释所有“发脾气”的行为，因为儿童这种心理冲突背后的原因千差万别，而且儿童的许多任性行为是因为之前的偏差行为未能得到妥善处理而造成的。与敏感期的心理冲突相关联的儿童的各种“突发奇想”，就如同敏感期本身一样也是转眼云烟。它们对于儿童在敏感期中性格特征的形成没有留下长久的烙印，但对于个体的心理成熟可能产生负面影响。

儿童在敏感期中出现的“发脾气”行为，其实是他的需要未得到满足的外在表现，也表达了他对危险事物的惊慌，或者对无序事物的反感。一旦他的某种需要有可能得到满足或危险有可能被消除，他的“发脾气”的行为就会消失。我们有时会观察到这种情况，一个孩子在经历了近乎病态般的躁动不安后，会突然间平静下来。因此，我们必须探寻孩子每一个任性行为背后的原因，因为我们对此还知之甚少。找到了原因，我们就既能深入了解儿童心理方面的神秘之处，也能为我们理解儿童和与儿童友好相处奠定基础。

检视敏感期

对于儿童的“实体化身”和敏感期的研究，好比在进行一种探索性的手术，可以使我们看到促进儿童生长的各种器官是如何发挥作用的。这些研究的结果显示，儿童的心理发展不是偶然发生的，换言之，它并非源自外界的刺激，而是受到短暂敏感性的引导。也就是说，它受到与我们获得某种特性密切相关的短暂的本能的引导。虽然这一切都发生在外界的环境中，但这种外界的环境并非原因，而只不过是提供了一个场所而已：它只是提供了心理发展所需要的手段，犹如物质环境为身体的发育提供了食物和空气一样。

一个儿童自身所具备的各种敏感性，使得他能从复杂的环境中选择成长所必需且适宜的东西。它们使得儿童对某些事物较为敏感，而对其他一些事物则较为冷漠。当一个儿童身上的某种特定敏感性被唤醒后，它就如同一束光只照射在某些物品上而非其他一些物品上一样。那些能使儿童产生敏感的事物就构成了他的整个世界。但是，这并不仅仅是对某些特定情境或物品有强烈渴望的问题。儿童还具有如何利用这些物品促进自我成长的独特潜能。也正是在敏感期内，他能够进行心理调节，正像他能适应周围环境以及日益轻松、准确地四处活动一样。

从儿童与其周围环境的这种敏感关系中，或许我们能够找到解开儿童心理发展疑团的方法。

我们可以把这种奇妙的创造性活动设想为一系列充满活力的，来自潜意识的情绪活动。当这些情绪活动与外在环境发生接触时，就形成了个体的意识。起初，意识处于混乱状态，而后逐渐清晰，最终达到能进行创造性活动的境地。以儿童学习说话为例，我们可以清楚地看到这一过程。

当环境中各种杂乱的声音传到婴儿的耳际之时，婴儿顷刻间听到的是一种清楚的、富有魅力的和吸引力的声音，如同听到了某种未曾通晓的语言发出的清晰的声音一样。儿童那尚不具备思考力的心灵仿佛听到了一种充满其内心世界的音乐。这种声音传递到了儿童的神经纤维——确切地说，不是所有的神经纤维，而是那些隐藏着的并且只有大声呼喊才能被震动的神经纤维。它们被唤醒，开始有规律的震动，并且在某种命令和指挥中改变它们的震动方式。这标志着精神胚胎开始进入生命的一个新阶段，这是一个集中全力于现在的阶段。至于它的前景如何，还不得而知。

逐渐地，儿童的耳朵能分辨出各种不同的声音，他的舌头也开始变得更为灵巧。之前，他的舌头只是用于吸吮；现在，他开始感受到舌头内在的震动。似乎受到一种不可抗拒的能量的推动，他开始试探着想要用舌头去感受他的喉咙、脸颊和嘴唇。此时，这些震动除了给儿童带来一种无法言状的满足感外，并没有其他什么作用。当儿童蜷起四肢，紧握拳头，抬头，转向说话的人，并注视着那个人的嘴唇时，他会表现得很快乐。

儿童正在经历一段敏感期：一种神圣的力量正在消除儿童这种无助的状态，并用它的精神去激发他。儿童的内心仿佛正在上演一部爱的戏剧。它正从他心灵的秘密之处展现出来，并经常吸引着儿童的整个心灵。这些在悄然中发生的伟大活动，必然会生成一些高贵的品质，这些品质将会伴随儿童终生。

只要儿童所处的环境与其内在的需要相吻合，这一切就会在无声无息中不经意地发生。例如，掌握说话的能力是儿童一生中最伟大的成就之一。但是，由于儿童周围的人们通过说话为儿童的语言发展提供了各种所需的元素，因此，人们并没有觉察到儿童语言发展的敏感期。唯一能让我们了解到儿童敏感状态的外部迹象是他的微笑，是当我们用发音清晰的简短词语和他说话时，他所表现出的快乐。慢慢地，他能识别出各种不同的声音，正如我们能听出教堂钟楼敲响的钟声一样。此外，我们会看到这样一种情景：傍晚时分，当成人对着孩子哼唱着一支催眠曲，一遍又一遍地重复着相同的歌词时，儿童会从狂喜的状态中慢慢安静下来。就是在这样的快乐之中，他的意识世界消失，进入了梦乡。这就是为什么我们在对孩子说话时要用轻柔的声音的原因。我们希望儿童用充满活力的微笑回应我们。这也说明了为什么自古以来，一到晚上，父母就会回到孩子身边给他们唱歌或讲故事，因为这些正是孩子们所渴望的。

以上这些就是儿童具有十分独特的敏感性的正面证据。但是，还有一些更为明显的反面证据。当儿童的内在本能因遇到一些阻碍而无法正常发挥时，这些反面的证据就会显现出来。一旦出现这种情形，儿童就会反应激烈。就是在这种激烈的反应中，敏感期表露了出来。我们把儿童的这种反应看作一种无意识的绝望，并把它称之为“发脾气”。但实际上，它所表达的是一种内在的困扰或由于需要未得到满足而造成的紧张状态。它体现的是儿童在内心提出了一个疑问，或者试图寻求一种自我保护。

发脾气本身表现为激动的和毫无目的的行为。这就好比儿童没有相应的病理性原因就突然发高烧一样。众所周知，对成人来说不会产生实际影响的小病，孩子一旦患上，体温就会高得惊人。但是孩子的发烧来得快，去得也快。同样，在心理的层面，在没有任何相应的外在原因的情况下，儿童由于极端的敏感也会导致强烈的焦躁不安。这种反应一直以来都受到人们的关注。其实，儿童的任性或发脾气几乎从他一出生就表现出来了，也一直被看作人类具有反常心理的证据。如果把每一种功能性的失调都看作功能性的疾病的话，那么，心理失调也可以被称为功能性疾病。儿童的第一次发脾气也就是他心理上的第一次患病。

人们已经注意到儿童这些发脾气的行为，因为相对于自然状态而言，病理状态更容易吸引人们的眼球。平静从来都不是一个问题，也无须对此进行思考，但烦扰与失调则不然。最明显的事情不是自然规律，而是对自然规律的偏离。人们还未曾注意到，生命的创造性活动或保护这些创造性活动的工作常会有一些难以觉察的外在信号相伴随。但是无论是对生命的创造还是保护，都依然处于隐藏的状态。

发生在人造产品上的现象，同样会在生物身上发生。产品生产出来之后，就会被存放在玻璃柜里。虽然相对于产品本身而言，生产它们的工厂更有意思，但这些工厂并不对外开放。同样的道理，人体内各种器官的运作很神奇，但没有人会去看或留意它们。甚至依靠这些器官发挥功能才能存活的人，也没有意识到它们惊人的复杂性。自然总是默默劳作，正如基督教慈善事业的箴言“不要让你的右手知道你的左手在做什么。”我们把各种正在发挥作用的力量之间的和谐与平衡，称为“健康”或“正常状态”。

我们注意到了一种疾病的所有细节，却未曾重视健康的神奇。从远古时代开始，人们对疾病及其治疗就已有所了解。考古发掘的骨骼遗骸已经证明，史前人类就已经知道如何实施外科手术了。虽然埃及人和希腊人已经懂得如何行医，但对人体内脏器官功能的认识，则还是近代的事。血液循环现象是直到17世纪才被发现的，第一次人体解剖手术则发生在1600年。正是因为对病理学和疾病的兴趣，人们才逐渐且间接地发现和认识了生理学的秘密，即人体的正常功能的秘密。

因此，儿童的心理疾病一直受到重视，但人们对儿童正常心理的认识处于朦胧状态，这也就不足为奇了。尤其是当我们考虑到各种心理功能是极其微妙的，并以隐秘的方式逐渐完善自我，就更好理解了。

如果一个儿童得不到任何帮助，如果他的生活环境是被忽视的，那么，他的心理生活就会一直处于危险之中。在这种情况下，他就如同这个世界的弃婴，随时可能受到伤害。为了获得心理发展，他必须努力抗争，但在这个过程中可能会失败。成人则只是袖手旁观，因为他们甚至不知道影响儿童心理发展的力量是什么。他们更没有意识到一个正在发生的奇迹，即儿童的心理生活已经从表面虚无的状态中产生了。

对于儿童的心理发展，我们不能够再茫然无知了。从儿童生命开始的早期阶段，我们就应该给予他们协助。这种协助并非指塑造儿童，因为这是自然的使命。这种协助指的是要尊重儿童心理发展过程中的各种外在表现，并为儿童的成长提供各种不可或缺的手段，而这是靠儿童自己的努力所无法获得的。

如果情况确实是这样，如果健康儿童的秘密取决于某些隐藏的能量，那么，我们只能设想，伴随功能性失调或疾病而出现的各种畸形的心理发展，导致儿童出现了大量的不适应问题。在我们对婴儿卫生的基本原理尚不了解时，婴儿的死亡率居高不下，但这只是问题的一个方面。在那些存活下来的婴儿中，有许多人不幸失明，或者患上了软骨病，或者遭受瘸腿或瘫痪之苦。还有许多儿童有各种严重的身体缺陷或器官衰退问题，致使他们极易染上肺结核、麻风病和淋巴结核病等传染病。

同样地，我们还没有任何能确保儿童心理健康的计划。在我们自己的环境中，没有任何东西可以为儿童的心理健康提供保障与维护。对于那些能激发儿童心理协调发展的秘密因素，我们甚至毫不知晓。心理失调诱发了各种缺陷——失明、羸弱、发育不良、死亡，更不用说骄傲、权力欲、贪婪和愤怒了。所有这些都不是打比方或讽喻，而是儿童精神状态的残酷现实。对于这种状况，我们可以用之前描述儿童身体的词语来描述。最初阶段的失之毫厘，可能会导致以后生活中的谬以千里。在一个并非真正属于他自己的心理环境里，个体也能长大成人，但他只能生活在原本属于他的“天堂”之外。

观察与案例

心理学家一直试图引发儿童对感知刺激的动作反应，以此作为儿童心理反应的表现。但是，这样的实验无法证明弱小的婴儿具有心理活动。儿童的心理活动，即便还是最初级的，也必然先于身体的自发动作而存在。

儿童最初想要做事情的念头来自感觉。比如，莱文通过电影表明，想要得到某个物品的婴儿，会探出自己的整个身体去够它。之后，随着动作的逐步发展和协调，他才能分离各种动作，伸手去拿自己想要得到的物品。

再比如，一个4个月大的婴儿一直盯着一个正在说话的成人的嘴唇。婴儿嘴唇的动作，尤其是他头部的固定姿势，表明他被说话人的声音吸引住了。到了6个月大时，婴儿能说出几个独立的音节。但是在他能发出这些音节的声音之前，他一直在很专注地倾听周围的人说话，并且悄悄地激活自己的发音器官。这表明，他具有一条能够激发自己行动的心理准则。而关于这种敏感性的存在，我们只能通过观察得知，而无法通过实验发现。早期阶段针对婴儿的心理实验，只会过多地消耗婴儿的精力，损害婴儿心理生活的秘密工作。

对儿童心理生活的观察，必须采用法布尔[1]观察昆虫的方法进行。当昆虫在自然环境中忙忙碌碌地工作时，为了不惊扰它们，法布尔把自己隐藏起来进行观察。同理，当儿童的各种感官开始有意识地积累对外部世界的印象时，我们也应该开始对儿童进行观察，因为此时一个生命才开始依靠其环境自然地成长起来。

成人想要帮助儿童时，无须求助于精细观察和复杂解释的方法，只要有帮助儿童的意愿和丰富的常识就可以了。

此外，还有一些显而易见的例子表明，这类观察其实很简单。由于婴儿还无法站立，所以很多人认为他应该一直躺着。婴儿必须从他周围的环境中，即从上到下的某个空间中，获得他对世界的第一个感知印象，但是，他又不被允许凝视天空。他只能凝视着如同床盖一样洁白且单调乏味的天花板。可是，他需要有机会看到那些能滋养他饥渴心灵的事物。父母常会觉得，孩子需要一些东西把注意力从周围千篇一律的环境中转移开来。因此，他们会用绳子绑一个球或其他物品，让它们在婴儿头上晃动。因为婴

[1] 法布尔（Jean-Henri Casimir Fabre，1823—1915），法国昆虫学家、文学家，代表作有《昆虫记》等。——中文译者注

儿急切地想感受周围环境的样子，所以虽然他的头部还无法移动，但是他的眼睛会追随着晃动的物体。由于婴儿处于一种不自然的姿势，加之物体的晃动也没有规律，因此，他的动作是不自然的和有害的。

较好的一种做法是将婴儿放在一个稍微倾斜的平面上，这样，他就能够看到周围的一切。更好的一种做法是把孩子带到花园中，让他能看到小鸟和花朵，还有轻轻摇曳的各种植物。

在不同的场合下，我们都应该把孩子放置在同一个地方。这样，他才能够不断地看到同样的物体，学会怎样去识别它们及它们的相对位置，学会怎样去区分有生命的东西和无生命的东西。

8. 秩序

一个极其重要而又神秘的时期是儿童对秩序极其敏感的时期。这个秩序的敏感期出现在儿童出生后的第一年，并一直持续到第二年。儿童对外部秩序有这么一个敏感期，这在我们看来似乎有点不可思议，因为大家都认为儿童的天性就是杂乱无序的。

如果一个儿童生活在城市里，生活在一个由各种物品充斥的封闭环境里，而且这些物品是由成人搬过来并且按照儿童无法理解的理由进行摆放，那么我们很难判断儿童身上存在这样一种微妙的倾向。如果他错过了这一秩序的敏感期，那么他所感受到的无序既会成为他发展的一个障碍，也会成为他心理异常的一个诱因。

关于儿童心灵中深藏的秘密，照料他们的成人仍然不清楚。儿童多久就会毫无缘由地哭泣一次，而且无论成人怎么安抚都无济于事？这本身就足以让我们怀疑，儿童有一些秘密的需要必须得到满足。

甚至在婴儿出生后的前几个月，我们就能留意到他们对秩序的敏感性。关于这一点的一个有力证明，是当婴儿看到物体摆放的位置恰当时，会表现得很热情和高兴。那些接受过我们的培训并遵循我们的原则去观察儿童的人，很容易就能发现这一点。在此，我可以列举一个保姆的例子。这位保姆留意到，她所照料的女婴每次看到那块镶嵌在灰色的古墙壁上的白色大理石时，都会面露喜色且兴致盎然。尽管这个女婴只有5个月大，并且她的父母的别墅里满是美丽的鲜花，但这位保姆每天都会把女婴放在婴儿车里推到那块白色大理石面前停下来，因为这似乎是唯一能给女婴带来持久快乐的事情。

但是，儿童所遇到的困难或许能够更清楚地表明敏感期的存在。也许儿童在大多数情况下的发脾气行为，都是由这样的敏感性引起的。我可以列举一些这样的例子。其中，一个例子中的主角是一个约6个月大的小女孩。有一天，一位女士走进了这个小女孩碰巧所在的这个房间，并把太阳伞放在了桌子上。小女孩看到后变得焦躁不安起来，她不是因为这位女士而变得焦躁不安，而是因为那把太阳伞。因为她盯着那把太阳伞一阵子后，就哭了起来。这位女士认为小女孩可能想要太阳伞，于是她把太阳伞拿起来，微笑着递到小女孩面前。但是，小女孩推开了太阳伞，继续哭喊。这位女士想方设法抚慰小女孩，结果非但无济于事，反而让她变得更加焦躁不安。要怎样做才能对症下药呢？突然，富有心理洞察力的小女孩的母亲将太阳伞从桌上拿起来，放到了另一间屋子里。小女孩立刻安静了下来。所以说，导致小女孩焦躁不安的原因是桌子上的太阳伞。因为物品放置不当，严重地打乱了小女孩记忆中的物品摆放模式。

另一个例子是关于一个年龄稍大的孩子的。有一次，我和一小队旅行者正在穿过位于那不勒斯[1]的尼禄洞穴。其中，一位年轻的妈妈用手牵着一个一岁半左右的小孩。这个孩子还太小，还不能自己走完这么长的一段路。

过了一会儿，孩子就累了。于是，妈妈只得把他抱起来，但是她过高地估计了自己的力气。一会儿，这位妈妈就感到有些热了。因此，她停下了脚步，脱下外套把它搭在手臂上，然后轻装上阵再次抱起孩子。而此时，孩子开始哭了起来，而且哭声越来越大。妈妈试图安抚孩子，但都是徒劳的。她显然已经累得筋疲力尽了，并且变得很烦躁。其他的队友也感到不安起来，自然而然地伸出援助之手。大家轮流抱着孩子，但孩子变得更加焦躁了。每一个人都大声地对孩子说着鼓励的话，但结果只是使情况更加糟糕。显然，孩子的母亲应该把孩子抱回去。但此时，这个孩子已经变得

[1] 那不勒斯（Naples），意大利南部第一大城市，是地中海最著名的风景胜地之一。——中文译者注

很抓狂了。大家似乎陷入了绝望的境地。

这时，导游过来干预，他一把将孩子抱到自己怀里。但这个孩子挣扎反抗得更为剧烈了。我深信，孩子的这种反抗有其内在敏感性的心理基础。因此，我决定做些尝试。我走到孩子的母亲面前，对她说："我帮您把外套穿上，好吗？"她惊讶地看着我，因为她仍然觉得很热。尽管她被我的话弄得有点糊涂，可还是遵从我的要求，让我帮她把外套穿上了。孩子立刻安静了下来。他不再流泪，也不再烦躁不安，只是不停地说："外套……肩膀。"他的意思是说："你的外套在你的身上了。"是的，妈妈本应将外套穿在身上，孩子的话也好像是在说："你们终于理解我了。"他面露微笑，把双手伸向妈妈。我们随后顺利地穿过了这个洞穴。外套就是要穿在身上的，而不能像一块破布一样搭在手臂上。孩子从妈妈身上所看到的无序是导致这次冲突发生的诱因。

我曾经看到过的另一个家庭场景也很有启发意义。一位母亲感到有点不舒服，因此，她躺在扶手椅上，身子下面放了两个靠垫。这时，她那个仅有20个月大的女儿走到她面前，要求她讲一个故事。作为母亲，她怎么可能拒绝孩子这样的请求呢？虽然她感到身体不舒服，但她依然给孩子讲了一个小故事，而孩子一直全神贯注地听着。但她实在是很不舒服，所以没办法把故事讲完。她只好让保姆过来，扶她到隔壁房间的床上休息。此时，被留在椅子旁的女孩开始哭起来。表面看来，小女孩是在为母亲的病痛而流泪。旁人也尽力去安抚她。但当保姆想把扶手椅上的两个靠垫拿到卧室里时，小女孩大声哭喊道："不要，不要拿靠垫……"她似乎想要说："至少留下点什么在原位吧。"

保姆好言相劝，把小女孩带到了母亲床边。女孩的母亲虽然身体不适，但是依然强打精神继续给孩子讲故事，她想这样就能满足孩子的好奇心了。但女孩依然抽泣着，满脸泪水对妈妈说："妈妈，椅子！"她试图用这样的方式告诉她妈妈：她应该留在椅子上。

故事此时已不再引起小女孩的兴趣。妈妈和靠垫的位置都发生了变化，在一个房间里开始讲的故事却在另一个房间里继续。这一切都在小女孩的心里产生了剧烈的冲突。

这些例子表明了这种秩序本能的强大力量。可能让人感到惊奇的是，这种本能很早就已显露出来。一个2岁的孩子就能以一种平静的方式表现出对秩序的需求。正是在这个年龄段，对秩序的需要成为儿童活动的一个原则，这也是我们在学校里能够观察到的最有趣的现象之一。当物品被放错地方时，是这个年龄段的孩子看到，并将其物归原位的。即便物品的摆放有些许的差池，这个年龄段的孩子也能注意到，而成人或更大点的儿童则视而不见。比如，如果一块香皂被放置在脸盆架上而非香皂盒里，或者一把椅子被放错了地方，一个2岁的孩子会突然间注意到并把它放好。

看到有些东西摆放得不适宜，这对于儿童来说代表着一种刺激，一种对行动的呼唤。然而，毫无疑问，其意义不仅如此。秩序感是生命的一种需要，当秩序感得到满足时，就会使人萌发一种真正的幸福感。事实上，在我们的学校里，即便那些年龄稍大的三四岁的幼儿，在完成一项活动之后，也会把用过的东西放回原处。这是他们完成得最为愉悦、最为自发的任务之一。秩序感就是指认识到每一件物品相对于其环境的所在位置，并记住每一件物品应该被放在哪里。这也意味着一个人能在自己所处的环境中找到方向，并能在所有的细节上很好地支配环境。适合心灵的环境是这样的：在这种环境中，一个人即使闭上双眼也能自由走动，只要伸出双手就能找到自己想要找的东西。对于生活的安宁和幸福来说，这样的环境是不可或缺的。

显然，儿童对于秩序的热爱有别于成人对于秩序的热爱。秩序为成人提供了某种外在的乐趣。但对于幼儿而言，其意义就完全不同了。秩序对于幼儿，犹如陆地之于动物或大海之于鱼儿一样。在第一年的生活中，儿童从将来要支配的环境中得出了判断方向的各种原则。因为儿童是由其所处的环境塑造而成的，所以，他需要的是精准的和确切的原则的指引，而不是一些含混不清的建设性意见。

从年幼的儿童所做的一类游戏中，我们就可以看到秩序给孩子带来一种天然的快乐。他们对逻辑的渴求让我们感到惊讶。他们所得到的唯一快乐，不过是在放置物品的地方能找到这些物品。在对此进行进一步阐述之前，我想先介绍一下日内瓦的皮亚杰[1]教授用自己的孩子所做的一个实验。他把一件物品藏在一把椅子的坐垫下面，而后叫孩子离开这个房间。接着，他把该物品转移到这把椅子对面的另一把椅子的坐垫下面。教授希望孩子回到房间后先在第一块坐垫下找物品，找不到时，会转而到另一块坐垫下面去寻找。但当孩子回到房间后，他只是把第一把椅子的坐垫掀开，而后用不是很完整的话说："不见了。"他并没有尝试去别的地方寻找。接着，皮亚杰教授将实验重复做了一次。这次，他给孩子看他是怎样把物品从一块坐垫下拿出来，然后又放到另一块坐垫下面的。但这次小男孩的做法还是和上一次实验完全一样，最后他再次说："不见了。"至此，教授认为他的儿子甚为愚钝。他几乎有些不耐烦地拎起第二把椅子的坐垫，说："难道你没看到我把它放在这里吗？""看到了，"小男孩答道，但之后他指着第一把椅子说，"但它应该在那里才是。"

这个小男孩对于找到物品并不感兴趣，他感兴趣的是在物品原来所在的地方找到它。显然，他认为不理解这个游戏的恰恰是他的那位教授父亲。孩子认为，要是不把这件物品放回原位，那么，这个游戏有什么意思呢？

曾经，我看到一群两三岁的小孩在玩捉迷藏的游戏，并对他们的游戏感到十分惊讶。孩子们看起来很开心，很兴奋，对他们要玩的游戏充满期待。但他们是这样玩游戏的：其中一个孩子低下身，爬到桌子下面，而桌子上铺了块一直垂到地面的桌布。其他孩子看到这个小孩爬到桌子下面后，就走出了房间，过了一会儿又返回到房间里。他们掀开桌布，看到躲在桌布下面的小伙伴后，顿时欢呼起来。他们一遍遍地重复玩着这个游戏。他们轮着玩，每轮到自己时都说："现在，我要把自己藏起来。"然后，

---

1 皮亚杰（Jean Piaget，1896—1980），瑞士著名儿童心理学家，提出了认知发展理论。——中文译者注

他们就藏到桌子下面去。在另一个场合，我看到一群稍大一些的孩子和一个小一点的孩子在玩捉迷藏的游戏。那个小一点的孩子躲在一件家具后面，年龄稍大的孩子走了过来，却假装没有看到他。他们四处寻找，就是没有到家具后面去。那些大孩子以为这样做可以让那个小一点的孩子开心。但是，那个小孩突然大声喊道："我在这儿！"那声调显然像是在说："难道你们没有看到我就躲在这里吗？"

有一天，我也参与了这样一个游戏。我看到当一群小孩发现躲在一扇门后面的同伴后，高兴地鼓掌欢呼。他们走过来对我说："和我们一起玩吧！你去藏起来。"在我接受了邀请后，他们就真的全都跑到房子外面去了，好像并不想看到我藏到哪里。但是我并没有藏到门后去，而是藏在了一个柜子后面的角落里。过了一会儿，那些小孩回到房间里，他们一群人走到门后面去找我。我藏了一会儿，在发现他们不再找我之后，最终从躲藏的地方走了出来。那些孩子看起来有点不开心，满脸疑惑地问我："你为什么不和我们玩啊？你为什么不去藏起来？"

如果游戏的目的就是得到快乐（事实上，这些儿童在很开心地重复他们可笑的做法），那么，我们必须承认，在某个年龄段，儿童生活的乐趣在于从他们自己认为合适的地方能找到想要找的东西。他们所认为的"藏起来"就是把东西放在一个隐蔽的地方，而后又能把它找出来。他们可能在心里暗想："你看不到它，但我知道它在哪里，而且即使闭上眼睛我也能够找到它。"

这一切都说明自然赋予了儿童对秩序的敏感性。这是一种内在的感知力，使得儿童能够区别各种物体之间的关系，而不是区别各种物体本身。这种感知力使得环境成为了一个整体，而它的各个组成部分之间都是相互依赖的。当个体能够适应这样一种环境时，他就能指引自己的行动以达成特定的目标。这种环境为制造一个和谐的生活提供了基础。如果一个人所积累的各种印象没有按照一定的秩序排列起来，那又有什么用处呢？这就如同有许多家具，却没有一间可摆放家具的房子一样。一个人如果只是知道很多物体但却不理解这些物体之间的相互关系，就如同生活在一种混乱的状态中而无法自拔一样。儿童期正是人类学习如何在将来的生活中指挥和引导自己的时候。大自然在敏感期给我们的第一个激励与秩序密切相关。这就好像说，自然给了人类一个指南针，使得我们在这个世界上能找到方向。这就如同一位教师给了他的学生一张教室平面图，使得学生们有了第一个有关地理的概念一样。自然赋予了儿童像成人一样说话的能力。人类的智力并非源自虚无，而是建立在儿童在敏感期阶段所奠定的基础之上。

内在秩序

儿童具有双重秩序感：一种是外部秩序感，它负责感知自身与其环境的关系；另一种是内部秩序感，它使得儿童能意识到自己身体的各个部分及其相对位置。这种类型的内部敏感性可以被称为“内部定向”。

实验心理学家一直在研究内部定向。他们已经认识到，存在着一种肌肉感觉，它使得个体能意识到自己身体的不同部分所在的不同位置；同时，它需要一种特别的记忆，即“肌肉记忆”。

这种解释是建立在有意识活动的经验基础上的，是完全机械的。比如，它认为，如果人们移动手臂去拿某件物品，这个动作就被肌肉感知到，并被保存在记忆中，因而可以再现。由于我们已经有了理性和由意志控制的经验，我们才能够选择移动右臂或者左臂，朝着一个方向或另一个方向转动。

但是，儿童的行为表明，远在他能够自由地四处走动和具备这些经验之前，他就已经经历了一个与身体的不同位置有关的、高度发展的敏感期。换言之，自然赋予了儿童一种与他身体的不同姿势和位置有关的特殊敏感性。

早前的理论是以神经系统的机制为基础的。然而，敏感期是与心理活动相关的。洞察力和本能为意识的产生奠定了基础。它们是一种自发的能量，形成了心理活动的基本原则，而这些原则又构成了心理发展的基础。因此，自然为儿童的实际发展提供了潜在可能性和意识层面的经验。当儿童周围的环境出现阻碍这种敏感性正常发展的情况时，我们就可以从反面看到敏感期的存在及其重要性。当发生这种情况时，儿童会出现诸如极度焦躁不安、发脾气等疾病的征兆。如果这种有害的情况没有得到改变，那么，任何试图根治的努力都将无济于事。

然而，只要障碍被清除掉，发脾气和疾病也就随之消失了，这表明了产生这种现象的明显原因。

与此相关的一个有趣的例子，是一位英国保姆的经历。这位保姆有事要离开她工作的那个家庭一小段时间，于是她找了一位很能干的保姆来代替她。但是，这位替代者在给她所照料的孩子洗澡时遇到了很大的困难。无论何时，只要给这个孩子洗澡就会让这个孩子变得不安和绝望。他不仅会哭泣，还会远离保姆，并试图把她推开逃走。这位保姆为了这个孩子做了她能想到的一切事情，但这个小孩还是不喜欢她。当原先的保姆回来后，这个孩子又恢复了平静并且很明显地喜欢洗澡了。这位英国保姆曾在我们的一所学校里面接受过培训，而且她对于探究儿童产生厌恶的心理原因很感兴趣，因此，她开始耐心地去解读儿童的这种表现。

她发现了两件事情：这个小孩把第二个保姆当作了坏人，为什么会这样呢？因为她是用相反的动作给这个小孩洗澡的。两位保姆因此比较了各自给孩子洗澡的方式，进而发现了彼此的不同之处：第一位保姆在抱婴儿时，用右手靠近他的头，用左手靠近他的脚；第二位保姆的动作恰好相反。

我能回忆起来的另一个例子，其情况更为严重，因为它具有一种尚未被确诊的疾病的所有症状。我碰巧被卷入其中，虽然我并没有以医生的身份直接介入，但还是提供了一些帮助。案例中的这个小孩还不到1岁半大。他的父母刚刚带他完成了一次长途旅行。他的父母认为，孩子只是因为太小而受不了旅途的颠簸劳累。他们还提到，在旅途中并没有发生什么特别的事情。每天晚上，他们都住在一流的酒店里，那里有为婴儿准备的摇篮和专门的食物。现在，这一家人住在一个宽敞的有家具的公寓套房里。由于家里没有摇篮，所以孩子就和妈妈一起睡在大床上。孩子疾病出现的最初的症状就是失眠和肚子痛，以致到了晚上，大人就只好把孩子抱着。他们认为孩子是因为肚子痛才哭的。他们请来了儿科医生给孩子做检查。医生给孩子安排了特别的饮食、日光浴、散步以及其他的治疗方法，但这些治疗措施都无济于事。夜幕降临成了全家人的一种痛苦。这个孩子最后惊厥起来，可怜地抽搐着，在床上打滚。这种情形每天发生两三次。为此，孩子的父母预约了一位著名的儿童神经疾病方面的专家。也就是在此时，我开始了介入。这个孩子看起来好好的，而且据他父母所说，在整个长途旅行期间，孩子的健康状况都很好。看来，孩子的这种失调很可能是由一些心理方面的原因导致的。当我看到孩子躺在床上忍受着病痛的折磨时，我得到了这一启发。我拿来两个枕头，把它们平行铺开在两边，这样，它们就形成了一张带垂直护栏的小床，像带护栏的婴儿摇篮。接着，我把床单和毯子铺在枕头上面。之后，我什么话也没说，只是把这种临时拼凑出来的简易小床推到了孩子睡觉的大床的旁边。这个小家伙看了看小床，停止了哭闹，自己翻滚着身体到了床沿边上，而后自己爬落到摇篮里，说："卡玛，卡玛，卡玛！"他用这个词来表示摇篮。他随后很快就睡着了，他的病症再也没有出现过。

显然，孩子睡在大床上时，失去了从摇篮的围栏那儿所感受到的那种安全感。这种感觉的缺失，导致孩子产生了一种失调和痛苦的内在冲突，而且看似无法治愈。他的反应显示了敏感期的力量，而在敏感期中，自然正发挥着创造的作用。

儿童并没有和我们相同的秩序感。经验已经使我们变得习以为常，但儿童的经验是贫乏的，他还处于获得感知印象的过程之中。他从一无所有开始，不断地感受创造的疲惫。我们就像是一个通过艰辛劳动而致富的人的儿子，我们不理解父辈所经历的艰辛和劳苦。我们由于在社会上已拥有的地位而变得冷酷和自私。现在，我们之所以可以运用理性意志和肌肉，是因为我们也曾经年少，曾经历过成长的艰辛。我们之所以能够使自己适应这个世界，是因为儿童给了我们适应世界的方法。我们之所以能意识到自我，也是因为儿童之故。我们之所以富有，那是因为我们都是从开始时一无所有的儿童成长起来的。儿童期的生活为我们奠定了未来生活的基础。从一无所有到成为未来生活的第一原则，儿童必须付出巨大的努力。他已十分接近生命的真谛，即只是为了行动而行动。这就是创造的方式，而对于这种创造的方式，我们既不了解，也回忆不起来。

9. 智力

儿童的发展表明，智力并非像机械论心理学家所认为的那样，是缓慢地从外部发展起来的。这些机械论心理学家至今对教育理论和实践依然有重大影响。根据他们的认识论，我们从外部物体中得到的印象仿佛是敲开了我们的感官之门硬闯进来的。之后，这些印象就在人的心灵里扎根，并逐渐相互联结变得有组织起来，由此构成了心智。

古人说："任何智慧的种子都源自感官。"这句话也适用于说明机械论心理学家所认为的智力发展过程。它假设儿童的心理是被动的，任由环境摆布，并由此推论出儿童完全受成人的控制。另一个相似的观点认为，儿童不仅在心智上是被动的，而且他就像一只空瓶一样有待填满。

我们的经历清楚地让我们认识到，不能轻视儿童的环境对他心智发展的重要性。众所周知，我们的教育体系极为重视学习儿童环境的作用，并将其当作教学工作的中心。与其他的教育体系相比，我们也更合理地重视儿童的感知。但是，我们的观点和那种将儿童仅仅视为被动的接收者的旧观点有所不同。我们坚信儿童具有内在的敏感性。儿童的敏感期会一直持续到5岁左右，这使得儿童能以一种极其惊人的方式从周围的环境中感知印象。儿童是一个观察者，他通过各种感官积极地接收这些印象。然而，他并不是像镜子一样照单全收。一个真正的观察者是根据自己的一种内在冲动、一种感觉或某种特殊的兴趣而行动的。因此，他对于所接收的印象会有所选择。詹姆斯在阐述这一观点时曾这么说："没有一个人看到过一个物体的整个面貌。"每一个人都只是看到了物体的一部分，也就是说，他是根据自己的情感和兴趣来看的。因此，不同的人对同一个物体有不同的描述。对于这种现象，詹姆斯自己列举了一个巧妙的例子。他说："如果你因为穿了一身新衣服而心里感到美滋滋的，那么，你在外出时就会留意别人所穿的衣服。这样，你就有可能命丧于车轮之下。"

我们可能要问，幼儿所感知到的印象不计其数，是什么特殊的兴趣使得他们选择接收某种印象呢？很显然，詹姆斯在上述例子中所提到的能激发某种想法的外在冲动，对于儿童而言是不存在的。儿童开始时一无所有，只能依靠自己的力量一路前行。他是根据敏感期所形成的理性而选择接收某种印象的。理性的发展是一个自然而富有创造性的过程。它就像一个生命体一样逐渐成长，依靠从周围环境中接收的印象来获得力量。

理性为儿童提供了最初的动力和能量。各种不同的印象被有序地排列起来为理性服务，同时儿童会接收他的最初印象以帮助理性的发展。我们甚至可以这么说，儿童对于接收这些印象显得如饥似渴、贪得无厌。我们都很清楚，儿童极易被光线、颜色和声音吸引，并因此而感到十分愉悦。但我们所要强调的是儿童的一种内在现象，是一种作为自发运动的理性发展，尽管它还只是开始。显然，儿童的心理状态值得我们尊重和给予帮助。儿童起初一无所有，而后萌发了理性这一人类所特有的品质。甚至还在能用自己的小脚走路之前，他就已经开始沿着这条道路前行了。

关于这一问题，例子或许比解释能更好地阐明。我想起了这么一个特别有趣的例子：一个只有4周大的婴儿，他还从来没有被带出过他出生的那幢房子。有一天，当保姆抱着这个婴儿时，婴儿看到了父亲和碰巧住在同一幢房子里的叔叔同时出现在他面前。他们两人的身高差不多，年龄也相仿。婴儿看到这两个人时，面露惊恐的表情。他的父亲和叔叔对我们的工作都很熟悉，所以立即想要消除孩子的恐惧。他俩分开走向两边，一个往右边走，另一个往左边走，但都还在婴儿的视线范围之内。这个婴儿转过头，看着其中一个人，在凝视了他一会儿后，脸上露出了笑容。

不过，他后来突然变得焦虑不安起来。他很快转过头，看着另一个人。

过了好一会儿，他才对着那个人笑。这个婴儿将头从一边转向另一边，重复了这个动作十几次。在他意识到他所看到的其实是两个人之前，每次转头他都会交替出现忧虑和宽慰的表情。这两个人是这个婴儿之前仅见过的两个男人。他俩都曾在不同的场合和他玩过，把他抱在怀里，充满深情地对他说话。这个婴儿开始意识到，原来还有和妈妈、保姆及家里其他女性不同的人。但他之前从来没有看见过这两个男人同时在一起，因此，他一直以为只有一个男人。所以，当他突然面对这两个男人时，他就变得惊慌起来。

从围绕他的一片混乱中，这个婴儿认出了一个男人，而后当他遇到另一个男人时，他发现自己一开始弄错了。虽然这个婴儿只有4周大，但是他在“实体化身”的过程中，就已感知到人类理性的不可靠。

如果这两个男人未曾意识到这个婴儿从出生开始就有心理生活，那么，在这个婴儿获得更多意识的过程中，他们就不会出手相助。

我们还可以从稍大一些儿童的经历中得到例证。一个6个月大的婴儿正坐在地上玩一个枕头。枕头套上装饰着花朵和儿童的图案。这个婴儿正兴致勃勃地闻着图案上的花朵，并且亲吻上面的儿童。负责照看他的一个女仆并未受过良好的教育，她觉得如果让这个孩子闻或亲吻其他东西，他一定也会高兴的。因此，她赶忙给孩子拿来各种各样的东西，并对他说：“闻闻这个！亲亲这个！”但结果是孩子的内心被搞糊涂了。因为这个孩子正处于自我模式形成的过程中，他通过识别图像把它们固定在自己的记忆里，并由此高兴而平静地进行着内部建构的工作。但是他为了获得一种内在和谐而付出的神秘努力，却被一个对此无知的成人给打断了。

当成人粗暴地打断儿童的思考或试图分散他的注意力时，就会阻碍儿童这种内在的艰苦努力。他们拉起孩子的小手，亲吻他，或者试图让他入睡，却没有顾及儿童特有的心理发展。成人的无知可能会压抑儿童的原始欲望。

另一方面，让儿童保持所获得的印象清晰是绝对必需的，因为只有借助于这些清晰的印象及对它们之间的区分，儿童才能形成自己的智力。

一位婴儿喂养方面的专家做了一个有趣的实验。他开办了一间诊所。基于在诊所的工作经验，他认为在喂养孩子时，要考虑到他们个体的因素。他发现，至少在孩子长到一定年龄前，还无法找到一种适合所有孩子的母乳替代物，因为对一种孩子有益的食物却可能对另一个孩子有害。他的诊所无论从外观还是从美学的角度来说都是一个典范。他的喂养方法在6个月以下的婴儿身上产生了极好的效果，但在6个月以上的婴儿身上则失效了。这真的有点让人迷惑不解，因为喂养6个月以上的婴儿要比喂养6个月以下的婴儿容易很多。这位专家在诊所里为贫穷的母亲开设了一间诊疗室。这些母亲因为不能给自己的孩子喂奶，所以前来咨询有关喂养孩子的方法。但不同于那些一直住在诊所里的孩子，这些贫穷母亲的孩子在6个月之后并没有显现出任何失调的症状。经过反复观察，该专家得出结论，儿童这种现象背后一定存在心理原因。他开始意识到，在他的诊所里，那些6个月以上的婴儿正在承受着“因为缺乏心理滋养而产生的厌倦情绪”。他给这些婴儿提供了一些娱乐和消遣，不再让他们只是在诊所的阳台上散步，而是把他们带到一些新奇的地方，结果他们又恢复了健康。

大量的实验已经得出了令人信服的结论：出生后一年的儿童就能对周围环境形成十分清晰的感知印象，并且能从图片中认出它们。但需要进一步指出的是，这些印象一旦被获得，婴儿对它们的强烈兴趣很快就会消失。

从出生后的第二年开始，儿童不会再被花哨的物体和鲜艳的颜色弄得陶醉不已、欣喜若狂，而这种欣喜若狂正是敏感期的特征。此时，儿童开始对那些我们不曾留意的小物体感兴趣了。我们甚至可以这么说，他对人们肉眼看不见的东西，或处于人们意识边缘的东西感兴趣。

在一个15个月大的小女孩身上，我第一次注意到了这种敏感性。我听到她在花园里发出一阵阵大笑声，对于这么小的孩子而言，这显得有些不太寻常。她正独自一人坐在台阶的砖头上。旁边有一个美丽的花坛，里面种着天竺葵。骄阳之下，天竺葵正绽放着花朵。但这个孩子并没有看这些美丽的花朵，而是眼睛盯着地面，而地面上显然没有什么可看的。我被她那种孩子所特有的不可捉摸的行为打动了。我慢慢向她靠了过去，仔细地端详着那些砖头，但没看到什么特别之处。过了一会儿，这个小女孩用郑重其事的语气解释给我听："那里有一个小东西在动。"经她这么一说，我看到了一只微小得几乎看不见的昆虫正在快速地奔跑着，而这只昆虫的颜色与砖头的颜色几乎是一样的。原来，打动这个小女孩心弦的是这个不但能动而且能跑的小生灵！她的惊喜在快乐的欢叫声中表现得淋漓尽致！这种欢乐既不是来自太阳，也不是来自花朵，更不是来自她身旁艳丽的颜色。

曾经，一个与那个小女孩年龄相仿的小男孩也以相似的方式给我留下了深刻的印象。他的妈妈把一大堆彩色明信片放在一起让他玩。这个孩子看来对这些明信片很感兴趣。他把明信片拿过来给我看，用孩子所特有的语言地对我说"乓……乓"，意思是"汽车"。我意识到，他是想要给我看一张汽车的图片。

他有很多各种各样的漂亮图片。显然，他的妈妈把这些图片收集起来是既想让他高兴，又想教给他一些知识。

在这些明信片上，既有各种奇特动物的图案，如熊、狮子、长颈鹿和猴子；也有儿童感兴趣的鸟的图案和家畜的图案，如羊、猫、驴、马和牛。此外，还有一些明信片上绘有各种不同的景物，上面有房子、动物和人。然而，让我感到很奇怪的是，在这些明信片中没有一张上面有汽车的图案。"我没有看到汽车啊。"我告诉小男孩。他看了看我，捡起一张明信片并得意洋洋地说："在这儿呢！"在这幅图案的中间有一只漂亮的猎狗，远处有一个肩上扛着枪的猎人，在一个角落里可以看到一座小屋和一条蜿蜒的用来表示小路的线，在这条线上有一个小黑点。这个孩子用手指指着那个小黑点，对我说："乓……乓。"虽然这个小黑点小到我几乎无法看到，但我还是可以看出它确实表示一辆汽车。汽车原来可以按这么小的比例画出来，而且很难被看到。这一发现不但引起了这个孩子的兴趣，而且促使他指出来给我看。

我想，或许这个小男孩的注意力还没有被吸引到明信片上描绘的那么多漂亮而有用的物体上来。我拿起一张上面画着长颈鹿的明信片，开始解释给他听："看这条长长的脖子。""长颈鹿。"这个男孩答道，一副很严肃的样子。我没有勇气继续讲下去了。

可以说，在儿童两岁时，天性会引导儿童的智力经过一系列逐步发展的阶段，直到儿童对各种事物都有所认识。

可以用以下一些例子来说明这一观点。曾经，我想给一个大约20个月大的小男孩看一本精美的图书，而这本图书原本是给成人看的。这是一本由古斯塔夫·多雷[1]画插图的《新约全书》。书中印了很多名画，其中有一幅是拉斐尔[2]所作的《基督显圣》。我把一张耶稣召唤小孩到他身边的图画指给这个小家伙看，然后开始解说："这个小孩在耶稣的怀里。你看其他小孩把头靠着耶稣。大家都仰望着耶稣，都很爱戴他。"

这个小孩的脸上没有露出丝毫的兴趣。而后，我也装出满不在乎的样子，一页页地翻着书，想要寻找另一幅画作。突然，这个小孩说道："他在睡觉。"

我对他的话感到困惑不解，便问道："谁在睡觉？"

"耶稣，"这个孩子认真答道，"耶稣在睡觉。"他示意我把书翻回到前面，让我自己看。

我再一次看了之前那幅画，看到画中耶稣正从高处俯视着孩子们。因此，他的眼睑有些下垂，就像一个人在睡觉一样。成人并不会注意到这个细节，但孩子的注意力被这样一个细节给吸引了。

我继续解说这些画，到了表示基督显圣的那张画前，我停了下来。"看啊，"我说，"耶稣升天了，人们看到后都惊恐万分。你看，这个男孩是怎

[1] 古斯塔夫·多雷（Gustave Doré，1832—1883），19世纪后期法国著名插画家、版画家、雕塑家。——中文译者注

[2] 拉斐尔（Raphael，1483—1520），意大利文艺复兴时期著名画家。——中文译者注

样转动他的眼睛的？这个妇女是怎样伸出手臂的？”我意识到，我没有选对一幅合适的画，我的解说也不太可能对孩子有吸引力。不过，使我感兴趣的是，我发现对于这样一幅复杂的画作，小孩和成人有不同的反应。这个孩子只是轻轻地咕哝了一声，好像在说：“好吧，接着往后翻。”他的小脸上没有显出丝毫的兴趣。我又接着一页页地往下翻，然后看到他手里抓着挂在脖子上的一个兔形小饰物说：“小兔子！”我想，他被那个小挂饰弄分神了。但突然间，这个小孩又示意我翻回到前面去。我照做了，并注意到在《基督显圣》这幅画的一边，的确有一只小兔子。有谁曾注意到这只小兔子？显然，儿童和成人具有两种不同的心理视野，这不仅仅是一个程度的问题，也不仅仅是一个逐渐从少到多的问题。

成人总是想把一些普通的东西指给三四岁的孩子看，好像这些孩子之前什么也没有看过一样。这样做的结果，就如同一个人对另一个他认为耳聋的人大声喊叫一样。他竭力想让对方听到，殊不知得到的却是抗议：“我一点也不聋！”

成人总是想当然地认为儿童只对花哨的物品、鲜艳的颜色和尖锐的声音才敏感，因此，他们就利用这些东西来吸引孩子的注意力。我们都已经注意到，儿童是怎样被歌声、钟鸣声、迎风飘扬的旗帜、明亮的灯光等所吸引的。但是，这些强烈的吸引物都是外在的，转眼即逝。它们只会分散幼儿的注意力，没有什么益处。我们可以将儿童的这一行为方式和我们自己的行为方式做一比较。当我们正在专心致志地读一本有趣的书时，如果突然听到从街上传来乐队奏乐的响声，我们就会起身走到窗边去看个究竟。当我们看到某个成人这么做时，我们很少会认为成人特别容易受到响亮声音的吸引。可是，我们却对幼小的儿童得出这样的结论。虽然一种强烈的外在刺激能吸引儿童的注意力，但这只不过是偶然发生的事情，它与儿童的内心世界没有真正的关系，而儿童的内心世界才真正主导着儿童的发展。当儿童全神贯注地凝视那些我们毫不注意的微小东西时，我们就能够感受到儿童存在内心世界的证据。但是，儿童为微小的东西所吸引并全神贯注地凝视它，并不是因为这微小的东西给他留下了深刻的印象，而仅仅是因为他对它的深切的喜爱。

对于成人来说，儿童的心灵是一个深奥的难解之谜。之所以如此，是因为成人的判断是基于儿童心灵的外在表现，而不是基于其内在的心理机能。我们应该知道，儿童的活动背后必定有其可理解的原因。他不会无缘无故地做任何事情。我们很可能会说，儿童的所有反应都是一时的兴致所致，但即便是一时的兴致也有其内涵。这是一个有待解决的问题，一个有待解开之谜。虽然有时要找到答案很困难，但这一探索的过程却是极其有趣的。如果成人想找到这些谜底，那么，就必须对儿童持一种新的态度，并增强对儿童的责任感。成人必须成为一个学习者，而不是缺乏体贴的支配者或专横的评判者。在与儿童的关系上，成人以支配者和评判者出现的次数实在是太多了。

这里，我回忆起自己曾看到的一群妇女讨论儿童读物的情景。其中，一位年轻的妈妈带着她大约1岁半的儿子在场，她说："有些书内容好傻，并且里面有好些稀奇古怪的插画。我就有这么一本书，书名叫'小黑人萨博'。萨博是个黑人小孩，他在生日那天收到了父母给的各种礼物，有帽子、鞋子、袜子，还有一件色彩艳丽的上衣。当父母正在给他准备丰盛的晚餐时，萨博却因为想要炫耀他的新衣服，趁爸爸妈妈不留意溜出了家。在街上，他遇到了好多野生动物。为了安抚它们，他只好给每只动物一样东西。他把帽子给了长颈鹿，把鞋子给了老虎。如此这般，最后，他泪流满面地光着身子回到了家。但故事的结局是愉快的，因为他的爸爸妈妈原谅了他，并在他面前摆上了丰盛的晚餐，这在这本书的最后一页可以看到。"

这位母亲把这本书传给周围的其他人看。这时，她的小孩突然说："不，洛拉（Lola）！"大家都惊讶不已。这个小家伙不停地说"不，洛拉"，到底是什么意思呢？

他妈妈说："洛拉是一个曾照料他一段时间的保姆的名字。"但是这时，这个小男孩开始哭了起来，更大声地喊着"洛拉"，好像陷入了迷乱的情绪之中。最后，我们把书给他看，他指向最后一幅画。这幅画并不在这本书的正文中，而是在封里，画上面那个可怜的黑人小孩正在哭。这时，我们才明白他所说的“洛拉”是什么意思。他把西班牙语中的“llora”（即他在哭）发成了“Lola”。

这个小孩是对的。这本书的最后一幅画描绘的并不是一种愉快的场景，而是萨博正在哭。没有人留意过这个细节。因此，当这个小男孩听到母亲说“故事的结局是愉快的”时提出了抗议，而他提出的抗议是完全符合逻辑的。

显然，在看这本书时，这个男孩比他妈妈更加仔细，他看到的最后一幅图是萨博在哭。虽然他还不能完全理解这群妇女的交谈内容，但他精确的观察能力确实令人惊叹。

儿童和成人在个性上有很大的差异，这是一种本质上的差异，而不只是程度上的差异。

一个关注微小细节的儿童，一定会用轻蔑的眼光看待我们，因为他并不知道我们成人一直在对感知到的事物进行心理综合。因此，儿童一定是将成人看成有点无能的人，看成不善观察的人。从儿童的角度来看，我们成人不具备很精确的观察能力。由于我们对微小的细节不感兴趣，所以儿童把我们看成迟钝和麻木的人。如果儿童能表达自己的观点，他一定会告诉我们，在内心深处他其实对我们成人没有什么信任感，正如我们对他没有什么信任感一样。之所以如此，是因为我们对彼此的思维方式都很陌生。

这就是为什么儿童和成人无法相互理解的原因。

10. 成长的障碍

睡　眠

当儿童发展到一个能独立行动的阶段时，他们和成人的冲突就拉开了帷幕。当然，没有人能够完全阻止儿童去看、去听，进而阻止他用感知的方式征服他的世界。但是，当儿童开始能够独立行动、走路和触摸各种东西时，那就完全是另一回事了。即便成人打心眼儿里爱他的孩子，但他的心里仍然会涌现出一种强大的防御本能。成长中的儿童的心理状态和成人的心理状态是非常不一致的，因此，如果不做出一些调整，那么，儿童和成人就根本不可能和谐共处。我们不难看出，即便是做了调整，这些调整也是对儿童不利的，因为儿童的社会地位是十分低下的。只要儿童的行为与成人的环境不相协调，它们就必定会被成人制止。尤其是当成人并未意识到这么做是出于自己的防御态度，而是认为出于一种深厚的爱和奉献精神时，更是如此。

但是，成人这种无意识的防御态度是在某种掩饰下表现出来的。成人用“有责任给予孩子适当的教育”这一借口来掩饰自己的贪婪，而这种贪婪使得成人小心翼翼地守护自己所拥有的东西。成人担心自己的清静安宁被打扰，就用“为确保孩子健康，要让孩子多睡一点”这一借口来掩饰自己的担心。

一个未受过良好教育的妇女为了免受儿童的打扰，可能会采用吼叫、打骂、虐待甚至把孩子驱赶到大街上的做法。但过后，她又会亲昵地抚摩他和热情地吻他，以表明她其实是多么温柔地爱着她的孩子的。

上层社会所固有的形式主义只接受某些对待儿童的态度，如关爱儿童、为了儿童牺牲自己、对儿童有责任感和表面上的自我控制。然而，上层社会的妇女比下层社会的妇女更想让自己免受孩子的纠缠。于是，她们把自己的孩子托付给保姆，让保姆带孩子去散步，或者哄孩子睡觉。

这些上层社会的妇女对待所雇用的保姆显得耐心、仁慈甚至谦恭。这表明，她们与保姆之间心照不宣：只要让那个令人头疼的孩子离远一点，其他什么都好说。

孩子才刚刚学会走路，才刚刚开始为自己能自由活动而感动欣喜，就遇到了一群巨人阻拦了他的每一个举动。儿童所处的境地，和希伯来人被摩西[1]带领逃出埃及时的情形没有什么两样。当他们好不容易克服了穿越荒漠的苦难，刚踏入绿洲之时，便遇到了战争。亚玛力人[2]的顽强抵抗给他们留下了痛苦的回忆，使他们充满恐惧。因此，他们只好在荒漠中漫无目标地徘徊四十年，这使得许多人在荒漠中因精疲力竭而死去。

保护自己的财产免受侵犯，这几乎是人类的一种自然法则。在国与国之间，这种倾向表现得极为强烈。这种自我保护的本能深藏在人类心灵深处的潜意识之中。这种本能最早也是最不易被察觉到的表现，就是成人竭力保护自己的安宁和财产，使其免受下一代的侵扰。但即便成人殚心竭虑，这种来自儿童的侵扰也仍然没有被阻止。他们拼命地战斗着，因为他们是为了自己的生活而战斗。

这种在父母的爱与儿童的天真无邪之间所发生的抗争，是在潜意识的状态下进行的。

成人会理所当然地说："孩子不应到处乱跑，不应碰触不属于他的东

1 摩西（Moses），公元前13世纪时犹太人的民族领袖。曾带领被奴役的希伯来人逃离埃及，前往迦南地，是犹太教最著名的先知。——中文译者注

2 亚玛力人（Amalekites），古代阿拉伯人，与犹太人是宿敌。——中文译者注

西，不应大声说话或嚷嚷。他应该多躺一会儿，应该吃饭、睡觉，应该到户外去。”他们认为，哪怕让孩子与一个外人在一起，或与一个不怎么爱他的人在一起也无妨。纯粹因为懒惰，这些父母就为自己选择了一条最容易走的路，那就是打发孩子去睡觉。

谁会否认孩子需要睡觉呢？

但如果一个孩子是那么的精力旺盛又那么快地听命去睡觉了，那么，从本性上来说，他其实不是一个“想要睡觉的人”。儿童的确而且也应该有正常的睡眠量，但必须分清楚什么是适宜的和什么是人为强加的。一个强者可能通过暗示的方式，将自己的意志强加在一个弱者身上。当一个成人强迫孩子过量睡眠时，他其实就是在潜意识中通过暗示的力量，将自己的意志强加在孩子身上。

成人，无论他们是有学问的或没学问的父母，还是照料婴儿的保姆，都联合起来想法设法迫使活泼、好动的孩子去睡觉。在富裕的家庭里，婴儿甚至是2岁、3岁或4岁的小孩，总是被迫过量地睡眠，但是在穷人的家庭里情况则有所不同。穷人家庭的孩子常在街上东奔西跑一整天，他们不会被大人强迫去睡觉，因为他们的妈妈并不会为他们不睡觉而感到厌烦。因此，通常这些贫家子弟反而不像那些富家子弟那么焦虑。其中一个原因是富裕的家庭通常提倡孩子需要多一些时间的睡眠。我记得，有一个7岁的小孩曾向我吐露他的心声。他说他从来没有看见过星星，因为他的父母总是在夜幕降临之前就让他去睡觉。他对我说：“我好想有天晚上能登上山顶，躺在地上舒展开身子，这样我就能好好看看星星。”

许多家长都夸耀说，他们的孩子习惯于晚上很早睡觉，这样他们就可以自由地外出了。

即便是用来睡觉的小床也会给儿童带来痛苦。相对于柔软而又美丽的婴儿摇篮和宽敞的成人床，儿童的小床如同放置在高处的鸟笼，这样他的父母或保姆在照料他时就可以不用俯身弯腰了，并且离开时也不用担心他会跌下来弄伤自己。此外，儿童的房间总是被布置得很幽暗，这样清晨的阳光就不会弄醒他。

针对儿童的心理发展，我们所能给予的最大帮助之一，就是为他准备一张适合他需要的床，以及不再让他的睡眠超过必要的时间。当孩子感到疲倦的时候，我们应该允许他去睡觉；当他睡够时，允许他醒来；当他想起床时，允许他起来。这就是为什么我们建议应该像许多家庭所做的那样抛弃这种典型的儿童小床。我们应该为儿童提供一张低矮的贴着地板的长沙发，这样他就可以随心所欲地躺下和起床活动了。

正如所有有利于儿童心理生活的革新一样，一张矮床也是很经济的。儿童需要简洁的东西，因为复杂的东西往往更容易阻碍他的发展而不是促进他的发展。在许多家庭，关于儿童睡眠习惯方面的变革已经实现了。父母会在地板上放一张小的床垫，再在上面铺上一条大毛毯。这样，一到晚上孩子就能高兴地自己去睡觉，早晨起床时也不会惊扰他人。诸如此类的一些例子表明，成人将自己的意志强加于孩子身上以及在照料孩子时把自己折腾得疲惫不堪，是多么错误的做法啊。实际上，由于受到防御本能的驱使，成人一直在违背儿童的需要，而这种防御本能是很容易就能够克服掉的。

从以上事例和分析中，我们可以看到，成人应该努力解读儿童的需要，这样才能通过为他们提供一个适合的环境而满足他们的需要。只有这样做，我们才可能开启一个教育的新纪元，从而为人类带来真正的帮助。成人不能再将儿童视为一件物品，在他还小的时候，把他提在手里拎来拎去；在他长大一些后，又期望他对成人唯命是从。成人必须认识到，在儿童的发展过程中，自己只是起了一个次要的作用。成人应该尽力去理解儿童，只有这样才能给儿童提供适当的帮助。这应该成为每一个孩子的母亲的目标和愿望，也应该成为所有与儿童教育有关的人士的目标和愿望。儿童天生就比成人弱小。要使儿童的个性得到发展，成人就要能控制自己并追随儿童的脚步。成人应该把理解儿童和追随儿童作为一件特别荣幸的事。

11. 行走

成人所应遵循的一种行为方式是放弃自己的优势，只有这样，他们才能使自己适应成长中的儿童的需要。

高等动物在使自己适应幼崽的需要的时候，本能地就会这么去做。当小象的妈妈带着它融入象群时，这些大象就会将脚步放慢到以适应幼崽的步伐。当小象走累了停下脚步时，整个象群也会停下脚步。

在许多不同的文化中，我们都可以看到成人对儿童有类似的照顾。有一天，我看到一位日本父亲正带着他的小儿子散步。我在后面跟着他们，发现这个大约一岁半或两岁大的小孩突然停了下来，用手臂抱住爸爸的腿。这位父亲停下了脚步，让这个小男孩围着他的腿转圈。当孩子玩够了这个游戏后，父子俩才又开始慢慢地往前走。过了一会儿，这个小孩又坐在了路边，他的父亲便站在他身边等着他。这位父亲的表情有些严肃，但又很自然。他并没有做什么不寻常的事，仅仅是作为一位父亲带着他的小儿子散步。

这就是一种最适合孩子需要的散步方式。因为这个小孩正在学习怎样协调各种不同的动作，以保持身体平衡使两脚交替往前走。

虽然人和其他动物一样都有肢体，但人必须用两脚而不是四肢来行走。猴子的手臂很长，这有助于它在地面上行走。人是唯一完全依靠两条腿以保持行走平衡的动物。四足动物行走时，它们会交替地抬起成对角线的两条腿，并让另外两条腿着地。但当人行走时，先是靠一条腿支撑自己，而后再靠另一条腿支撑自己。大自然实际上已经解决了行走这个难题，只是所采用的方法不同。动物通过本能学会行走，但人则是通过个体的主观努力才学会行走的。

儿童行走能力的发展要通过走路获得，而不能只是等着它的降临。儿童迈出的第一步会让父母感到万分欣喜。这一步实际上既是儿童对自然的征服，也标志着他从1岁踏入了2岁。对于儿童来说，学会走路是第二次诞生。从此，他从一个不能自助的人蜕变成一个能行动的人。成功地迈出第一步，是儿童正常发展的主要标志之一。但在迈出第一步之后，他还需要不断地练习。能够保持平衡并迈出稳健的步伐，是个人不断努力的结果。儿童在尝试走路时，他内心受到一种不可抑制的冲动的驱使。他心中充满了勇气，甚至还显得有些性急，他就像一个真正的战士，无论前方有什么危险，都会朝着胜利一往无前。儿童在追求实现这一目标时表现出的急切样子，反而使得成人用各种防护设施把他们围起来，而这些防护设施实际上是儿童发展的绊脚石。即便孩子的双腿已经变得很强健了，成人仍然想方设法将孩子关在“游戏围栏”里，或者将他困在用来练习走路的手推车里。

当成人带着孩子外出时，即便孩子能够走路了，成人也仍然会把他放在手推车里推来推去。由于孩子的腿还较短，也没有耐力走远路，所以他必须使自己适应那些不愿放慢自己脚步的成人。即使带孩子外出的是保姆，也是孩子要适应保姆，而不是保姆去适应孩子。保姆在带着孩子外出时，会按照自己的步速直接走向既定的户外活动目的地。她推着里面躺着小孩的手推车，就像推着里面装满了蔬菜的购物车一样。只有走到公园之后，她才会将小孩从手推车里面抱出来，让孩子在草地上走动，而她则坐在一边两眼始终注视着他。她所做的这一切只是为了避免孩子受到可能的伤害。以上对儿童的照料，只关注了他的身体成长，却忽视了他内在的心理成长。

一岁半到两岁的小孩不但已能走好几千米的路，而且能完成爬斜坡和爬楼梯这样困难的任务。但是，与我们成人相比，儿童具有截然不同的走路目的。成人走路是为了达到某一个外在的目标，因此，他会一直朝着这个目标走去。他步伐稳健，而这种步伐几乎是机械地带着他前进。然而，对于一个婴儿来说，行走是为了完善他自己所特有的功能，因此，他的目标是自身内在的创造。他步伐缓慢，既没有一定的节奏，也不是朝着某个外在的目标前进。他一边走，一边被周围所看到的周围事物吸引。如果此时成人想要去帮助这个小孩，那么他就必须放弃自己的步速和自己的最终目的。

在那不勒斯，我曾认识一对夫妇，他们最小的孩子只有1岁半。在夏天为了能去海边度假，他们要走大约1600米的下坡路，而这段路有点陡，手推车或马车是无法通行的。这对夫妇想带着孩子一起去，但又觉得一路抱着他太累了。没想到这个孩子一路时走时跑，自己解决了这个问题。他还不时地停下来看看花，或者坐在草地上，或者伫立一旁观看动物。有一次，他在一个地方站了几乎15分钟，一直注视着一头在田野里吃草的驴。这个小孩每天就这样慢慢地走过这条漫长的而又高低不平的路，并且乐此不疲。

在西班牙，我认识两个2 ～ 3岁的小孩，他们可以走两千多米的路程。还有许多其他的儿童，他们能够花上一个多小时的时间，在窄而陡的梯子上上上下下。

有些母亲会提到她们的孩子在类似上面的一些活动中表现得有些不正常。有一位母亲曾经就她的孩子发脾气这件事咨询我。这个小女孩前几天才开始学会走路。无论什么时候，她只要一看到楼梯，就会尖叫。只要有人想要抱着她上下楼梯，她就会像发疯了一样。这位母亲觉得她可能误解了孩子发怒的原因。只要有人抱这个孩子上下楼梯，她就会变得眼泪汪汪且焦躁不安，这看来有点匪夷所思。这位母亲认为，她女儿的这种心理紊乱可能只是一种巧合。但是，很明显，这个小女孩只不过是想要自己爬上爬下楼梯而已。相对于旷野，楼梯的台阶对这个小女孩更有吸引力。在台阶上，她可以把自己的手搁在上面，也可以坐下。而在旷野里，她的双脚被高高的草遮没，她的双手没有地方可以放。可是，只有在这些旷野里，她才被允许自由地走动。

孩子天性就喜欢走路和四处走动。公共的滑梯上总是挤满了孩子，他们爬上爬下，争先恐后。来自贫穷家庭的孩子在街上跑来跑去，他们轻而易举地就能避开车辆，甚至还能够攀爬到汽车或卡车上搭顺风车。虽然这样有些危险，但它表明了贫穷家庭的孩子具有一种潜在的可能性，使他们可以避免像上层社会的孩子那样因羞怯而变得迟钝并最终变得懒惰起来。不过，这两种儿童在他们的发展过程中都没有得到真正的帮助。穷人家庭的孩子被遗弃到大街这种危险的成人环境中；而富裕家庭的孩子在同样的环境中则处于太多东西的包围之中，这些东西本意是为了使他们免遭危险，然而，却阻碍了孩子的发展。

在长大成人进而使人类得以延续的过程中，儿童就如弥赛亚[1]所说的那样——“无处容身”。

---

1 弥赛亚（Messias），犹太人心目中的救世主，盼望他能够帮助他们这些上帝的选民复国，以在世上能有立足之地。但是在基督教传说里面，是指继耶稣基督以后，会再度降临世间来拯救世人于罪恶的另一位救世主。——中文译者注

12. 手

让我们感到有趣的是，在被生理学家认为是儿童正常发展的三大指标中有两项都与运动有关，即学会走路和学会说话。这两项运动的功能犹如一幅占星图，让我们从中可以看到孩子的未来。实际上，这两项复杂的活动表明，孩子在运动与表达的手段方面已经取得了第一个胜利。但是，如果说语言作为思维的一种表达方式是人类独有的特征，那么，行走则是人类与其他动物所共有的。

动物与植物的区别就在于动物能四处走动。当这种走动通过肢体等特殊的器官而产生时，这种走动的方式就成为一种基本的特征。然而，即便人类在空间运动方面的能力很强，甚至可以绕行整个地球，行走本身也并不是富有智慧的人类所独有的特征。

相反，与人类智慧最为密切相关的两种身体运动是舌头的运动和手的运动。舌头用于说话，双手则用于劳动。从人类最早使用的工具——经过削凿和磨光的石头，我们可以推断出史前时期的某些地方就有人类存在了。在生物发展史上，能够使用工具标志着地球上的生物进入了一个崭新的阶段。当人类通过双手的劳动把言语记载在石块上时，言语本身就成为对人类历史的一种记录。可以随意使用双手是人类所独有的特征之一。人类的双手成了智慧的工具而不是运动的手段。由于能运用双手服务于智慧发展，因此，人类不仅显示出比其他动物具有更高的地位，还由此表现出人类天性的和谐统一。

人类的手是如此的精巧、复杂，它不仅能让智慧显现出来，而且使得整个人能与其周围环境建立一种特别的关系。我们甚至可以说，人类“靠双手占有了环境。”在智慧的指引下，人类的双手改变了环境，进而能够完成我们在这个世界上的使命。

因此，如果想要确定一个儿童的智力发展状况，那么儿童的“与智慧有关的运动”一出现，我们就应该予以关注。换言之，我们应该研究儿童的言语以及他们的手在劳动中的运用。这样做似乎是合乎逻辑的。

言语和手的动作是人类智慧的两种外在表现。人类不仅通过本能就已经认识到这两种外在表现的重要性，而且还将其默认为人类的专有特征。但是只有在涉及成人社会生活中具有象征意义的事情时，人们才会有上述认识。比如，当一男一女结婚时，他们就会携手“盟誓”。当一位男士和一位女士订婚时，男士也会拉着女士的手“许下承诺”或“立下保证”。在宣誓时，人们也会举起手宣读誓词。此外，手还被象征性地用在宗教仪式中，作为对“自我”的强烈表达。为了推卸对于耶稣之死所负的责任，彼拉多[1]在公众面前既是真的又是象征性地洗了手。在开始进行弥撒[2]最庄重的程序前，在祭台上的牧师会说：“我将在无罪的臣民中洗手。”他在说这些话时，实际上只是洗了洗手，即便他在来到祭台之前已经洗过手了。

这些不同的例子表明，在潜意识里，人们是如何把手当作内在自我的一种体现的。如果确实如此的话，那么，没有什么东西比这一根本的“人类活动”——儿童的手的运动的发展，更令人惊叹和神圣的了。因此，对于儿童的小手伸向外物的第一个举动，我们应该翘首以待。

这是儿童的小手第一次有智慧的举动，它代表了儿童想将自我融入这个世界的努力，成人对此应该表示赞美。然而，成人所做的恰恰与此相反。他们害怕儿童伸出那双小手去抓取本身没有价值和不重要的东西，因此，他们千方百计地把这些东西放得远一些，不让孩子触碰到。他们总是

---

1 彼拉多（Pilate），《圣经》故事中的人物，曾主持对耶稣的审判。——中文译者注
2 弥撒（the Mass），天主教纪念耶稣牺牲的宗教仪式，是天主教最崇高的祭礼。——中文译者注

说“不要碰”，正如他们总是对孩子重复说“别动！安静”一样。

在成人潜意识的阴影里潜藏着的这种焦虑，使得成人不但筑起了一面防护墙，而且会寻求其他人的帮助，就好像他们不得不跟一种正在侵犯他们财产和安宁的力量做秘密的斗争一样。

儿童要想使自己的心智得到发展，那么在自己所处的环境里就必须有可听、可看的东西。由于他必须通过运动、通过双手的活动才能发展自我，因此，他需要一些可供操作的物品为其提供活动的动机。但是在家庭中，儿童的这种需要却被忽视了。孩子周边的物品都归成人所有，而且都是为成人所用。对于儿童来说，这些东西都是禁物。在儿童的发展过程中，一条重要的戒律被确定下来了，那就是不要碰任何东西。假如一个孩子手里成功地抓到一样东西，他就会像发现了一块骨头并躲到角落里去啃食的饥肠辘辘的小狗，他想从这些不能提供营养的东西里面汲取营养，同时还非常害怕有人过来驱赶自己。

儿童的运动不是出于偶然。在自我的指引下，为了有组织的运动，他进行了必要的协调工作。经过无数次的协调经验，他的自我将他的表达器官和心智发展协调、组织起来。因此，儿童必须能自由地决定和执行他自己的行动。由于他正处于自我塑造的过程中，因此他的运动具有一个特征，即他的运动不是偶然的或一时冲动的结果。儿童并不只是毫无目标地奔跑、跳跃或摆弄物品，并把房间搞得一片狼藉。他的建设性活动是从他人的活动中得到的启示。他想方设法地模仿成人使用或处理物品的方法，并试图使用同样的材料像成人一样去操作。因此，他的行动与其家庭和社会环境直接相关。他会想要扫地、洗碗、洗衣服、倒水、洗澡、梳头、穿衣，等等。儿童的这种自然倾向被称为“模仿”。但这种表述并不确切，比如，儿童的这种模仿就不同于猴子的模仿行为。儿童的建设性活动源于一种心理因素，本质上是一种智慧。认识总是先于行动。当儿童想要做某件事情时，他事先已经知道这是什么事。当他看到其他人做过某件事后，他就会渴望自己去做这件事。他学习说话的时候也是如此。儿童就是在听周围人说话后才获得了相应的语言。他将之前听到的词汇保存在记忆中，然后，他会根据某个时候的特定需要来使用这些词汇。

在使用这些词汇时，儿童并不像鹦鹉那样学舌。他不是简单地模仿某种声音，而是利用之前已获得和存储的知识。儿童的模仿从来不是机械的。如果我们想要更深入地了解儿童的活动以及他与成人的关系，我们就必须认识到这一点。

基本活动

在儿童能像他所观察到的成人一样以一种合乎常理的方式行动之前，他就已经开始为了自己的目标而行动，但他使用物体的方式常常是成人不可理解的。这种情况通常发生在1岁半到3岁的儿童身上。比如，我曾经看到一个1岁半的孩子，他发现有一叠刚熨过的餐巾很整齐地堆放在一起。这个小家伙拿起其中一块餐巾，小心翼翼地捧在手上。他把一只手放在餐巾上面，使折叠整齐的餐巾不致散开。之后，他捧着餐巾穿过房间走到斜对面的一个角落，把餐巾放在那里的地板上，说道："一块。"而后，他又原路返回。显然，他这么做是受到了某种特别的敏感性的引导。他斜穿过房间后，用同样的方式拿了第二块餐巾，又沿着同样的路线把这块餐巾放在地板上第一块餐巾的上面，再次说道："一块。"他重复着这项工作，直到把所有的餐巾都拿到了对面的角落为止。之后，他把这个过程倒了过来，把全部餐巾又一块一块地放回到原来的地方堆起来。虽然这些餐巾不像原来放置得那么完美，但是每一块餐巾依然折叠得很好，尽管堆起来后有点倾斜，但实际上并没有散乱。对这个孩子来说幸运的是，在他搬弄餐巾这个漫长的过程中，没有其他家人在场。儿童不知多少次听到成人在他背后大声叫喊："停下！停下！别去碰它！"儿童细嫩的小手不知挨了多少次打，只是因为成人想要教训他不要去触碰东西。

另一项让儿童感到痴迷不已的"基本"任务是将瓶塞取出来，然后再把它塞回去。尤其是当这种瓶塞是能反射出彩虹色彩的雕花玻璃瓶上的瓶塞时，这种情况就更为突出了。把瓶塞拔出来又塞回去，这似乎是孩子们特别喜欢做的一项工作。孩子们喜欢的另一项工作是将一些大的墨水瓶或盒子的盖子拿起来又盖下去，或者是把橱柜的门打开又关上。类似瓶子、盖子、厨柜门等物品对于幼儿来说有一种天然的吸引力，但因为这些物品通常是妈妈或爸爸书桌上的东西，或者是起居室中家具上的一部分，所以孩子们是被禁止去碰触它们的。因此，当孩子们玩这些物品时，成人和孩子之间经常为此发生冲突就是完全可以理解的了。这种冲突会引发孩子的发脾气行为。但是，儿童实际上并非真的想要一个特别的瓶子或墨水瓶。只要给他一些能进行同样活动的东西，他就会满意的。

诸如此类的基本活动并没有什么外在的目的，它们可以被视为人类工作最初始的无意义的尝试。我们为很年幼的儿童设计的一些材料获得了很大的成功，比如那些正好可以嵌入木块上的孔中的由高到矮、由粗到细的一系列的圆柱体，因为这些材料能满足儿童生活中某一特定时期的需要。

“让儿童自由做事”这个理念是很容易被领会的，但在成人心目中有许多根深蒂固的障碍致使这个理念难以实现。一个成人，即便他同意孩子的要求，愿意让孩子自由地触摸和搬运东西，也会发现他难以抵制内心还想要支配孩子行为的那些模糊的冲动。

在纽约，有一位年轻的女士对这种理念耳熟能详，她迫不及待地想把这种理念用在自己2岁半的儿子身上。有一天，她看到她的儿子正把一个装满水的水罐拿到客厅里去。她注意到，孩子十分紧张并费力、缓慢地穿过房间。他一边走一边不断提醒自己说：“小心！小心！”水罐有点重，这位母亲终于还是觉得需要帮助他。她接过水罐，将它拿到了孩子想拿去的地方。但是孩子显得很伤心，感到自己受了伤害。孩子的母亲也意识到是她造成了孩子的痛苦，但她还是为自己的做法开脱。她说，虽然她认识到孩子在做的事是有必要的，但是，让孩子把自己折腾得筋疲力尽，并且浪费很多时间去做一些她片刻就能做好的事情，这似乎有些不妥。

在向我咨询建议时，这位女士对我说："我知道我做错了。"对于这个具体问题，我思考了它的另一个方面，即成人出于保护好自己财产的需要而导致对孩子很吝啬，不让他做他想做的事情。我问她："你有没有一些好的瓷器，比如杯子什么的？让你的孩子拿一件这样轻巧的东西，看看会发生什么事。"这位女士听从了我的建议。后来，她告诉我，她的孩子小心翼翼、全神贯注地拿着杯子，走一步停一步，最后终于将杯子安全地放到了目的地。在这整个过程中，孩子的妈妈内心交织着两种感情：一种是为儿子的工作而感到喜悦，另一种是担心她的杯子会摔坏。但她还是让孩子完成了他渴望去做的工作，而这项工作对于孩子的心理发展至关重要。

另外有一次，我把一块抹布放在一个14个月大的小女孩手上，这样她就可以做些清洁工作了。她坐下后，用抹布把许多小物件擦得很明亮，并为自己的工作而感到由衷的欢喜。但是，她的妈妈不太愿意把抹布这样的东西给女儿，认为这类东西非常不符合这么小的孩子的需要。

一个不理解儿童工作本能重要性的成人，在看到儿童第一次表现出工作本能时，会感到不可思议。他认识到，他必须做出一些巨大的牺牲。他必须放弃他自己个性方面的某些东西和自己所处的环境，然而，这么做是与他日常的社会生活极不相容的。在成人的环境中，儿童肯定是一个社会以外的人。但是，如果像我们今天还在做的那样，完全把儿童排除在成人的环境之外，则会阻碍他的成长，这就好像不让他学说话一样。

解决这种冲突的方法，在于为儿童准备一个适宜的环境，使他能更好地展现自己的倾向。当婴儿说出第一个词语时，我们并不需要专门为他准备什么，因为在家里人听来，他的牙牙学语是一种欢乐的声音。但是，作为一个人最开始的工作，他的小手的工作则需要一些东西作为"工作的动机"，并且所提供的东西必须与他的工作意愿相匹配。有时，我们会发现，儿童为所从事的活动花费的体力超出了我们的想象。我有这么一张照片，照片上面一个英国小女孩拿了一大条面包。这条面包很大，以至她的双臂几乎都无法承受。于是，她只好将面包紧紧地抱在胸前。她被迫身体向后弯曲挺着肚子走路，但这样她就看不到脚下的路了。在这张照片中，还有一只狗陪伴着这个女孩，不让小女孩走出自己的视线范围。小狗很紧张，好似马上就要跳过去帮助小女孩一样。照片的背景是一群成人正在看着这个孩子。他们努力克制着自己，不要跑过去帮她拿面包。

有时，在一个适宜的环境中，年幼的儿童能在工作中培养出一种技能和精确性，这着实让我们惊讶不已。

13. 节奏

如果成人不理解儿童需要使用双手，不将使用双手当作儿童工作本能的第一次表现，那么，成人就可能成为儿童发展的障碍。这并不能都归咎于成人的一种防御心态，也可能还有其他的原因。其中一个原因是成人所关注的是自己行为的外在目的，并根据自己的想法来确定所采用的行为方式。对于成人来说，有一条自然法则，即“最小努力法则”，这一法则促使成人采用最直接的方法，在尽可能短的时间内达到目标。当成人看到一个儿童付出了巨大的努力去做一些看似没有成效的事情，而这些事情对于他来说不仅瞬间就能完成，而且能完成得更好时，他就会感到痛苦，并且想要去助儿童一臂之力。

对于成人来说，儿童热衷于做一些琐碎的或无用的事情，这是非常荒诞的，甚至是令人难以理解的。当一个儿童看到桌布斜了，他就会琢磨桌布应该怎么铺，并且慢慢地用全部热情试图把桌布铺直。对于一个处在这个发展阶段的儿童来说，把桌布铺直是一个令人欢欣鼓舞的行为。但只有在成人退避三舍并克制住自己不去打扰儿童时，儿童才能做到。

当儿童想要自己梳头时，成人非但没有为儿童的这种可贵的想法感到高兴，反而觉得受到了困扰。他知道儿童不可能很快就把头发梳好，也不能成功地实现他的目标，而作为一个成人，他能够帮儿童把头发梳得又快又好。于是，当儿童正在进行梳头这个开心的且富有建设性的活动时，他看到成人走了过来，拿过他的梳子，说必须由他来梳头。这是一个孔武有力的成人，儿童知道与他争辩显然是徒劳的。当成人看到儿童很费劲地自己穿衣服或者系鞋带时，也会发生同样的事情。儿童的每一次尝试都被成人打断了。成人变得恼怒起来，这不仅是因为儿童的尝试是徒劳无功的，而且是因为儿童的活动节奏和行为方式与他不同。

节奏并非一个可以随意改变的旧观念，而是个体的一种内在特征，几乎就类似于一个人的体形。如果他人的活动节奏和我们的相近，那么，我们和这些人交往时就会感到很愉悦；但如果我们要被迫去适应别人的节奏，那么我们就会感到痛苦。

比如，当我们必须和一个某处瘫痪的人一起走路时，我们会感到一种痛苦；当我们看到一个中风的人用颤抖的手慢慢地把杯子举到唇边时，他的迟缓动作和我们的自由行动之间的强烈反差也会使我们感到痛苦。为了能从这种内心的矛盾中解脱出来，我们会设法用自己的节奏来代替他的节奏，并自认为我们是在帮助他。

在对待儿童方面，成人的行为方式与此有点类似。成人无意识地竭力阻止儿童从事那些慢条斯理的活动，他就像要赶走一只苍蝇一样，想摆脱这种烦恼。

另一方面，当儿童以一种快速的节奏行动时，成人是能够忍受的。他愿意容忍活泼好动的孩子所造成的无序和混乱。这时，成人能够"耐心地袖手旁观"，因为他所观察到的儿童的行为是清晰的和可以理解的。但是当儿童的动作缓慢时，成人就按捺不住地想要出手干预，以自己的行动去代替儿童的行动。但是成人这么做，非但无法帮助儿童满足其心理需要，反而将儿童想要自主进行的活动都取而代之了。成人阻挠儿童自由行动，因此他自己便成了儿童自然发展道路上最大的障碍。当"任性"的儿童因不想让他人帮助自己洗澡、穿衣或梳头而声嘶力竭地哭泣时，他绝望的哭声揭示了这样一种激烈的抗争，即儿童想要靠自己的努力成长。谁曾想到，儿童在成长中所遭受的第一个压制竟然是成人给予的毫无必要的帮助，而且这种压制将对儿童今后的生活产生严重的后果呢？

作为对死者祭礼的一部分，日本人会在儿童的墓前摆放一些小石块或类似的物品。儿童的父母把小石块摆放在墓前是为了让逝去的儿童能重建他的玩具城堡，因为这些城堡总是被讨厌的恶魔推倒。逝去的儿童将遭受折磨，这个观念是最引人注目的一个例子，它表明我们已将潜意识投射到了来世之中。

14. 人格的替换

成人对儿童取而代之这种现象，不仅表现在行为上，也表现在将自己的意志微妙地强加在儿童身上，用自己的意志取代儿童的意志。当出现这种情况时，就不再是儿童在行动，而是成人代替儿童在行动。

夏尔科在他著名的精神病学研究所中通过实验研究表明，通过催眠，可以对癔病患者的人格进行替换。这引起了很大轰动。之前，人们认为人类本性的最基本特征之一就是人能够主宰自己的行为。但是，夏尔科的实验结果似乎否定了这一点。夏尔科通过实验证明，通过一种强烈的暗示，可以让被催眠者失去自己的人格，转而接受催眠者的人格。

虽然这种实验所做的次数有限，并且只是在一间诊所里进行的，但它们开启了新的研究和探索之路，比如，对于人格分裂、潜意识和升华心理状态的研究等。

在童年时期，儿童开始有了自我意识，并且他的感知正处于一种创造性的状态中，因而他特别容易受到暗示的影响。此时，成人能悄无声息地潜入儿童的内心，用自己的意志去激发儿童的意志，使儿童发生变化。

在我们的学校里，我们已经注意到，如果我们用过度的热情或夸张的动作向儿童示范怎样做一件事情，那么，儿童自我思考和自我判断的能力就会受到压制。我们可以这么说，这时的活动和儿童的自我分离开了。儿童的自我本应支配他自己完成这个活动，但是他被另一个更为强大却并不属于儿童的自我所取代了。这个外来的自我具有剥夺儿童尚且稚嫩的活动方式的能力。通常，成人并不愿意这样做。但是，成人通过催眠暗示来支配孩子，尽管成人本意并不希望这样做，或不知道自己正在这样做，甚至没有意识到这种影响的存在。

在这方面，我自己就曾碰到过几个很有趣的案例。我曾看到一个大约两岁的孩子把一双很脏的鞋放在一张白色床单上。一种本能的冲动使我不假思索地冲过去一把将鞋子拿了过来，把它们放到房间的一个角落，并对孩子说："鞋子很脏。"然后，我用手把床单上放过鞋子的地方掸了掸。从此之后，这个小家伙每次看到鞋子都会跑过去，说："鞋子很脏。"而后，他还会跑到床边，把手从床上划过，似乎是在掸床单，尽管鞋子根本就没有挨过床。

还有另外一个例子。有一天，一位年轻的女士收到一份包裹。她很高兴地把包裹打开，发现盒子里面有一条丝绸手帕和一个喇叭。她把手帕给了她的小女儿，把喇叭放在嘴上吹了起来。她的小女儿听到后高兴地叫了起来："音乐！"隔了一段时间之后，这个小女孩只要拿到一块布，就会眉开眼笑地说："音乐！"

成人的禁令在没有严厉到激起儿童的反应时，很容易对儿童的活动产生一种约束力。这些喜欢发布禁令的人经常是受过教育的、自控能力较强的成人，尤其是举止优雅的保姆。有这么一个有趣的例子，一个大约四岁的小女孩独自和她奶奶住在乡间农庄里。小女孩显然想要去拧开花园里喷泉的水龙头，她想要看水喷出来的样子。但就在要拧开水龙头时，她突然把手缩了回来。她的奶奶鼓励她把水龙头打开，但小女孩答道："不，保姆不喜欢我这样做。"奶奶试图说服小女孩，她告诉小女孩奶奶允许她这么做。一想到能看见水花喷射而出的情形，小女孩就心满意足、笑逐颜开。她伸出了手，但接着又把手缩了回来，没有去拧水龙头。保姆虽然不在场，但她的禁令比在孩子身旁的奶奶的鼓励更管用。

还有一个有些相似的例子，是关于一个稍微大些的儿童——一个大约七岁的男孩的。这个男孩坐下来后，就被远处看到的某样东西吸引了。他站起身向那样东西走了过去，但之后又退回来坐下了。他似乎因为无法克服自己意志上的动摇而感到痛苦。是谁阻止了他的脚步前行呢？无人知晓，因为即使男孩自己也不记得了。

对环境的热爱

儿童对暗示的敏感性，可以理解为一种内在敏感性的扩张。这种内在敏感性有助于儿童的心理发展，可被称为“对环境的热爱”。儿童渴望去观察事物，尤其容易被成人的行为吸引，并且想要模仿成人。从这个角度来说，成人具有一种使命。成人可以是一个动力，激励儿童去行动；成人还可以是一本打开的书，让儿童从中学习如何指引自己的行动。但是，倘若成人要为儿童提供适当的指导，就必须平心静气、动作缓慢，这样儿童在观察成人时才能看清楚成人动作的每一个细节。

如果成人不是依此行事，而是我行我素，那么，他非但对儿童起不到激励和指导的作用，反而把自己的快节奏强加给了儿童的心灵，并通过暗示的力量让自己去代替儿童。

即便是一些感知材料，只要它们是有吸引力的，也可能对儿童产生一种强烈的暗示影响，如同磁铁一样引发儿童的各种活动。由莱文教授录制的一部有趣的心理实验影片，有助于说明这个问题。他做这个实验的目的是识别身心有缺陷的儿童和正常的儿童对同一物体的不同反应。这些儿童都来自我们的一所学校，他们年龄相当且生活的基本背景一样。房间里有一张大桌子，桌上摆放了许多不同的物品，包括我们设计的供儿童使用的一些材料。

在影片中，我们可以看到一组儿童走进了房间。他们对摆放在他们面前的各种物品很感兴趣，很快就被吸引住了。他们活力四射。他们脸上的微笑表明：他们拥有这么多不同的物品是多么的高兴。每一个儿童拿了一样东西后就开始工作起来。过了一会儿，他把这样东西放到一边，又拿起了另一样东西玩起来，如此反复进行，玩了这个玩那个。

影片的上半部分内容播完之后，我们看到第二组儿童走进了房间。他们慢慢地走着，不时地停下来看看四周。他们很少去摆弄这些物品，只是聚在它们周围，看起来懒懒散散地站着。影片的下半部分就这么结束了。

这两组儿童中，哪一组是身心有缺陷的儿童，哪一组是正常的儿童呢？身心有缺陷的儿童就是那组很快乐、充满活力，四处走动，从一样东西到另一样东西，每样东西都要玩一玩的孩子。对于看这部影片的人来说，这些儿童给人的印象是更聪明的，因为成人通常习惯于把那些做了一件又一件事的活泼快乐的孩子视作聪明的孩子。

但是，实际上，正常的儿童在走动时是安静、平和的。在影片中，我们可以看到他们很长一段时间都站着不动，若有所思地关注着某一样物品。他们以独特的方式证明，经过深思熟虑后采取的沉着而慎重的行为，是正常儿童的标志。

莱文教授的实验结果与人们普遍接受的观念是相冲突的，因为在通常的环境中，聪明的儿童会像影片中身心有缺陷的儿童那样去行动。在我们的学校中，正常的儿童则有所不同。他们动作缓慢且经过思考，他们的行为受到自我的控制和理性的引导。这类儿童被他们所看到的物品吸引，掌握他们感知到的信息，并因此充分地运用它们。自我控制和有节制的活动才是有价值的。儿童必须能够掌控自己的运动器官，而不只是随意地到处跑动。这一点很重要。

在理性指导下进行活动而不仅是对感官刺激做出反应的能力，会发展成为儿童的专注力。这种把心智和活动集中到一个物品上的现象，是源自儿童内心的一种现象。

对于个体来说，三思而后行实际上是很正常的。它是内在纪律的标志，而这种内在纪律会通过有序的外在行为表现出来。如果缺乏这种内在纪律的约束，个体的行为就会脱离自己的控制，而受到他人意志的左右，或者像漂泊的船一样任由外力摆布。

要靠他人的意志塑造一个人的自律行为是有困难的，因为这种外在的影响无法建构起这种自律行为所必需的机制。当这种情况发生时，我们可以说，一个人的人格被分裂了。如果这种情况发生在儿童身上，那么，他就失去了依其天性而发展的机会。这样的儿童就好比一个乘气球降落到荒漠之中的人，他降落之后，突然发现气球被风吹跑了，只剩下他自己孤零零的。他失去了气球，并且发现周围没有一样东西可以代替它。这样的儿童其心智尚未得到启蒙和发展，他的表现方式也是无序的。可以说，他是周围环境的牺牲品。

15. 运动

在个体的心理发展中，身体活动或运动的重要性应该得到重视。将运动列入身体的各种功能之中而没有将其与食物的吸收、呼吸等植物性功能加以明确的区分，是一个严重的错误。实际上，人们认为运动只是有助于促进呼吸、消化和血液循环等身体的各种正常功能而已。

尽管运动是动物的特征，但是运动对于植物性功能也有影响。几乎可以这么说，运动总是先于、伴随并跟随所有的身体活动而发生。但是，如果我们只从身体的角度来考虑运动，则是不妥的。参与体育运动的好处是显而易见的。这类运动不仅有益于身体健康，而且能激发人的勇气和自信。它们还具有道德影响力，能提升人的理想和信念并激发观众的巨大热情。相对于纯粹的身体影响而言，这些心理影响的层次更高。

儿童是通过自己的努力和参与各种活动而得到发展的。因此，他的发展既取决于心理因素，也取决于身体因素。儿童能够回忆起之前获得的感知印象并且对它们的记忆是清晰而确切的，这一点至关重要，因为自我正是借助于所获得的感知印象而逐步促进智力发展的。正是借助于这种隐性的内在努力，儿童的理性才得以发展起来。归根结底，理性是区分人类与非理性生物的根本。人类能够进行理性判断，而后通过意志行为来决定自己的行动路径。

成人所持的态度是，他们可以等待孩子的理性随着时间的流逝而自然发展。他们非但没有打算去帮助儿童获得理性发展，反而用自己的思考来反对儿童处于发展中的理性。尤其是当儿童的运动干扰了成人时，情况更是如此。但是，正如我们所知道的，运动对于儿童至关重要。运动是创造性能量的功能化身，它使得人类不断趋于完善。通过运动，人类对外界环境施加影响，进而履行他在这个世界上的使命。运动不仅仅是一种自我的展现，还是意识发展过程中不可或缺的因素，因为运动是自我与外在世界建立一种明确关系的唯一真实有效的方法。所以，运动或身体活动，是智力发展的一个基本因素，而智力的发展有赖于从外界获得的感知印象。通过运动，我们与外在世界保持接触，也正是通过这些接触我们最终才能获得一些抽象的概念。身体活动将人的精神与世界联系起来，但是精神之所以需要身体活动有两方面原因，即获得概念和从外部将精神表现出来。运动或身体活动，有可能极其复杂。人体的肌肉不计其数，把它们都派上用场是不可能的。甚至可以说，一个人总是有大量的未曾使用的器官处于待命状态。一个芭蕾舞演员所用到的肌肉，对于一位技术娴熟的外科医生或机械师来说，可能永远都用不到，反之亦然。个体对肌肉的使用情况，对其个性的发展有一定的影响。

每一个人都需要通过足够的运动才能使肌肉保持健康状态。当他们习惯于这样做的时候，就可能使某些肌肉专门从事某些活动。然而，如果一个人的肌肉总体上使用不足，那么他的生命能量就会被渐渐耗尽。

如果本应正常使用的肌肉处于休眠状态，那么，这不仅会导致身体衰弱，还会导致心理枯竭。这就是为什么身体活动也会影响到个体精神活力的原因。

认识到身体活动与意志之间的直接关系，能够让我们更充分地理解身体运动的重要性。生物体的各种植物性功能虽然都与神经系统相关，但都独立于意志之外。每一种器官都有其相应的功能，并不断地在发挥着这些功能。

每种细胞和组织都各司其职。它们就如同专家一样，当从事本领域之内的工作时能做得得心应手，但如果从事本领域之外的工作则会举步维艰。这些细胞、组织与肌肉的根本差别就在于，虽然构成肌肉的这些细胞也有其自身的独特功能，但是细胞本身不能行动，而是需要得到指令，没有指令就不能活动。我们或许可以把这些细胞比作等待上级长官命令的士兵。

在各种细胞中，无须得到外来指令就能行动的细胞既包括那些能分泌奶水或唾液、吸入氧气、抗击病菌的细胞，也包括那些通过相互协同与不停的工作，使得我们能保持整个身体健康的细胞，这就如同每一个人都各尽其力为整个社会的发展做出贡献一样。它们对各自承担的特定任务的适应，对于整个机体发挥其功能是极为重要的。

与这些非自主的细胞和组织所从事的固定活动相比，肌肉则可以自由活动，并能对意志发出的指令很快做出反应。肌肉只有通过不断的锻炼和实践才能做到这一点。此时，这些需靠协同行动以执行指令的各种肌肉群才能共同发挥其应有的功能。

在执行意志指令的过程中，有时我们的身体需要完成很复杂的动作。因为意志的实现需要借助于运动，所以，我们应该帮助儿童将意志付诸行动。儿童具有一种天生的欲望，就是能自主地运用其运动器官。如果他做不到这点，他就无法将其智力的成果外化出来。因此，意志不仅是指挥行动的工具，还是心理发展的工具。

在我们学校里，最有趣也最意外的一个发现就是，儿童不仅十分喜欢独立地完成任务，而且干得十分卖力。一个能自由行动的儿童，不仅想要从环境中收集各种感官印象，而且竭力想要精确地实施他的行动。此时，他的精神似乎游离于现实存在与自我实现之间。儿童是发现者。他在探寻适合自己的发展形式方面，虽然尚未明确，但前景灿烂。

16. 理解缺失

由于成人对儿童身体活动的重要性没有概念，因此，他们就会阻碍儿童的身体活动，导致儿童失调。

即便是科学家和教育家，他们也没有意识到运动在人类发展中的重要作用。然而，如果“动物”这个词含有“活力”或者说“活动”的意思，如果植物和动物的区别就在于前者植根于土壤而后者能四处活动，那么，我们为什么还想制止儿童运动呢？

成人会不假思索地说：“儿童是植物，是花朵。”这也就意味着“儿童应该保持安静”。也有的说：“儿童是小天使。”也就是说，他的确可以自由活动，但他只能在人类居住的地球之外的另一个世界自由活动。

所有这些都揭示了人类心灵中存在着不可思议的盲目性，它比精神分析学家认为的存在于潜意识中的部分盲目性程度更深。关于这一点，我们或许可以通过这个事实来理解，即虽然科学研究已经探索出潜意识的深奥之处，但是仍然不能揭示人类心灵的盲目性。

所有人都认同感觉器官对于智力发展的重要作用。很显然，聋人和盲人在智力发展的过程中会遇到极大的困难，因为听觉和视觉可以说是“心灵之窗”。虽然耳聋和眼盲是身体的残疾，但它们和一个人身体其他方面的健康发展可以并存不悖。不过，如果因此认为人为地剥夺了儿童的视力和听力之后，他们依然能达到一个更高的文化和道德标准，则将是荒谬可笑的。

尽管如此，但要人们接受“身体活动对于一个人的道德和智力发展具有重要意义”这个观点，也并非易事。如果一个正在成长中的儿童不能运用自己的运动器官，那么他的发展就会受到阻碍；与被剥夺了视力或听力相比，这种状况会导致他更加达不到自己的发展目标。

一个“肉体被囚禁”的人，相对于盲人或聋哑人来说，其所遭受的痛苦更为深重。虽然聋哑人和盲人被剥夺了与周围环境接触的手段，但是经过一个适应的过程，他们其他感官的敏锐性至少会部分弥补他们所失去的器官。另一方面，身体运动与人的个性发展密不可分，并且是无可替代的。因此，一个人如果不能运动，就会使他自己受到伤害，他还背离了生活，将自己拽入一个没有出口的深渊。他变成一个被永远放逐的人，就像亚当和夏娃一样。当亚当和夏娃被驱逐出伊甸园后，不得不满怀羞愧和伤心地动身前往一个未知的世界，经受未知的痛苦。

当我们说到“肌肉”时，我们通常将其想象成某种类似机器的东西。这种概念与我们关于精神的概念是相对立的。精神无须任何物质，因而也就没有任何机制。

相对于视觉和听觉这些智慧的感官而言，运动或身体活动对于心智的发展更为重要。这种观点会让很多人觉得匪夷所思。然而，即便是我们的眼睛和耳朵，它们也是按照物理定律甚至力学定律来发挥作用的。眼睛一直被描述为“记录生活的照相机”，当然，它的结构奇妙无比。耳朵也像一支乐队，拥有会振动的弦和鼓。

但是，当我们提到这些了不起的感官在心智发展中所发挥的作用时，我们并不把它们看作机械的装置，而是看作获得知识的手段。通过这些奇妙而充满活力的工具，一个人与世界联系起来，并运用这些工具来满足自我的心理需要。看太阳冉冉升起的自然美景、赏令人愉悦的艺术作品、听悦耳的声音，这一切不断地滋养着我们的心灵。每个人也将对各种各样的感官印象进行审美和判断。

如果自我对各种所见所闻无动于衷，那么这些精巧的感官还有什么用处呢？看和听本身并不重要，但是它们有更高的目的，那就是通过看和听使一个人的个性得到塑造和发展。

运动，即身体活动，对于个性发展具有相同的作用。运动需要各种各样的器官，即便这些器官并不像耳鼓或眼睛的晶体那样高度专门化。教育或生活本身的根本目的在于，一个理性的人应该能掌握自己的运动工具，使其行动不只受到因感官刺激而做出的本能反应的指导，还受到理性本身的指导。如果一个人无法做到这一点，那么他就无法获得作为一个理性动物所应有的完整人格。

17. 爱的智慧

当人们遵循自然规律完成每一项工作，并营造出一种和谐的氛围时，就会有一种爱的感觉。也许我们可以说，这无疑是一个人健康和幸福的标志。

爱不是原因，而是结果。它像一颗行星，得到了太阳的光芒。本能是它的动力，也是生命的创造性力量，但在创造的过程中，从本能中产生了爱。这种爱充满儿童的心中，并影响儿童的自我实现。

在敏感期，促使儿童将自己与周围环境连接起来的那种不可抑制的冲动，实际上是他对周围环境的一种爱。这种爱不是一种简单的情绪反应，而是一种智力发展的需求，这使得儿童能够去看、去听，进而得到发展。我们将这种儿童必须遵循的自然欲望，用但丁的话来说，称为“爱的智慧”。

正是由于爱，儿童才能以一种敏锐和热情的方式去观察周围环境的那些特征。这些特征对于成人来说甚为重要，因为成人缺乏儿童的那种活力。难道不是爱让我们对别人不注意的东西十分敏感吗？难道不是爱向我们揭示了他人没有意识到的细节和特点吗？由于儿童热爱他周围的环境，不会对其漠不关心，因此儿童的智慧才能觉察出成人所视而不见的东西。

在成人眼里，儿童对周围环境的热爱源自一种天生的兴趣和朝气。但是，他们没有意识到这种热爱是一种精神力量，一种伴随着创造的道德之美。

儿童的爱本质上是单纯的。他之所以爱他周围的环境，是因为想得到对外界事物的感知印象，并借助于这些印象获得成长。

儿童喜爱的一个特殊对象是成人。从成人那里，他不仅得到了自己所需要的物质帮助，而且会迫切地要求成人提供他自我发展所需要的那些东西。对于儿童来说，成人是可亲可敬的。成人的嘴唇好比一眼甘泉，可以让儿童从那里获取他必须学会说的那些词语。

成人通过自己的行为，向儿童展示怎样才是举止得体。儿童正是通过模仿他所接触的成人而学会该如何生活的。对于儿童来说，成人的一言一行都魅力非凡，几乎可以让他达到着迷的境地。儿童对于成人是如此的敏感，以至在某种程度上成人左右着儿童的生活和行动。让我们回忆一下儿童把鞋子放在床单上的那个例子。案例中，那个孩子之后的行为不仅揭示了儿童天然服从的本性，也彰显了暗示的力量。成人告诉儿童的话会铭刻在儿童的心中，就如同印刻在大理石上一样。让我们再回忆一下另一个案例中，当小女孩看到妈妈收到装有手帕和喇叭的包裹时，她的反应是怎样的。由于儿童如此渴望学习，并且热爱他周围的一切，因此，成人在和儿童说话时，一字一句都要细心斟酌。

儿童乐于服从成人，但当成人要求儿童放弃那些有利于其发展的本能时，儿童并不会服从。当成人出于自身利益而要求儿童做出牺牲时，就如同要求一个在长乳牙的孩子不要让牙齿长出来一样。儿童发脾气或反抗，只是因为儿童具有创造的冲动，但是他所热爱的成人并不能理解他的这种需求，由此与成人发生了严重的冲突。当儿童出现不服从或发脾气的情形时，成人应该想到它源自这种冲突，并且要将这种冲突解读为儿童发展所需的某一未知但重要的活动的防御。

我们要记住，儿童爱我们，也想服从我们。儿童爱成人胜过爱其他的一切！但是反过来，我们也常听到成人爱孩子的说法，比如："那些父母是多么爱他们的孩子啊！""那些教师是多么爱他们的学生啊！"不仅如此，人们教导孩子爱他们的父母，爱他们的老师和所有人，甚至要爱植物和动物。

但是，谁来教儿童这一切呢？谁能够教儿童怎样去爱呢？难道是那些把子女所有孩子气的表现都称作发脾气，并且一心只想着保护他自己和他的财产免受儿童侵犯的成人吗？这种人不可能教孩子去爱，因为他们不具备我们称为“爱的智慧”的敏感性。

相反，儿童真的很爱成人，想要成人在身边陪伴他，也很高兴能引起成人对他的注意：“看着我！和我在一起！”

儿童到了晚上去睡觉时，会把他所爱的人叫过来，不想让他离开。当我们要去吃饭时，还在哺乳中的婴儿也想和我们一起去。他不是为了吃饭，而只是想要和我们在一起，这样他就能够看到我们。但是，成人并没有意识到儿童对我们的这种深厚的爱。我们要记住，现在如此深爱我们的小孩会长大，也会离开我们。到那时，谁还会像这个孩子现在这样爱我们呢？谁还会在睡觉前把我们叫过来，深情地对我们说“和我在一起”而不是不冷不热地说一句“晚安”？谁还会在我们吃饭时如此迫切地站在我们身旁，只是为了看着我们？我们提防着这种爱，但我们将永远寻觅不到另一种和它一样的爱了！我们会不耐烦地说：“我没空！我不能！我很忙！”然而，内心里我们在想：“你要纠正孩子，要不然就会沦为他们的奴隶。”我们想要摆脱儿童这个束缚，这样我们才能做自己喜欢做的事情，才不会感到不方便。

每天早上，当孩子把沉睡中的爸爸妈妈叫醒时，这对大人来说是一件极其令人讨厌的事。但是如果不是出于爱，是什么促使孩子一起床就去找自己的爸爸妈妈呢？天一破晓，孩子就从床上爬起来，走到还在沉睡的爸爸妈妈跟前，仿佛要对他们说：“学会过圣洁的生活吧！天已经亮了！已经是早晨了！”但孩子走到父母跟前，并不是要去教导他们，而只是想再一次看到他爱的人。

父母的卧室可能还是暗暗的，窗帘紧拉着，以至清晨的阳光并没有打扰到还在沉睡的父母。孩子走了过来，碰了碰他的父母，但他的父母抱怨道：“告诉你多少次了，不要一早就过来把我们叫醒。”“我没有叫醒你们，”孩子回应道，“我只是想给你们一个亲吻。”实际上，他想说的是：“我并不想把你们从睡梦中叫醒，我只是想唤醒你们的精神。”

是的，儿童的爱具有极其重要的意义。他们的父母对一切都无动于衷，需要一个新的生命去唤醒他们，需要用他们已不再拥有的生机和活力去激发他们。他们需要一个与他们的行动方式不同的人，每天早上都能对他们说：“起来过另一种生活！学会更好地生活吧！”

是的。要更好地生活！要感受爱的气息！

如果没有儿童的帮助，成人就会颓废。如果成人不努力地更新自己，他的心就会被一层硬壳包裹，并最终让他变得麻木与冷漠。

第二部分

18. 儿童的教育

我们必须清醒地认识到这样一个重要的现实：儿童有心理生活，并且这种心理生活的微妙表现还没有被人们注意到。它的活动方式也常被成人无意识地干扰。

对于儿童来说，成人的环境并不是一种适宜的环境，而是许多障碍物的堆砌，它使得儿童的防御心理更强，性情乖戾，并且容易受到成人暗示的影响。我们一直都是从成人的角度出发来研究儿童的心理和教育问题，而不是从儿童的角度来进行研究。因此，我们必须从根本上重新审视这些研究的结论。正如我们所看到的，儿童的每一种异常反应都为我们提出了一个有待解决的问题，儿童的每一次发脾气都是某种根深蒂固的冲突的外在表现。我们不能把这种冲突简单地解释为儿童对不利于自己的环境的一种防御机制，而应将其视为一种更高贵的品质寻求自我展示的表现。儿童的发脾气就如同一场暴风雨，它阻止儿童将内心深藏的灵魂显露出来并展示给世人。

显然，所有这些伪装都把儿童真实的内心世界隐藏起来了。任性、抗争以及行为偏差等掩盖了儿童为实现自我所做的努力，使得儿童无法展示自己真实的个性。在这些令人烦恼的外在表现背后，必定有一个个体的精神胚胎存在，并且它正在按既定的进程发展。在这些外部表现之下，隐藏着一个尚未被认识的儿童。这个儿童必须要得到自由。因此，教育者所面临的最迫切的任务，就是要了解这个尚未被认识的儿童，使他从所有的束缚中解脱出来。

在对成人进行的心理分析研究和对尚未被认识的儿童进行的心理研究之间，存在一个本质的区别。这种区别主要表现为：成人潜意识中的秘密是被成人压抑在内心的某种东西，而儿童的秘密则在于他所处的环境。所以，在为成人提供帮助时，我们就必须帮助他解决长期以来形成的一系列复杂的适应问题。而在为儿童提供帮助时，我们就必须为他提供一种能让他自由发展的环境。儿童正处于自我实现的时期，因此我们只要为儿童打开一道大门即可。事实上，作为一个正在创造自我，即正处于从不存在到存在、从潜在可能性到具体实现阶段的人，儿童不可能是复杂的。由于儿童具有日益增强的能力，因此他在展示自我时不会遇到很大的困难。

只有在一个开放的环境中，即在一个适合他年龄特征的环境中，儿童的心理才能得到自然的发展，并揭示它内在的秘密。如果不能坚守这一原则，那么之后的所有教育努力都只会导致个体深深地陷入一种无尽的混乱之中。

新教育的首要目标就是发现儿童和解放儿童。新教育所关注的首要问题就是儿童的生活，其次是在儿童迈向成熟的过程中，为他提供必要的帮助。这就意味着要为儿童创造适宜其成长的环境。在这种环境中，障碍物要减到最少，而且必须为那些促进儿童能力发展的活动提供必要的练习条件。由于成人也是儿童环境的一个组成部分，因此他们也应该使自己适应儿童的需要。成人不应该成为儿童独立活动的一种阻碍，也不应该代替儿童完成那些能使儿童不断成长的活动。

我们的教育体系最重要的特点就是对环境的强调。

在我们的学校里，教师的作用一直是我们关注和探讨的问题。通过采取被动的态度，教师可以把由于自己的活动和权威而给儿童造成的障碍移开，儿童也因此变得积极起来。当看到儿童能够自己活动并取得进步时，教师会感到心满意足。教师丝毫没有将这一切归功于自己，他只是被施洗者约翰的话语鼓舞着："他必兴旺，我必衰微。"

我们的教育体系的另一个特征是对儿童个性前所未有的尊重。

这三条原则在以"儿童之家"而闻名的机构——一个名称中带有家庭含义的机构中，最早得到了充分的展现。

这种新的教育体系引起人们广泛的讨论，尤其是关于儿童和成人角色颠倒的内容——教师没有办公桌，没有权威，几乎不再教授；儿童则是活动的中心，可以按照自己的意愿自由地到处走动，自由地选择自己的工作。有些人觉得这是一种乌托邦，其他人则觉得这只是一种夸大其词。

另一方面，还有其他的一些创新之举受到了人们的青睐：按照儿童身体的比例设计的各种物品，窗明几净的教室，装饰着鲜花的低矮窗台，仿照现代家庭中家具的样式制作的各种缩小版的家具，小桌子，小扶手椅，漂亮的窗帘，很容易就能被儿童打开的小柜子，以及小柜子里面摆放的儿童可以随意使用的各种物品。这一切都被认为是有助于儿童发展的实实在在的改进。我相信，有更多的"儿童之家"会着力保持这种让儿童快乐和方便的外部条件，并将其作为"儿童之家"的一个主要特征。

现在，在经过大量研究和实践之后，我们有必要对这些事物重新思考，尤其是对它们的起源进行探究。

有人认为，对儿童的实际观察使我们得出一个惊人的结论，即儿童有一种隐藏着的本性，而对这一结论的直觉使得我们构想出一种特殊类型的学校和特殊的教育体系。其实，这种臆想是错误的。对于我们还尚未知晓的事物，我们是不可能进行观察的。仅仅通过直觉便认为儿童有两种本性，进而试图通过实验将其展现出来，这也是不可能的。未知的事物会借助于它自己适当的能量显露出来，此时，最早目睹这种情形的人是最充满怀疑的。就像世界上的其他人一样，对于新生事物，他会有所排斥。结果，这一迄今尚未被认识的事物会不断地把自己强加在他身上，直到它最终被他看见、认同和热情接受。那些被新事物打动并最终接受它的人，会变得对其迷恋不已，并为其奉献出自己的生命。他是如此的热情澎湃，以至他觉得自己就是这个新事物的创造者，而其实他只不过是对它的表现较为敏感而已。对于我们来说，要觉察出新事物会有点难，而要使我们自己相信我们的新发现则更难，因为我们感官的大门在面对新事物时是关闭的。然而，当我们有了这么一个新的发现并承认它时，我们就像《福音书》中描写的那个在寻觅珍珠的商人，即当我们发现一颗价值连城的珍珠时，为了能买下它，我们会把所有的东西都卖掉。

我们的知识观就好比一间贵族的画室。这间画室是不对陌生人开放的。陌生人要想进入这间画室，就必须由一位已经熟悉这间画室的人引荐。如果没有人引荐，他就只能把门砸坏，或偷偷潜入。这样当他终于进来后，就会引起一阵轰动。伏特[1]在看到已死去的青蛙还在抽动时，一定觉得既惊奇又不可思议。但即便如此，他还是继续做他的实验，并发现了电的一种功能。有时，一件不起眼的事情会开启一个崭新和广袤的天地。从本质上说，人就是一个探险者。只有通过对看似毫无意义的细节的发现，人类才能进步。

在物理学和医学领域，对于一个新现象的认定有着严格的标准。在这些领域，一个新的发现，就是指鉴别了一个之前尚未被认识的事实，而这个事实过去可能一直没被怀疑过。这种事实是客观存在的，并不依赖于个人的直觉。要验证这一事实，有两个步骤：首先要将其分离出来，并在不同的条件下进行研究；其次，要能够再现，并从不同的角度进行研究，以确保这一发现并非一种错觉，而是具有实际价值的真实存在。看似毫无意义的事实已经产生了严重影响，关于这一发现，我们或许可以在第一所“儿童之家”中最先找到例证。

---

[1] 伏特（A. Volta，1745—1827），意大利物理学家，因发明了伏特电堆而闻名。——中文译者注

方法的起源

以下对我们教育体系起源的描述，摘自我之前随手所做的笔记。

你们是谁？

我们的第一所学校创办于1907年1月6日，招收3—6岁的儿童。当时，我们还没有形成专门的教学体系。除了50名极其贫穷、衣衫褴褛且胆小害羞的孩子之外，我一无所有。这些孩子多数爱哭。他们的父母几乎都是文盲，他们将孩子托付给我照管。

在孩子们居住的这幢公寓里，专门留出了一间屋子，而我应邀负责照料这个庇护所，这样孩子们就不会被扔在楼梯上玩耍，把墙壁弄脏，或产生令人烦扰的混乱。

虽然说不清为什么，但我感觉就要开始做一项伟大的工作，而且它一定会成功。在举行开幕式的那一天（即主显节[1]）的盛宴上，弥撒和祈祷的主题听起来像一种预言：“地球为黑暗所笼罩，此时星星在东方闪耀，它们的光辉将成为人们行动的指南。”

那些出席“儿童之家”开幕式的人都有些惊讶，好像在说：“蒙台梭利小姐为什么这么重视这个为穷人办的庇护所？”

我就这样开始了工作，像一个不要良种的农夫得到了一块肥沃的土地来耕种一样。然而，结果是出人意料的。我刚刨开泥块就看到了金子而非粮食：原来泥块里藏着珍宝。我就如同阿拉丁[2]一样，手里拿着神灯，却不知道这就是开启宝藏的钥匙。至少，为这些孩子所做的工作给我带来了一连串的惊讶。

---

[1] 主显节（Epiphany），是一个天主教的重要节日，以纪念及庆祝耶稣在降生为人后首次显露给外邦人。时间为每年的1月6日，也被称为“小圣诞节”。——中文译者注

[2] 阿拉丁（Aladdin），阿拉伯神话故事《一千零一夜》中的一个人物，他有一盏有法力的神灯。——中文译者注

针对那些智力发展低于正常水平的儿童，我曾做过大量的工作。我采用各种不同的教具去教导他们，并取得了良好的成效。因此，我有理由认为，这些成功地帮助智障儿童并改变他们思维方式的方法，对于智力正常的孩子来说也应该是有效的。基于这些经验，我提出了一些心理健康的准则，并尽可能用令人信服的方式向其他人说明怎样落实这些准则。不过，出乎我意料的是：把这些方法用在正常儿童身上最初所产生的效果令我大为吃惊，常让我感到难以置信。

当我把教具给这些正常儿童时，相对于智力有缺陷的儿童，这些教具所产生的效果是不一样的。当一个正常儿童被一个教具吸引时，他会把全部的注意力放在这个教具上，并用一种极为专注的态度连续工作。在完成工作后，他会显得心满意足、轻松自在、欢欣快乐。从他平静的小脸蛋上和他因为完成自发任务而流露出满意的眼神中，我第一次看到了他的这种轻松和满足感。我给儿童提供的教具就如同钟表的发条，但是它们又有一个显著的区别：钟表的发条上紧之后，钟表就能自己不停地运转了；而儿童在得到一件教具后，不仅会持续地用这个教具工作，而且他在使用过程中所付出的努力使他的心理比以前更强大，也更健康。我需要花一段时间才能相信这并不是一种幻觉。然而，即便在每一次新的经验都证明的确如此之后，我也依然有很长一段时间不敢相信，但与此同时，我又深感震惊。多少次当教师告诉我这些孩子正在专心致志地做事情时，我都会责备她。我总是严肃地说："别和我谈这样的幻觉。"我记得，这位教师并没有生气，而是流着泪答道："你说得对。每当我看到这种情形时，我就想肯定有天使在激励着这些孩子。"

终于有一天，当我怀着极大的敬意和爱意注视着这些儿童时，我把手放在胸前问道："你们是谁？"这些儿童是否就是耶稣怀里抱着的那些小孩呢？耶稣曾说："无论是谁，只要他因我之故接受了这个孩子，也就接受了我。"他又说道："无论是谁，只要他不能像一个小孩那样去接受上帝的王国，他也就进不了这个王国。"

我就是这样和这些儿童相遇了。他们泪眼汪汪，惊恐不安，他们显得如此胆怯，以至我无法使他们开口说话。他们面无表情，满眼茫然，似乎在之前的岁月里他们未曾见识过任何东西。事实上，他们是一群贫穷且无人照看的儿童。他们一直生活在昏暗、破旧的小屋中，缺乏刺激他们心灵的东西。任何人都可以看出来，他们营养不良，需要得到很好的喂养，需要新鲜的空气和阳光。他们就像是注定不能绽放的花蕾。

是怎样特别的环境使他们后来发生了如此惊人的转变呢？是什么给予了这些儿童新的生命并将这种新生命的光辉洒遍全世界呢？

显然，这些儿童发展过程中的障碍被清除了，解放他们心灵的方法也被找到了。但是，谁能想象得到这些障碍是什么呢？谁又能猜出需要什么才能使儿童的心灵生根发芽和开花呢？通常，都是一些看似会产生相反效果的东西。

我们就从这些儿童的家庭背景说起吧。他们的父母都处于社会的最底层。他们几乎都是文盲，没有固定的职业，不得不天天都出去找工作。因此，他们既没有时间也没有能力给予孩子适当的照料。

显然，照顾这样的儿童是没有什么希望的。由于不可能为这些儿童找到一个训练有素的教师，因此我们只好雇用一位年轻的女工来照料他们。这位女工曾经想当一名教师，但后来放弃了，因此，她既没有受过教育，也没有教师们通常所具有的偏见。当时，要考虑的另一个因素是我们的第一所学校属于私立机构。它得到了一家房产公司的资助，该公司把这笔开销算在了间接维修房屋的账上。公司把儿童聚集在一起，纯粹是为了避免儿童损坏公寓大楼的墙壁，从而可以减少房屋维修的费用。因此，这并不是一项真正的社会福利事业，因为他们从来没想过为儿童提供免费的餐点或者为患病儿童提供医疗服务。这家房产公司所提供的基金仅够设置一间带有家具和一些其他设备的办公室。这就是为什么我们一开始就自己制作桌子和椅子，而没有购买一般的学校所用的课桌的原因。但是要不是因为这样一些情形，我们也就不会将使这些儿童转变的各种心理因素分离和展示出来。

因此，第一所“儿童之家”并不是一所标准意义上的学校，并且我们对它的作用还不了解。由于我们的资金十分有限，因此，教室里既没有配备教师和儿童使用的课桌，也没有在普通学校中可以看到的其他任何一件寻常的设备。教室只是简单地进行了布置，就像是一间办公室或是一个家。尽管教室环境甚为简洁，但是我依然拥有一些专门的设备，它们是仿照我在一所智障儿童教育机构使用过的设备制作的。当然，这些设备不能被归为学校设备之列。第一所“儿童之家”的环境不像我们今天所见的“儿童之家”那样明亮和令人愉悦。教室里有一张结实的桌子，勉强算得上是教师的课桌吧；还有一个很大的柜子，里面存放着各种不同的教具。柜子的门很厚实，平时是锁着的，钥匙由教师保管。给儿童用的桌子结实、耐用。这些桌子一张张向后排列着，就像是学校的课桌一样，而且每张桌子的长度都足以让三个儿童并排就坐。除了给儿童坐的长凳外，还为每个儿童配备了一把普通的小扶手椅。院子里虽然栽种了植物，但除了几块草坪和一些树木之外一无所有。所以院子里也没有花卉，后来这成了我们学校的特征。我倒是没有想过在这样的一所学校里可以进行什么重要的实验。尽管如此，我还是开始着手训练这些儿童的感官，想看看这些儿童的反应与我之前教过的智力低下的儿童的反应有何不同。我尤其感兴趣的是想要看看，年龄较小的正常儿童与年龄较大但心智有缺陷的儿童之间的行为是否存在差异。

我没有对这个教师做任何约束，也没有给她强加任何特殊的责任。我只是向她示范如何使用各种教具来训练儿童的感官，以便在儿童使用这些教具时，她能够进行指导。她逐渐对这些材料产生了兴趣，而我也没有阻止她发挥自己的主动精神。

不久之后，我发现这位教师自己制作了其他一些教具给儿童使用。其中，有装饰精美的金十字奖章。她用纸做这些饰物，并把它们作为奖品发放给那些行为表现良好的儿童。我经常看到一个或几个儿童佩戴着这些无害的挂饰。她还自发教儿童怎样敬军礼，即把一只手举到胸口，用另一只手轻触前额。她似乎很高兴看到孩子会敬礼，我也觉得这种做法既好玩又无害，因为其中最大的儿童也仅有5岁。

于是，在这样的环境中，我们开始了平静而不为外人所知的生活。在很长一段时间里，没有人注意到我们正在做什么。然而，总结一下这一段时间里发生的主要事情还是有所裨益的。我自己的干预还根本谈不上科学性，所发生的事情看来也颇不起眼。然而，我们也正在进行一些重要的观察，并有了一些重要的发现。

19. 观察与发现

重 复 练 习

我特别留意到的第一件事情，是一个大约3岁的小女孩在不停地将圆柱体放进不同的容器里，而后又将其从容器里取出来。这些圆柱体大小不一，每一种都可以在容器上找一个对应的孔放进去，就像用软木塞盖住瓶口一样。看到这么小的一个孩子能如此兴致勃勃地一遍又一遍地做这个练习，我感到很惊讶。在执行这项任务的过程中，小女孩的速度或技能并没有明显的提升：她只是在重复不停地运动。出于习惯，我开始计算小女孩重复这个练习的次数。同时，我还想看看她在这项奇怪的工作中的专注程度。我告诉教师让其他儿童唱歌并到处走动，但这丝毫也没有干扰小女孩的工作。而后，我又轻轻地抬起她正坐着的椅子，连同小女孩一起，放在一张小桌子上。当我将椅子抬起来时，小女孩一把抓住她正在操作的圆柱体，把它们放在自己的膝盖上又继续她的工作。从我开始计数时算起，她重复做了42次练习。然后，她好像如梦初醒一般停了下来，脸上露出了幸福的微笑。她的眼睛炯炯有神并环顾四周。她甚至都没有留意到我们干扰她的那些花招。至此，她的任务无疑已完成了。但是，她到底完成了什么？她又为什么要去完成这个任务呢？

这使得我们能首次洞察儿童尚未被探索的心灵深处。这个小女孩正处于一个注意力不能持久的阶段，她的注意力会不停地从一件事情转移到另一件事情上。然而，她却能如此专注于自己所做的事情，以至感觉不到外界的刺激。当她全神贯注地将各种不同的圆柱体放入相应的孔中时，她的手也随之做着有节奏的动作。

相似的情形不断出现，而且每当儿童经历过这种体验之后，他们就像休整过的人一样，显得精力充沛、神采奕奕。他们充满活力，就像刚刚经历过大喜事一样。

尽管儿童专注到忘却外部世界的情况并不经常出现，然而我还是注意到所有儿童都会有的一种奇怪行为，而且这种行为几乎在儿童所有的活动中都会不断地出现。这就是后来我称之为“重复练习”的行为。

有一天，当我看到他们正在用很脏的小手工作时，我想应该教给他们一点有用的东西——如何洗手。之后，我注意到，他们即使已经把手洗干净了，也还会继续不停地洗。他们在离校时，又会再洗一遍。一些妈妈告诉我，她们早上会发现自己的孩子在盥洗间里洗手。有些孩子甚至很自豪地伸出干净的小手给别人看，以致有时让大人们误认为他们想讨要东西。他们一次又一次地重复这种练习，完全没有任何外在的目的。在其他活动中，这种情况也会经常发生。而且，一项练习的每个细节教得越详细，它就越有可能成为儿童无止境重复练习的对象。

自由选择

我们还看到另一个很简单的事实。一位教师把教具发给儿童，在儿童使用完后，再将教具放回原处。这位教师告诉我，每当她收集教具的时候，儿童就会从座位上站起来，围拢到她身边。不管她说了多少次让儿童回到自己的位置上，但他们还是会回到她身边来。她因此断定，这些儿童不听她的话。

我在观察这些儿童时意识到，他们其实是想自己把教具放回原处。我让他们这么做了，而这使他们开始了一种新的生活；他们着迷于把东西摆放得井井有条、整齐划一。如果一个儿童手里的玻璃水杯掉到地上摔碎了，其他儿童就会跑过去捡起碎片并把地板擦干净。

有一天，这位教师把一个小盒子掉在了地板上，而盒子里装有80个颜色深浅渐进变化的小方块。我记得这位教师当时面露窘色，因为要将这么多颜色深浅不一的小方块重新排列好是一件很困难的事情。就在这时，孩子们都跑了过来，并且让我们感到惊讶的是，他们很快就把这些小方块按照一定顺序排列好了。这表明在色彩方面，他们具有远远超过我们的一种敏感性。

有一天，这位教师到校稍迟了一些，而且事先她又忘了把橱柜锁起来。到教室后，她发现儿童已经把橱柜门打开了。有很多儿童站在柜子周围，还有另外一些儿童正在取教具，准备把它们拿走。这位教师把孩子们的这种行为看作一种偷窃行为，并认为这些儿童之所以偷窃，是因为他们不尊重学校和老师，因此应该对他们进行严肃处理，并且要教给他们一些道德准则来引导他们。然而，我却把这件事看作一个标志，它表明儿童现在已经充分地认识了这些教具并且能够做出自己的选择了。事实证明也确实如此。

这使得儿童开始了一种崭新而有趣的活动。现在，他们可以根据自己的喜好来选择工作了。从这个时候开始，我们就采用了低矮的橱柜，这样儿童就能根据自己的内在需要，从这些橱柜中选取相应的材料。因此，在“重复练习”的基础上，我们又增加了“自由选择”这一原则。

儿童所做出的自由选择，使我们能够观察到他们的心理需要和心理倾向。其中，我们最早发现的一个有趣现象是，对于提供给他们的各种不同教具，儿童并不是什么都选而是只选择其中某些。他们几乎总是选择同样的教具以及一些自己明显偏爱的教具而很少留意到其他教具，以致这些教具上面积满了灰尘。

我把所有的教具都展示给儿童看，然后让这位教师把它们分发给儿童并向儿童讲解它们的使用方法，但是儿童不会主动再次使用其中一些教具。

于是，我认识到，提供给儿童的所有教具不仅应该井然有序，而且应该与儿童的使用需要相适应。只有消除混乱无序的情况和去掉不必要的教具，才能激发儿童的兴趣和专注力。

玩　　具

在我们的第一所学校里，尽管儿童有机会玩一些确实很奇妙的玩具，但没有一个儿童愿意去玩。这让我感到很惊讶，因此我决定帮助他们去玩这些玩具。我向他们演示怎样拿小碟子，如何把娃娃家的煤气灶点燃，并在娃娃家里放一个可爱的娃娃。但儿童只表现出片刻的兴趣，而后就各自走开了。由于他们从来不能自由地选择玩具，因此我认识到，在儿童的生活里，游戏或许是一件无关紧要的事情，他们只有在没有其他更好的事情可做时才玩。儿童会觉得，相对于玩游戏这种鸡毛蒜皮的小事，他们有更重要的事情要做。他们对游戏的看法就如同我们对下棋和打桥牌的看法一样。在闲暇时间，下棋和打桥牌不失为一种快乐的消遣。但如果我们被迫长时间地下棋或打桥牌，就会感到很痛苦。当我们有一些重要的事情要做时，我们就会忘记打桥牌。由于儿童手头总是有一些重要的事情要做，因此他们对于游戏就不是特别感兴趣了。

由于儿童不断地从一个较低的阶段发展到一个较高的阶段，所以他们的每一分钟都是宝贵的。由于儿童在不断地成长，所以对于每一个有助于他们成长的活动，他们都会很迷恋；对于那些休闲的活动，他们则漠不关心。

奖励与惩罚

有一天，我到学校后看见一个儿童正独自坐在教室中间的扶手椅上，无所事事。他胸前佩戴着一枚教师为奖励表现好的儿童而发的金十字奖章。但是，教师告诉我，这个小家伙正在接受惩罚。原来是另一个儿童得到了这枚奖章，他起先也把奖章佩戴在自己胸前，不过很快他就把这枚奖章给了这个正在接受惩罚的小家伙，似乎这个奖品对他来说没什么用处，并且还妨碍了他想从事的工作。

坐在椅子上的儿童毫不在乎地看了一眼奖章，而后又平静地环顾教室四周，毫无羞愧的感觉。仅仅这件事就让我们认识到了奖励和惩罚的无效，但我们又做了进一步的详细观察。结果，长期的观察证实了我们最初的直觉是对的。这位教师甚至都不好意思再奖励和惩罚这些儿童了，因为他们似乎对任何一种处理方式都满不在乎。更让我们感到惊讶的是，儿童还经常拒绝接受奖励。这标志着儿童意识中的一种尊严感开始觉醒，而这在以前是不存在的。

最终，我们不再对儿童进行奖励或惩罚了。

安　静

有一天，我从一位站在院子里的母亲的手上接过一个4个月大的女婴，抱着她走进了教室。按照当地的习俗，这个女婴被紧紧地包裹在襁褓里。她的脸蛋丰满而红润。她的异常安静给我留下了深刻的印象，于是我也想和孩子们分享我的这种感受。“她不作声。”我对他们说。然后，我开玩笑地说：“你们没有一个人能像她这样安静。”让我很感到惊讶的是，我发现所有儿童都异常专注地盯着我。他们似乎正专心地听我说，希望能很快地领会我话里的意思。“注意听，”我接着说，“她的呼吸是多么的轻柔。你们没有一个人能像她这样安静地呼吸。”这些感到惊奇的儿童开始一动不动地屏住了呼吸。那一刻的寂静无声让人难以忘怀。平时听不到的钟表的嘀嗒声，此时也能够听到了。这个小女孩似乎把一种平时从来没有过的安静氛围带到了教室里。

没有人发出一点可以让人听到的声音。他们都在专心致志地体验着这种安静，并着力使之持续下去。所有儿童都参与了这一活动，他们并不是出于一种激情，因为激情意味着某种冲动和需要外在表现的东西，而是源自一种内心深处的渴望。每一个儿童都极其安静地坐着，尽可能轻柔地呼吸。他们像那些正在沉思冥想的人一样，脸上露出安详而专注的神情。在这种令人难忘的安静中，我们渐渐地能够听到极其轻微的声音，就像远处的滴水和鸟鸣那样的声音。

这就是我们的"安静练习"的由来。

有一天，我想到可以用这种安静来检验儿童听觉的灵敏度。于是，我在不远处低声地叫着他们的名字。无论是谁，只要他听到自己的名字，就必须走到我面前，而且走过来的时候不能发出任何声音。我想，这种耐心等待的练习对儿童来说是一种考验。因此，我随身带了一些糖果和巧克力，打算奖励给那些走过来的孩子。但这些孩子拒绝了糖果。他们仿佛在说："不要破坏我们这一美好的体验。我们的心里一直是欢喜的，不要分散我们的注意力。"

因此，我明白了，儿童不仅对于安静敏感，而且对于叫他们的声音也很敏感，即使这种声音在安静的环境中几乎是听不见的。他们会踮起脚尖慢慢地走过来，小心翼翼地不碰撞到任何东西，以免发出声音。

后来，我认识到，每一项含有纠错内容的动作练习，比如这种利用安静来制止喧闹的练习，都能为儿童提供很大的帮助。重复这种练习能让儿童完美地掌握一种外在行为，而这仅仅通过言教是很难实现的。

通过学习如何绕过各种物体而不碰到它们，通过学习如何轻快地跑步而不发出声音，我们的儿童变得敏捷而机灵。他们为自己能够完美地完成这些动作而感到欣喜。对于发现自己的潜能，并在他们的生命力不断展现的神秘世界里锻炼自己，他们也表现得兴致勃勃。

我花了很长时间才使自己相信，在儿童拒绝糖果的背后必定有一个内在的原因。众所周知，儿童是特别喜欢糖果的，因此他们的拒绝对我来说是如此的不可思议，于是我想再进一步做个测试。我随身带了一些糖果到学校里去，但是这些儿童还是拒绝接受，或者把糖果放在罩衫的口袋里。因为这些孩子家里都很穷，所以我想他们可能想要把这些糖果带回家。因此，我对他们说："刚才给你们的那些糖果，你们可以带回家去，但剩下的这些是给你们吃的。"他们接过这些糖果没有吃，而是又把它们放到了口袋里。但是，当他们的教师去看望其中一个生病的儿童时，她才发现他们是珍视这些糖果的。这个小男孩很感激老师来看望他，于是他打开一个小盒子，从里面拿出他之前从学校里得到的一大块糖果，把它送给老师吃。这块诱人的糖果放在盒子里已经有好几周了，而这个小男孩却一直没有去碰它。

这种现象在我们学校的儿童中是如此的常见，以至后来有很多参观者到我们学校，只是想要证实一下他们从许多不同的书中所了解到的这种现象。这是儿童内在的一种自发和自然的成长。没有人想过要教他们修苦行和放弃糖果，也没有人会有这样不现实的想法："儿童不应该玩耍，也不应该吃糖果。"当儿童的精神生活上升到一个更高的层面时，他们就会自愿地拒绝这些无用的、外在的乐趣。有一天，有个人给了这些儿童一些烤制成几何形状的小甜饼。这些儿童接过饼干后并没有吃，而是目不转睛地看着它们说："这是一个圆形！这是一个长方形！"

有这么一个有趣的故事，讲的是一个贫困家庭中的小孩，他正注视着在厨房里忙碌的妈妈。当他的妈妈拿起一大块黄油时，他说："这是一个长方形！"当他的妈妈切下了一角时，这个小孩说："现在你手里拿的是一个三角形。"接着，他又补充道："剩下的是一个不规则的四边形。"他一直没有说人们预想他会说的话："给我一些面包和黄油。"

尊 严 感

有一天，我决定给儿童上一堂有点趣味性的课：怎样擤鼻涕。我不仅给他们示范了使用手帕的不同方法，还指导他们怎样做得尽可能不引人注目。我以一种他们几乎察觉不到的方式拿出手帕，然后尽可能轻地擤了擤鼻涕。儿童只是凝神注视着我，没有一个人发出笑声。我不知道为什么会这样。但是我一示范完，他们就大声地鼓掌，而且他们的掌声就像我们在剧院里听到的那样经久不息。我还从来没有听到过这么小的手能拍出这么大的声音，我也没有想到这么小的孩子能这么热烈地鼓掌。接着，我恍然大悟，或许是因为我触及了他们极其有限的社交世界里的敏感点。儿童在擤鼻涕时往往感到特别困难。由于他们常常在这方面被成人责备，所以他们对此很敏感。而且，成人对他们的吼叫和辱骂也伤害了他们的感情。最后，当他们在学校里不得不把手帕很显眼地别在罩衫上以免把手帕丢失时，这种羞辱进一步伤害了他们。但是，没有人真正教他们怎样擤鼻涕。当我这么做的时候，他们感到过去受到的羞辱得到了补偿。他们的掌声表明，我不仅是在公正地对待他们，还使他们在社会生活中取得了一种新的地位。

长期的工作经验告诉我，这才是对这一事件的合理解释。我逐渐认识到，儿童有一种强烈的个人尊严感。成人通常没有意识到儿童的心理是多么容易受到伤害和遭到压抑。

那一天，当我要离开教室时，这些儿童开始喊起来："谢谢，谢谢你给我们上的这一课！"当我走出大楼时，他们排成一排静静地跟在我后面，直到我对他们说"你们回去时，可以踮着脚尖跑，注意不要撞到墙角"，他们才转过身，飞一般地消失在大门后面了。我触及了这些穷苦小孩情感中最敏感的部分。

当参观者来到学校时，这些儿童的行为举止表现得既有尊严又很自重。他们知道怎样热情地接待来访的客人，并向客人展示他们是怎样工作的。

有一次，我们预先得到通知，说是有一位重要的客人想单独和这些儿童在一起，以便能亲自对这些儿童进行观察。我告诉这位教师："顺其自然就可以了。"然后，我又转身对这些儿童说："明天你们会有一位客人过来，我想让他觉得你们是世界上最好的孩子。"后来，我问这位教师这次访问进行得怎样。"很成功，"她回答道，"一些孩子给客人搬来了椅子，并礼貌地说：‘请坐。’其他孩子说：‘你好。’当客人离开时，他们都把身子探出窗口，喊道：‘谢谢你的来访，欢迎再来！’”我听完后问这位教师：“你为什么要教他们这样做呢？我告诉过你，不要做什么特殊的事情，就让孩子们顺其自然就可以了。”“可是我并没有告诉他们做什么啊！”她答道。接着，她解释说，孩子们的每一项工作都做得比平时更勤奋。他们的每一样事情都做得极为出色，让来访的客人既惊叹不已，又深受启发。

很长一段时间，对于这位教师告诉我的话，我都持怀疑态度。我担心她或许给了这些儿童特别的指点，所以我又向她问起这件事。但最后我终于明白，这些儿童已经有了他们自己的尊严感。他们尊重来访的客人，也非常自豪地向客人展示他们力所能及的工作。“我想让你们的客人觉得你们是世界上最好的孩子。”我不是对他们这样说过吗？但可以肯定，一定不是因为我说的话才让他们如此行事的。无论什么时候，只要我告诉他们“你们将会有个客人来访”，这对孩子们来说就相当于宣布客人已经到了客厅。这些神情自若、富有魅力和尊严感的小家伙，总是随时准备着接待来访的客人。他们之前的羞怯已经荡然无存。他们的心灵与周围的环境之间，现在已经不再有任何障碍。他们的生命力自然地展现，就如同莲花伸出白色的花瓣接受阳光的哺育，同时散发出芬芳的花香。重要的是，儿童们发现，在他们发展的道路上已经没有障碍了。他们无须躲藏，无须恐惧，也无须回避。事情就是这么简单。他们的泰然自若，源自他们能迅速而完美地适应周围的环境。

这些儿童机灵、活泼又沉着冷静，不时散发出一种精神上的温暖，使与他们接触的成人从心底里受到鼓舞。许多人开始到学校来看望他们，想亲身体验这种感受。来访的客人都得到了儿童们热情的接待。

观看来访者的反应是一件有趣的事情。一些打扮得衣着华贵、珠光宝气，好似要去参加一个招待会似的女士来到学校，她们享受着孩子们质朴的赞美，也对他们表达好奇的方式感到欣喜。

这些儿童轻轻摸着这些女士们身上华丽的衣料，抚着她们柔软芬芳的手。有一次，一个小男孩走到一位还在居丧的女士身边，把自己的小脑袋靠在她身上，接着他拉过她的一只手，把它放在自己的双手之间。后来，这位女士非常激动地说，还没有一个人像这个小孩一样给她这么多的安慰。

有一天，总理的女儿陪同阿根廷共和国大使前来参观“儿童之家”。有人建议大使不要预先通知他要来访，这样他才能目睹他经常耳闻的儿童的自发性行为是否属实。然而，他们一行到达学校的时候才知道，那天是假日，学校不开门。当时，院子里有些儿童马上走了过来，其中一个儿童很自然地向客人解释说：“假日也没有关系。我们都在这幢大楼里，门卫有钥匙。”于是，这些儿童开始跑到各处去叫来他们的小伙伴。教室的门打开了，他们都投入到了工作当中。他们令人不可思议的自发性行为毫无疑问得到了证实。

这些儿童的母亲也对正在发生的这一切赞叹不已，她们跑来告诉我在她们家里所发生的事。她们悄悄地对我说：“这些三四岁的小孩如果不是我们的孩子，那么他们所说的话会让我们很恼火。比如，他们会说：‘你的手脏了，应该洗一洗。’‘你应该把衣服上的污渍弄干净。’当我们听到他们这么说的时候，我们并没有生气。他们对我们的提醒让我们感觉仿佛在梦中一样。”

实际上，这些来自贫困家庭的人变得更整洁了。原本放在窗台上的破罐子不见了。窗玻璃开始干净得闪着亮光，正对着院子的窗台上种植的天竺葵也开始怒放。

纪　律

尽管他们的举止显得自由自在，但是，总的来说，这些儿童给人留下的印象是很有纪律的。他们安静地工作，每个人都专注于做自己的事情。当他们取出或放回他们操作的教具时，他们都轻轻地走来走去。他们会走出教室，往院子里看看，而后又走回来。他们以惊人的速度执行教师的指令。这位教师告诉我："他们会丝毫不差地按照我说的去做，以至我开始感到要对自己说的每一句话负责。"

举个例子来说，如果这位教师想要儿童进行安静练习，那么实际上，在她说完要求之前，这些儿童就已经一动不动了。然而，这种表面的服从并没有阻止他们独立地行动，也没有阻止他们按照自己的喜好来安排一天的活动。他们会根据工作的需要拿取教具并把学校整理干净。即使教师来迟了，或是单独让儿童留在教室里，一切也依然会照常进行。最吸引参观者的是，将秩序、纪律与儿童的自发性结合在一起。

儿童即使是在十分安静的时候也能表现出极强的纪律性，而且几乎是在教师给出指令之前就表现出服从。他们这些表现的源泉是什么呢？

当儿童专注地工作时，教室里弥漫着一种宁静的氛围，这是十分感人的。没有人打破过这种氛围，也没有人能够通过外在的手段获得这种气氛。

书写与阅读

有一天，有两三位母亲过来找我，请求我教她们的孩子进行阅读和书写。她们自己是文盲，她们以自己和其他家长的名义对我提出了这一要求。当我表示反对并指出这个要求超出了我原先的计划时，她们还是一再恳求。

此后就发生了一些令人惊讶的事情。我教给这些四五岁儿童的都是一些字母，而这些字母是我之前让这位教师从纸板上裁下来的。还有些字母是用砂纸做的，这样儿童就能将他们的手指从字母上滑过，感受字母的形状。我把这些字母放在板上，并把形状相似的字母放在一起，这样当儿童在触摸这些字母时，他们的小手就能顺着字形进行动作类似的描摹了。这位教师对这种安排感到很满意，也就没有为这些儿童提供更多的帮助。

我们不能理解这些儿童为什么如此热情。他们列队绕行，像高举旗帜一样举着这些字母，并且欣喜地高喊着。这是为什么呢？

有一天，我很惊讶地看到一个小男孩边独自走路边重复念叨着："要拼出‘Sofia’这个单词，就要有一个‘S’，一个‘O’，一个‘F’，一个‘I’一个‘A’。”他一边这么说着，一边重复拼出这个词各个字母的发音。就这样，他对自己头脑中已有的一个词进行了研究和分析，并探寻组成这个词的语音。凭借着对探究的浓厚兴趣，他终于认识到，每一个语音都对应一个字母。实际上，语音拼写不就是语音和符号之间的对应吗？口头语言主要是指说出来的东西，而书面语言只不过是将语音逐个转化为可见的符号而已。书面语言和口头语言的平行发展，标志着书写能力的提高。书面语言最初是从其对应的口头语言中提炼出来的，它们就像一滴滴的水最终汇聚在一起，形成了一条包含书面词语和句子的独特溪流。

书写让我们有了两种收获：它一方面使得手能掌握一种与说话同样重要的技能，另一方面创造了一种能精确地反映口头语言的交流方式。因此，书写有赖于脑和手。

作为文字发展的一种自然结果，书写是水到渠成的事。然而，要能正确地书写，手就必须能够描摹符号。一般来说，字母的符号是容易描摹的，因为它们只是代表了特定的语音。但是，在这些儿童自学书写之前，我完全没有想到这些。

这是在第一所“儿童之家”里发生的最伟大的事情。第一个发现自己书写才能的儿童惊讶不已，他大声喊道：“我会写字啦！我会写字啦！”其他儿童很兴奋地跑了过去，看着他用粉笔在地板上写的字。“我也会，我也会！”他们一边叫喊着，一边跑去寻找书写材料。一些儿童簇拥在黑板的四周，其他儿童则趴在地板上。他们都开始学习书写。

他们的书写热情就像洪流一样势不可挡。他们在家里到处都写，门上、墙上，甚至是面包上。这些儿童只有4岁左右，他们书写才能的显露完全是我们始料未及的。一位教师告诉我：“这个小男孩是在昨天下午3点开始学习书写的。”

我们就像目睹了一个奇迹似的惊呆了。我们早些时候曾收到一些插图精美的图书，当我们现在把这些图书分发给这些儿童时，他们虽然收下了，但态度冷淡。这些书里的确包含精美的图片，但这些图片只会让他们分心，使他们不能把精力投注于书写这项新奇和富有吸引力的工作上。他们想要书写，而不是看这些图片。这些儿童或许从未见过书，因此很长一段时间以来，我们都在试图激发他们对图书的兴趣。而要使他们理解我们所说的阅读的含义，更是不可能的事。因此，我们把这些书搁在一边，等待一个更合适的时机。这些儿童很少有兴趣阅读别人写的东西，很可能是由于他们还不认得这些字。当我大声念出他们所写的字时，很多儿童都转过头来惊讶地看着我，好像在问："你是怎么知道的？"

只过了大约六个月，他们便开始理解阅读的含义了。他们之所以能有这样的进步，是因为他们将阅读和书面语言结合起来了。当我在一张白纸上描字时，他们都注视着我的手，并开始认识到我正在像说话一样表达我的思想。他们一明白了这一点，就立刻拿起我写过字的那些纸，走到一个角落，试图阅读那些字。他们只是在心里默读，并没有发出声音来。从他们那由于努力思考而皱起的小脸上突然展露出的笑容，从他们高兴地蹦跳起来，就好像隐藏在他们体内原本压紧的弹簧突然被放开了一样，我知道他们读懂我写的那些字了。我写的每一个句子都包含一个"指令"，而这些指令是我曾经通过口头语言表达过的，如"打开窗户""到我面前来"，等等。他们就是这样开始学习阅读的。最终，他们发展到了能阅读包含复杂指令的长句子的水平。但是，这些儿童好似只是把书面语言理解为表达自我的另一种方式，它像口头语言一样是人与人之间进行直接交往的表达方式。

的确，当有人前来参观时，许多以前用口头方式致欢迎辞的儿童现在保持安静了。他们会站起身，走到黑板前写道："请坐""谢谢你们的来访"，等等。

有一天，我们正在谈论发生在西西里岛的一起重大灾难：一场地震彻底摧毁了墨西拿城[1]，造成了数千人死亡。这时，有一个大约5岁的儿童站了

---

[1] 墨西拿（Messina），意大利西西里岛上的第三大城市，曾被1908年12月28日的大地震摧毁，后得到重建。——中文译者注

起来，走到黑板前，写道："我感到很遗憾……"我们看着他，猜想他将对所发生的事情表达他的悲伤。但是，他却继续写道："我感到很遗憾，我还是一个小孩。"他的这句话让人很费解。但这个小家伙接着写道："如果我是大人，我就会过去帮助他们。"至此，他已经写出了一篇小文章，并表露了他内心的善良。她的母亲靠在街上卖草药维持生计。

还有一件更令人惊讶的事情发生。当我们正准备一些材料用来教儿童学习罗马字母，以便再让他们试着读书时，没想到这些儿童已经开始识别他们在学校里发现的每一个印刷体字母了。其中有一些字母很难辨认，比如日历上面用哥特体[1]印刷的字母。与此同时，这些儿童的父母告诉我，他们的小孩走在街上时，总会停下脚步去读商店招牌上的单词，因此带他们外出散步是不可能的。显然，这些儿童所感兴趣的是识别字母，而不是阅读单词。他们看到了一种不同的书写方式，并且从词意角度去学着读它。这是一个直觉的过程，就像成人辨认刻在岩石上的史前文字一样。他们只要能发现这些符号的意义，就证明他们已经辨认出这些符号了。

如果我们在向儿童解释这些印刷符号时操之过急，就可能扼杀他们学习的兴趣和探究的欲望。过早地要求他们阅读书本上的文字只会适得其反。追寻这些不是很重要的东西，只会削弱儿童充沛的心理能量。因此，这些书被放在柜子里很长一段时间。只是到了后来，儿童才开始接触这些书。它是以一种有趣的方式开始的。一天，一个儿童很兴奋地来到学校。他的手里握着一张皱巴巴的纸，悄悄地对一位同伴说："你猜猜这张纸上面有什么。""上面什么也没有，只是一张被撕烂的纸。""不，上面有一个故事。""上面有个故事？"这下子把一群好奇的儿童都吸引了过来。这个儿童从一个垃圾堆里捡到这么一张散落的书页，他开始读了起来，读这个故事。

之后，他们理解了图书的重要性，图书也因此成为他们迫切需要的东

[1] 一种比较重视线条和花纹装饰的字体。——中文译者注

西。然而，许多儿童在读到书里一些有趣的内容时，就会把这一页撕下来带走。那些可怜的书啊！没想到它们的价值在被发现的同时却产生了如此令人不安的结果。学校里往常平静而有序的生活被打破了。我们必须管住这些由于喜欢阅读而变得富有破坏性的小手。这说明，甚至在这些儿童学会阅读图书和尊重图书之前，在我们的帮助下，他们就已经很好地学会了拼音和书写，其水平能够与文法学校三年级的学生相媲美。

对身体的影响

在这段时间，我们没有采取什么措施去改善儿童的健康状况。但是，现在已经没有人能从他们红润的脸蛋和快乐的神情中看出，这些儿童原本营养不良和贫血，曾经迫切需要食物、滋补品及医疗保健。好像是由于呼吸了新鲜空气和晒了太阳，他们的身体才恢复到了健康的状态。

的确，如果心理压抑会影响人体的新陈代谢并进而降低一个人的活力，那么，相反的情况也会发生：富有激励作用的心理体验会提高机体的新陈代谢率，进而促进个体的身体健康。我们对这些儿童所做的工作就证明了这一点。今天，在人们已普遍接受这一事实的情况下，我们那时的经验显得不足为奇。但在当时，我们的经验确实引起了很大的轰动。

人们谈论着所发生的“奇迹”，有关这些出色儿童的各种报道像野火一样传播开来。新闻界都在用华丽的辞藻报道他们。人们还撰写了有关他们的图书，甚至小说。虽然这些作者准确地描述了他们所看到的情况，但他们似乎是在描绘一个不同的世界。人们谈论着有关人类心理的发现，甚至还引用了这些儿童的对话。在英国，人们还撰写了一本有关这些儿童的图书，叫《新儿童》。许多人，尤其是美国人，慕名而来，想要亲眼见证他们读到的那些信息。

20. 教育方法

在对一些事情和印象做了简要描述之后，就引出了“方法”这个话题。通过什么方法才取得了这些成果？这是一个相当重要的问题。

没有什么看得见的方法，我们看见的只是儿童。可以看到，摆脱了障碍的束缚，儿童的心灵便能依其本性自由飞翔。我们分离出的那些儿童期的特征，其实完全属于儿童生活的一部分，就像颜色属于小鸟的一部分，芳香属于花朵的一部分一样。它们根本不是“教育方法”的产物。然而，显而易见的是，教育通过采用一种有助于儿童自然发展的方式保护和培养他们，从而对儿童的这些自然特性产生了影响。

在园艺师培育新品种的花朵时，我们可以看到类似这种情形。经过适宜的照料，园艺师能改良花朵的气味、颜色和其他自然特性。

在“儿童之家”，我们可以观察到儿童天赋的心理特征。这些特征并不像植物的生理特征那样明显。儿童的心理生活是如此易变，以至在一种不适宜的环境中，它的自然表现会完全消失，被其他的东西所代替。所以，在详细设计任何一种教育体系之前，我们必须要创设一种适宜的环境，以激励儿童自然天赋的正常发展。我们所要做的就是移除儿童发展的各种障碍物，这应该成为未来一切教育的基础和出发点。

因此，我们需要做的第一件事，就是发现儿童真正的本性，而后协助儿童正常发展。

如果仔细分析那些偶然引起儿童正常特征发展的特殊环境，我们就能认识到某些特别重要的条件。其中，第一个条件是要把儿童安置在一个愉悦的环境里，那里几乎所有的东西都是儿童自己的。干净、洁白的教室，教室内有专门为儿童制作的崭新的小桌子、小凳子和小扶手椅。此外，院子里还有一块块洒满阳光的小草坪。这样一个环境，对于那些来自不幸家庭的穷苦孩子来说，一定是极有吸引力的。第二个有利于儿童发展的条件是成人中立的性格。这些儿童的父母是文盲，他们的教师只是一位普通的女工，没有什么抱负，也没有任何偏见。这种情况就导致了一种“理智的平和”。

人们早就认识到，教师必须保持平和的心态。但这种平和通常被认为是一种个性品质，即不神经质。但这里的问题是，这种平和是指一种更深层次的平和，是一种无杂念的或更好的、无负担的心理状态，而这种状态是内心澄澈的源泉。这种平和在于精神上的谦逊和心灵上的纯洁，它们是理解儿童的必要条件，因此也是教师必须具备的品质。

另外一个重要的条件是要为儿童提供工作所需的专门材料。这些能够完善儿童感知的材料吸引着儿童，促使他们能够分析和改进自己的动作。这些材料还能以一种任何口头指导所无法做到的方式，教儿童怎样集中注意力。

从这里我们可以看到，围绕儿童而创设的特殊环境包括：一个适宜的环境，一位谦逊的教师和一些适应儿童需要的物资材料。

现在，让我们描述一下儿童对这些外在影响的一些反应方式。其中，最突出的反应方式就是儿童会从事那些致力于完成某种任务的活动。这种活动需要儿童手脑并用，它就如同魔杖一样，开启了儿童自然天赋正常发展的大门。这种活动又进一步引发了那些更深地植根于儿童内心的活动，如“重复练习”和“自由选择”。这些活动将儿童的真正特性彰显了出来。我们看到儿童欣喜地和不知疲倦地工作，因为他所从事的活动就像一种心理的新陈代谢，而只有通过这种新陈代谢，他的生命才能不断成长。自由选择现在已经成为他的指导原则。对于类似安静这样的练习，他会热情地做出反应。对于一些能指引他们获取荣誉和公正的课程，他也很着迷。他急切地想要掌握那些能发展他心智的方法。但是，他并不喜欢诸如奖品、玩具和糖果之类的东西。此外，他还进一步向我们表明，他需要秩序和纪律，并把它们作为他内在生活的写照。然而，他毕竟还是一个小孩，充满朝气、快乐、真诚、活泼。他会高兴地叫喊，拍手鼓掌。他会到处奔跑，大声地问候其他人。他会不吝谢意，并用呼唤和追随的方式向帮助过他的人表达感激之情。他会友善待人，欣赏所看到的每一样东西，并使自己适应周围的一切。

我们可以将儿童的喜好及其自发的表现方式列一张清单。在这张清单中，我们还可以加上他所拒绝的东西，这些东西在他看来是在浪费时间。

1. 他喜欢的东西

- 重复练习；
- 自由选择；
- 控制错误；
- 动作分析；
- 安静练习；
- 社会交往中的礼貌行为；
- 环境秩序；
- 个人整洁；
- 感官训练；
- 独立于阅读的书写；
- 阅读前的书写；
- 不使用书籍的阅读；
- 自由活动中的纪律。

2. 他拒绝的东西

- 奖励与惩罚；
- 拼写本；

- 集体课[1]；
- 活动计划与考试；
- 玩具和糖果；
- 教师的讲台。

无疑，从上述清单中我们可以发现一个教育体系的轮廓。儿童自身为我们构建一种教育体系提供了实用的、正面的和经过验证的准则。在这一教育体系中，儿童自己的选择是我们的指导原则，而遵循他们天生的活力也使得我们避免犯错误。

在该教育体系随后不断完善的过程中，我们一直坚守这些原则。这些原则让我们想起了脊椎动物的胚胎。在这类胚胎中，我们可以看到一条模糊的线，它将来会变成脊柱。在这条线的内部，我们可以看到一些点，这些点会逐渐发展成互不相连的椎骨。胚胎自身分为三个部分，分别是头部、胸部和腹部。与此相似，我们教育体系的基本轮廓也有一个排列成线状的整体，它具备若干独特的特征，这些特征就像椎骨一样会逐渐变化。这个教育体系也被分为三个不同的领域，分别是环境、教师和儿童所使用的各种教具。

一步步地追溯这一原始轮廓的演变，是一件有趣的事情。从中我们可以看到，一个最初的想法是怎样逐渐发展成为一个对人类社会具有重要意义的理念的。这种独特教育方法的不断发展可以被看成一个演变的过程，因为其中新的东西来自随着环境而发展的生命。此外，环境本身又成为某种特殊的东西。虽然环境是由成人提供的，但它实际上是对成长中的儿童其生命中展现出的新模式的一种积极的和主动的反应。

这种教育体系非常迅速地被用于为所有种族和所有社会阶层的儿童开办的学校中，这为我们提供了丰富的实验数据，使我们能从中甄别出一

[1] 这并不是说“儿童之家”没有集体课，而是说集体课不是唯一的，甚至不是主要的教学手段。集体课只是用来介绍某些特殊的问题或活动。——蒙台梭利注

些共同的特征和普遍的趋势，进而确定儿童教育所应遵循的自然规律。

特别有趣的是，由最早的儿童之家发展而来的第一批学校保留了同样的做法，即在进一步采用任何外部的规则之前，先等待儿童的自发反应。

关于这一点，在罗马创建的第一批“儿童之家”中，有一所为我们提供了一个突出的例子。这所学校起初的情况甚至比我们第一所学校的情况还要特殊，因为这所学校是为了照料那些墨西拿大地震（历史上最大的灾难之一）中死里逃生的孤儿而创建的。在这些孤儿中，大约有60名是独自一人在废墟中被发现的。没有人知道他们叫什么名字，也没有人知道他们的家庭背景。那场可怕的地震使他们都变得沮丧、沉默和冷淡。他们难以进食和入睡。到了晚上，他们常大声哭喊和抽泣。意大利皇后对这些不幸的儿童极为关心，专门为他们提供了一个快乐的场所。在他们的新家里面，有为他们量身定制的各种家具，这些家具色彩鲜艳而富有吸引力。此外，还有带门的小柜子，色彩鲜艳的低矮圆桌，稍高一些的长方形桌子，小凳子和小扶手椅。窗户上挂着彩色的窗帘。儿童们有自己的小餐刀、叉子、汤匙、碟子、餐巾，甚至肥皂和毛巾的大小也都跟他们的小手相适应。房间的墙上挂着画，四周摆放着一些花瓶。这个被选来安置这些不幸儿童的场所是圣方济各会修女所在的一个修道院。修道院里有宽敞的花园，宽阔的过道，金鱼池塘和漂亮的花圃。在这种环境中，身着灰长袍并罩着庄严长头巾的修女们祥和、安静地四处走动着。

这些修女教儿童怎样做到举止得体，这些儿童的行为举止也因此一天天得到改善。在这些修女中，有许多原来是贵族出身。这些人回忆起她们过去在上流社会中的行为方式，并把它们教给这群求知欲极强的儿童。这些儿童学习像王子一样用餐，而当他们做侍从时，又表现得像艺术大师一样认真细致。虽然他们失去了对食物的自然欲望，但是他们因为获得了新知识和能够准确严谨地执行各种活动而感到高兴。渐渐地，他们恢复了原有的胃口，也能很快入睡了。在这些儿童身上发生的变化给人留下了深刻的印象。我们可以看到，他们四处奔跑、跳跃，或者在花园里运东西，或者把家具搬到房子外面摆放在树下，并且既没有损坏家具，也没有碰撞到其他东西。自始至终，他们的脸上都洋溢着欢乐和幸福。

也就是在那个时候，有人第一次在儿童身上使用了“皈依”这个词。意大利当时最著名的一位作家评论说：“这些儿童让我想起了皈依者。儿童的这种皈依征服了忧伤和沮丧，将一个人的生活提升到一个更高的层面，因此没有什么皈依比这种皈依更为神奇的了。”

虽然这种表述有些自相矛盾，但“皈依”这个概念还是在许多人心里留下了深刻的印象。皈依看似与儿童那种天真无邪的状态有些对立，然而，这个词强调的是对所有人来说都一目了然的，在儿童身上所发生的那种引人注目的精神上的变化。这些儿童经历了一种精神上的重建，摆脱了悲伤和被遗弃的阴影，得到了一种新生的快乐。

如果我们将罪恶和悲伤看作对一种较为完美状态的远离，那么对这种较为完美状态的恢复也就是皈依。于是，罪恶和悲伤就会被快乐所取代。

这些儿童是真正的皈依了。他们从一种悲伤的状态转变为快乐的状态。他们摆脱了许多根深蒂固的缺陷。但不仅如此，他们身上一些受到人们普遍重视的特征也消失了。他们用一种让人炫目的方式表明，人类已经犯了错误，必须得到彻底更新。这种更新只有在一个人的创造力的源泉中才能被发现。我们学校中这些来自几乎绝望境地的贫苦孩子，如果没有向我们展现这一点，我们就不可能去分辨他们身上什么是善良的，什么是邪恶的，因为在成人的心目中这些都是早就已经确定的了。成人是根据儿童对成人生活环境的适应情况来衡量儿童的善良的，反之亦然。由于这种错误的观念，儿童的自然本性被掩盖了。成人不再能够认识到什么对儿童是有益的，也无法看到儿童身上自然所赋予他的善良本性。

21. 被宠坏的儿童

另一类生活在不寻常社会条件下的儿童是来自富裕家庭的儿童。人们很可能会认为，教育这类儿童要比教育我们第一所“儿童之家”中的贫寒子弟或墨西拿地震中幸存下来的孤儿容易得多。但是这些儿童是如何皈依的呢？这些来自富裕家庭的儿童像他们的家庭一样，被社会所能提供的奢侈品包围，而且他们似乎乐于享受特权。但是，只要引用来自欧美国家一些教师的经历就足以说明问题了。这些教师和我谈了他们接触这些儿童时的最初印象，并向我描述了这些儿童在抵制我们的教育观念时所带来的困难。

这类来自富裕家庭的儿童，不会被花园中的小径、美丽的花朵和绚丽的环境吸引。对于那些令贫困家庭儿童着迷的东西，他们也没有任何兴趣。因此，他们的教师感到很迷茫和灰心丧气，因为这些儿童不会挑选那些本应能满足他们独特需要的物品。

如果儿童来自贫困家庭，那么对于提供给他们的物品，他们通常会迫不及待地跑过去玩。但如果儿童来自富裕家庭，并且他们已经玩腻了各种精美的玩具，那么对于提供给他们的刺激，他们极少会立即做出反应。G小姐是一位美国教师，她从华盛顿给我写了一封信，内容如下：“这些儿童会互相从对方手里抢夺教具。如果我试图给其中一个儿童示范某样教具，其他儿童就会丢下手中的教具，然后吵吵闹闹地围到我身边。当我讲解完一个教具之后，他们就都去抢夺这个教具。他们对各种材料并没有表现出真正的兴趣。他们玩了这个又丢掉那个，从未留恋过任何一个教具。其中，有一个儿童根本不能待在同一个地方，以致他坐在那里的时间都不足以让他用手摸遍提供给他的那些教具。在很多情况下，这些儿童的活动都是无目的的：他们在房间里到处乱跑，毫不在意所造成的损坏。他们撞倒了桌子，弄翻了椅子，踩到了提供给他们的材料。有时，他们会在某个地方开始工作，然后又跑开了，捡起另一个教具，接着又随意把它扔到一边。”

D小姐从巴黎给我写信说：“我必须承认，我的经历让我感到很沮丧。这些儿童无法将注意力集中在一件任务上超过几分钟的时间。他们缺乏主动性，也没有持久性。有时，他们就像一群羊一样，相互跟来跟去。当一个儿童拿起一个教具时，其他人也想要拿这个教具。有时，他们干脆就在地上打滚，把椅子都弄翻了。”

以下这个简要的描述来自罗马一所招收富裕家庭儿童的学校：“我们主要关注的是纪律问题。这些儿童在工作时乱搞一通，并且还拒绝接受指导。”

不过，以上叙述的情况后来都有所改善。

G小姐继续写信来讲她在华盛顿的经历：“几天之后，这个由旋转粒子组成的星云群（那些不守秩序的儿童）开始显现出一种确定的形状。看起来，这些儿童开始自己指导自己了。他们对于那些他们原本认为很愚蠢的玩具也开始感兴趣了。由于有了这种新的兴趣，他们开始独立行动。让一个儿童全神贯注的教具，对于另一个儿童来说可能完全没有什么吸引力。每个儿童都在追寻他自己的兴趣。”

“当一个儿童找到了能自然地激起他强烈兴趣的某样东西、某个特别的教具时，我们就最终赢得了这场战争。有时候，儿童的这种热情是突然产生的，毫无预兆。曾经，我几乎用尽了学校里的各种不同教具，试图激起一个儿童的兴趣，但丝毫不能引起他的注意。之后，我偶然间给他看了两块板子，其中一块是红色的，另一块是蓝色的，要他注意这两种不同的颜色。没想到他立刻将手伸了出来，好像他一直就在焦急地等待它们被拿来一样，并且他在那一节课上学了五种颜色。在随后的几天里，他拿起了以前他嗤之以鼻的各种教具，并逐渐地萌发了对这些教具的兴趣。”

“有一个儿童，起初他的注意力只能维持极短的时间。后来，他对供他使用的一个被称之为‘长度’的最复杂的教具产生了兴趣，从而摆脱了这种混乱的状态。他整整一周都在玩这个教具，并学会了数数和做简单的加法。接着，他又开始玩那些较为简单的材料，变得对这一教育体系中的各种教具都感兴趣了。”

“一旦儿童发现了某种能让他们感兴趣的东西，他们就能克服注意力的不稳定性，学会专注。”

G小姐还就儿童的个性觉醒做了如下描述：“有一对姐妹，一个3岁，一个5岁。3岁的妹妹没有自己的个性，她什么都仿效姐姐。如果姐姐有一支蓝色的铅笔，妹妹就一定也要得到一支蓝色的铅笔，否则她就会不高兴。如果姐姐吃抹了黄油的面包，那么妹妹除了抹了黄油的面包外，其他什么都不吃。诸如此类的事情还有很多。妹妹对学校里的任何事情都不感兴趣：她只是一直跟在姐姐后面转悠，模仿她做的每一件事情。然而，有一天，她突然对红色的立方块感兴趣了。她搭建了一座塔，并多次重复这项练习，完全忘记了她的姐姐。这让她的姐姐感到很困惑，于是姐姐就喊妹妹并问道：“我在搭圆圈，而你为什么在搭塔啊？”就在那一天，这个小女孩获得了自己的个性并开始发展，不再只是姐姐的翻版了。

D小姐描述了一个4岁的女孩，这个女孩完全做不到端一杯水而不把水溅出来，即使杯子里只有半杯水。因此，她特意避开做这件事。但是，在她成功地完成自己感兴趣的另一项练习后，她就能开始毫无困难地端水了。她全神贯注地为正在画水彩画的小伙伴们送水，而且能做到一滴水都不溅出来。

一位澳大利亚的教师向我们报告了另一件很有趣的事。在B小姐的学校里有一个小女孩，她不会说话，只能发出一些模糊的声音。她的父母很担心，就带她去看医生，想知道她是否智力发育迟缓。有一天，这个小女孩对立体的镶嵌物感兴趣了，她花了很多时间将木制的圆柱体从它们的孔里取出来，而后又放回去。她怀着强烈的兴趣，如此这般重复了一遍又一遍之后，就跑到教师跟前说：“你来看！”

D小姐继续向我写信说：“在圣诞节后，班里发生了巨大变化。我没有进行任何干预，班级秩序似乎就自己建立起来了。这些儿童似乎因为太专注于他们的工作而不再像以前那样漫无目标地做事了。他们会主动走到柜子前，拿取那些以前让他们感到很厌烦的教具。教室里有了一种工作的氛围。那些之前只是因为一时冲动才选择教具的儿童，现在已经表现出对一种内在约束的需求。他们把自己的精力集中在一些艰难的任务上，并在克服困难后体验到一种真正的满足感。这些宝贵的努力，对他们的性格产生了直接的影响。他们成为了自己的主人。”

给D小姐留下深刻印象的一个例子，是关于一个4岁半的小孩的。这个孩子具有异常丰富和活跃的想象力。当给他一件教具时，他不是去留意它的形状而是立即将它拟人化，把它想象成和他一样的人。他滔滔不绝地说话，无法把自己的注意力集中在教具上。因为老是走神，所以他在动作上就表现得很笨拙，甚至连一颗纽扣也系不上。突然间，有某种神奇的东西降临到他身上。“我对他的变化感到惊讶不已。他做了一项练习后又接着做另一项，也因此让自己安静下来了。”D小姐写道。

在我们拥有一个固定而明确的方法之前，这些办学的教师的经历被无止境地重复着，但它们基本上都相同。在被睿智而慈爱的父母监护的几乎所有幸福儿童的生活中，我们或许都可以发现相似的事情和相似的困难，尽管程度没有那么严重。物质上的富裕会带来精神上的贫乏，这也说明了为什么耶稣基督的话如此一语中的：“赐福给那些精神贫乏的人吧！……赐福给那些悲哀的人！”

但是，所有的人都受到了召唤，而且他们只有克服了各自的困难，才能响应这个召唤。因此，“皈依”现象属于童年。问题在于，这是一个迅速甚至有时是瞬间的变化，并且这种变化总是出于同一原因。儿童的皈依，是在儿童把自己的活动集中在一项有趣的任务的前提下发生的。否则，这样的例子我一个也举不出来。以这种方式发生的皈依有很多种。神经质的儿童变得平静了，感到压抑的儿童重新获得了活力，所有的人都循着这条道路前行，并通过一种内在力量的外部展示取得进步，而这种内在力量也已经找到了一种表现方式。

这些已经取得的成绩具有爆发式的特点，能预示儿童以后的发展。它们好比儿童长出的第一颗牙齿或迈出的第一步。儿童长出第一颗牙齿之后，就会有其他的牙齿长出来。儿童迈出第一步之后，接着就能开始走路了。

我们的学校在世界各地的普及已经表明，儿童的皈依是一种普遍现象。儿童的许多孩子气的特征消失了，转而被其他的一些特征取代。在儿童教育方面最初所犯的一个错误，可能会成为儿童今后心理生活中无数畸形的根源。

正　常　化

在儿童皈依的过程中，我们需要特别注意的是儿童的心理治愈问题，即使他恢复到正常的状态。实际上，正常儿童的特点表现为：智慧早熟，已经学会克制自己，能平静地生活，以及喜欢有秩序的工作而不愿无所事事。当我们从这个角度来认识儿童时，我们将儿童的“皈依”称为“正常化”会更为合适。人的真正本性隐藏在他自身里面。对于这种人在被孕育之时就已具有的本性，我们必须承认它并允许它发展。

但这种解释并不能消除儿童皈依的现象。即便成人也能用同样的方式皈依，但这种变化是如此的困难，以致它无法再被看作对人性基本元素的简单恢复。

在儿童身上，正常的心理特征很容易就能形成。那时，所有偏离正常的心理特征就都消失了，正如一个病人恢复了健康之后，所有生病的症状就都消失了一样。

如果我们从这个角度来观察儿童，那么，我们就会更为频繁地认识到，即使在一种恶劣的环境中，儿童的正常化也会自然而然地发展。尽管这些正常发展的迹象因为没有得到成人的认同或帮助而被否定了，但是它们依然作为生机勃勃的力量而得到恢复，并引领儿童跨越各种障碍，迈向成功。

我们甚至可以这么说，这种使儿童正常的力量就像是耶稣基督的声音，它教导我们要宽容，不是7次，而是77次。尽管受到成人的压制，但儿童从他的本性深处不断地原谅成人，并努力使自己成熟起来。儿童正不断地跟压抑其正常发展的各种力量做斗争。

22. 教师的精神准备

如果教师认为只靠他一个人研究就能为自己的使命做好准备，那就错了。对教师的首要要求，就是他要能正确地处理他的工作。

我们观察儿童的方法极其重要。所以，仅仅具有教育的理论知识是不够的。

我们坚持认为，教师必须系统地认识自己，这样才能从内心做好准备，从而清除自己根深蒂固的缺点，因为这些缺点实际上会妨碍他与儿童的关系。为了发现我们内心深处这些潜意识的缺点，我们需要一种特别的指导。我们需要像别人审视我们那样审视自身。

这就等于说，教师必须具有主动精神。他首先必须研究自己的不足之处和自己的不良倾向，而不是一味紧盯着儿童的倾向和如何纠正儿童的错误，甚至是关注“原罪的影响”。教师首先要清除自己眼中的沙粒，之后才能清楚地知道怎样消除儿童眼中的尘埃。

教师所做的这种内在准备，与宗教所追求的“完美”是截然不同的。一位好教师不一定没有过错和不足。事实上，一位致力于追求自己内心完美的教师，可能不会注意到那些妨碍他理解儿童的各种缺点。如果我们想要成为有效的教师，我们就必须接受培训，并愿意接受指导。

正如医生向病人透露他所患的疾病一样，我们也应该向未来的教师指出什么样的缺点将会妨碍他的工作。比如，我们告诉他们：“愤怒是一个很大的罪恶，它会左右我们，并致使我们无法理解儿童。”正如罪不单行，愤怒也会引发另一种罪恶——傲慢，而它往往披着善良的外衣。

我们可以通过两种不同的方式来克服我们的不良倾向：一种是内在的方式，另一种是外在的方式。第一种方式是与我们所意识到的缺点做斗争，第二种方式是压制我们不良倾向的外在表现。外在地遵循既定的行为准则是很重要的，因为这会促使我们反思，并让我们认识到自己的过错。尊重身边人的意见会帮助一个人克服傲慢态度；经过整治的环境会减少一个人的贪欲；别人的强烈反应会制止一个人的愤怒情绪；为了生活而去工作的需要会战胜一个人的偏见；社会习俗会制止一个人的散漫行为；获得奢侈品的困难会减少一个人的浪费；保持尊严的需要会消除一个人的嫉妒。所有这些各种各样的外在因素都会对我们的内在生活产生持久和有益的影响。社会关系有助于保持我们的道德平衡。

我们服从社会压力的目的，并不像我们服从上帝的目的那样纯粹。即使我们很愿意承认我们需要纠正我们所意识到的自身的错误，我们也不会那么容易地接受被别人纠正所带来的羞辱。因此，我们宁愿犯错误也不愿意承认错误。当我们不得已进行纠正时，我们本能地想要挽回面子，并自欺欺人地说，当时那么做也是迫不得已。这一点，可以在我们撒的小谎言中得到证明。比如，当我们得不到想要的东西时，我们会说："反正我也不想要。"这是我们对外在阻力的本能反应。我们没有试图从内在完善自己，而是继续抗争下去。不过，正如在其他战斗中一样，我们不久就发现，仅靠个人的努力是不够的，我们还需要其他人的帮助。那些具有同样缺点的人会本能地相互帮助，在携手互助中找到力量。

我们以崇高的和不可推卸的职责为幌子来掩盖自己的缺点，正如在战争时期，侵略者会把攻击性武器描绘为保卫和平的手段一样。抵制我们缺点的力量越弱，我们就越容易为自己找到借口。

当我们因为犯了错误而被批评时，我们很自然地就会辩解。但是，实际上，我们不是在保护自己，而是在保护自己的错误，把它们隐藏在所谓的"美"、"需要"和"共同利益"等的面具下面。我们也就渐渐地说服了自己，把我们明明知道是错误的东西当作真理。这种错误时间越长，就越难以纠正。

教师以及所有关注年轻一代教育的人士，都应该使自己从这种错误的境地中解放出来，因为这些错误会削弱他们的地位。他们应该竭力使自己摆脱那些由傲慢和愤怒组成的基本缺点，并能够看到它们的真相。愤怒是一种主要的缺点，不过，它常常被包裹在傲慢的外衣下面，这样它就拥有了一定的尊严，甚至还要求得到尊敬。

但是，愤怒是一种罪恶，它会遭到我们周围人的迅速抵制。审慎的态度能控制愤怒情绪。因此，成功战胜自己的人，最终会对自己发脾气的行为感动羞愧。

然而，当我们与儿童交往时，就完全是另一回事了。他们不理解我们，不能保护自己免受我们的伤害，对我们言听计从。他们不仅会接受我们对他们的虐待，而且当我们责怪他们时，他们还会感到内疚。

教师要时常仔细思考儿童所处的困境。儿童无法用自己的理性去理解不公平，但是他能够感觉到某些事情不对劲儿，并因此而变得心理压抑和畸形。对于成人的恶意或疏忽，儿童潜意识的反应表现为怯懦、撒谎、出格行为、无缘无故哭闹、失眠和过度恐惧，因为他们还无法用理性理解自己心理压抑的原因。

起初，愤怒会导致一定程度的身体暴力，但是愤怒也会通过一些更为微妙和优雅的方式表现出来，从而掩盖了它的真正特征。对儿童发怒时，成人最简单的表达方式就是对儿童的反抗感到恼怒，但它不久就与傲慢混淆在一起；当儿童稍微想要表达自己时，这种发怒就会演变成为某种专制的行为。

专制排斥讨论，而专制的人被一堵由公认的权威砌成的墙围得密密实实的。成人凭借被认可的自然权力支配儿童。对这种权力提出质疑，就相当于对一种神圣主权的侵犯。在一个原始的社会里，如果暴君代表上帝，那么，成人对儿童来说就是神。他是不容别人置疑的。因此，儿童必须保持缄默，使自己适应一切，而不是抗命不从。

即使儿童真的表露出一些抗拒行为，但它们也不是对成人行为的一种直接或是有意的回应。那只不过是儿童为了保护自己心理健全而做的必要防卫，抑或是对压迫的无意识反应而已。

随着时间的推移，儿童逐渐学会怎样对成人的专制做出直接的回应。但是，到了那时，成人也已经学会了用一种更为微妙的方式去制服儿童，并让儿童相信专制也是为了他们好。

儿童对长者应有敬重之心，但成人主张他们有权利评判儿童，甚至冒犯儿童。出于自己的便利，他们指引甚至压制儿童的需要。儿童的抗议则被认为是危险的和不可容忍的行为。

在这种情形下，成人的心态如同古代的统治者：他们从臣民那里强征贡物，而不允许臣民有上诉的权利。那些认为应该把自己的一切都归功于成人的儿童，就像那些认为自己拥有的一切都是国王恩赐的臣民一样。但是，成人难道不应该为这种心态负责吗？他们摆出一副创造者的姿态，傲慢地认为凡是涉及儿童的事，他们都责无旁贷。他们认为是自己使儿童变得善良、虔诚、智慧，使他们能与周围的环境、人和上帝接触。为了使这幅画面显得更为完美，他们拒绝承认自己在施行专制。是啊，专制者难道还会承认他们在对他们的臣民巧取豪夺吗？

根据我们的教育体系，要想成为一名教师，就必须自我反省，摈弃这种专制的心态。他必须从内心里消除傲慢与愤怒情绪。他必须学会谦卑，学会以仁爱之心待人。这些都是作为一名教师所必须具备的美德。这种内在的准备能使他得到一种平衡和自信，而这是一名教师所需要的。

另一方面，这并不意味着我们要完全摈弃对儿童的评判，不意味着我们要同意儿童所做的一切，也不意味着我们应该忽视儿童的心智和情感的发展。相反，作为一名教师，绝不能忘记自己是一名教师，肩负着教育儿童的使命。

但是，即便如此，我们还是应该保持谦卑的心态，要根除潜伏在我们内心的偏见。我们不应抑制那些有助于我们教学的品质，但我们要阻止那些成人所独有的内在态度，因为这些态度有碍于我们对儿童的理解。

23. 心理畸形

经验表明，正常化使得儿童的许多品质消失了。这不仅包括那些被认为是缺点的品质，还包括那些常被看作优点的品质。在这些消失的品质中，不仅仅有邋遢、不服从、懒散、贪婪、自私、好争吵和不稳定，还包括所谓的“创造性想象”、喜欢故事、对个别人的依恋、玩耍、顺从等。此外，还包括经过科学研究并被认为是儿童期特有的品质，如模仿、好奇、反复无常和注意力不集中。这些儿童品质的消失，表明了儿童的本性至今未被了解。更惊人的是，这个事实是普遍存在的。但这并不是一件全新的事情，因为从很早的时候起，我们就已经认识到人类具有双重本性。第一种本性是在人被创造时就被赋予的。第二种本性来自人的原罪，是违背了上帝的法则所致。因为这种堕落，人类就被剥夺了早前所拥有的福分，而只能受环境和自己心理幻觉的支配。这种原罪的说法，有助于我们理解儿童身上所发生的事情。

一个人可能会被某种本身很小的东西引入歧途。这种东西披着关爱和帮助的外衣，在不为人所知的情况下发挥作用。但实际上，这种情形是成人的盲目所致，并且成人这种无意识的以自我为中心对儿童产生了极其恶劣的影响。然而，儿童也在不断地脱胎换骨。他们自身就有一个未被破坏的发展路径，使他们能够遵循着这条路径正常地发展。

如果儿童恢复了正常，在自然的状态下，我们就会看到这样一种独特的因素，即儿童会专注于从事一些能使他与外部现实联系起来的身体活动。我们也许可以得出这样一个结论：儿童所有的心理畸形都有一个原因，即儿童在自己的成长时期，其潜能本应通过实体化的过程得到发展，但由于他遭遇了恶劣的环境，致使他与生俱来的发展路径不能得到实现。

神　游

我们可以将实体化的概念作为一种指导，用来解释心理畸形的性质。心理能量必须在活动中得到实体化，这样才能使一个人的人格得到统一。如果无法实现这种统一，无论是由于成人占支配地位还是由于儿童在其所在环境中缺乏动力，那么，心理能量和活动这两个组成因素就会各自发展，进而导致“人被分裂了”。由于从本质上来说，没有一样东西会被创造或者消灭，因此，儿童的心理能量要么按它应有的方式发展，要么沿着错误的方向发展。通常当这些心理能量失去了目标而随意漫游时，就产生了心理畸形现象。此时，本应是通过自主的身体活动建构起来的心灵，便陷入了幻想之中。

当漂浮不定的心灵找不到可以工作的对象时，它就会沉溺于图像和符号之中。受到这种心理失调折磨的儿童，会坐立不安地四处游荡。他们显得很活泼、停不下来，却毫无目的。他们着手做某件事情后不久就把它丢下了，因为他们的心理能量同时指向许多不同的对象，而无法固定在任何一个对象上面。对于这些心理失调的儿童所表现出来的出格和任性的行为，无论成人是惩罚还是容忍，实际上都是在支持和鼓励儿童的幻想，并把他们的幻想解读为儿童心理的创造性倾向。福禄贝尔发明了许多游戏来鼓励儿童在这些活动中发展自己的想象力。儿童将积木用不同的方式组合，搭成了马、城堡或火车，而后在成人的指导下去观察自己的作品。对于任何一件物品，儿童的想象力都能赋予其一种象征性的意义，但是这样在儿童的心里就产生了一种幻想。比如，一个旋钮变成了一匹马，一把椅子变成了一个宝座，一块石头变成了一架飞机，等等。大人把玩具送给孩子玩，但是这些玩具会让儿童产生幻觉，并且无法让儿童与外界现实建立真实和有意义的联系。玩具为儿童提供了一种没有特定目的的环境，因此，它们无法让儿童在心理上真正专注，只能给儿童幻觉。玩具能激起儿童的活动，就像一股空气能吹起掩藏在余烬下的小火焰一样。但这火焰不久就熄灭了，玩具很快也就被弃置一旁了。可是，成人为儿童的自主活动所能找到的唯一展现方式就是让他们玩玩具，并且成人认为儿童会在玩具中找到他们的幸福。

尽管儿童很快就玩腻了他们的玩具并把它们弄坏，但成人的这种信念依然存在。当成人很大方地将这样的礼物给予儿童时，他们会被认为是很仁慈和慷慨的。玩玩具是这个世界赋予儿童的唯一自由，但儿童应该在童年期这一宝贵的发展阶段为今后更高级的生活奠定基础。这类“分裂”的儿童虽然缺乏秩序感、整洁性和纪律性，但被认为聪慧过人，在学校里面尤其如此。

在我们为他们提供的环境中，我们发现这些儿童马上就投入到了某些工作中。他们不再想入非非，也不再坐立不安，他们平静地面对现实，开始通过工作完善自己。他们变成了正常的儿童。他们原本漫无目的的行动变得有了方向。他们的四肢成为了他们的心灵渴望了解和探索外界现实的工具。现在，他们对知识的探求取代了他们漫无目的的好奇。精神分析学家运用一种出色的洞察力，将儿童想象力的异常发展和对游戏的过度热衷描绘为“心灵的神游”。

神游是一种逃避，是寻求庇护的一种表现。遁入游戏之中或逃入幻想世界常常掩盖了一种已经分裂了的心理能力。它代表了儿童自我的一种潜意识的防御，使他想要逃离苦难和危险，将自己隐藏在一个面具的后面。

障　　碍

教师发现，极富想象力的儿童并非像人们所期望的那样在学习上表现得最好。相反，他们所获甚少或一无所获。尽管如此，但是仍然没有一个人怀疑这些儿童的心理已经偏离了正轨。人们反而认为，这些儿童只是无法把自己巨大的创造性智慧用在实际的事务上而已。然而，心理畸形的儿童是无法控制自己的想法或发展自己的心智能力的。这个事实清楚地表明，这样的儿童不太聪明。当儿童的心理遁入幻想的世界时，当他丧失了勇气或退缩到自己的世界中想要逃避时，他的心智能力就会被减弱。和正常化之后的儿童相比，一般儿童的平均智力水平要低一些。由于他们的心理能力被误导了，他们就像骨折的儿童一样，需要特别的照料才能恢复身体的健康。但他们并没有得到矫正心理失调和促进智力进一步发展所需的精心照料，相反经常被恐吓。对于一个已经偏离了正轨的心灵，是不能采用强制的方法去矫正它的；否则，任何这样的尝试，都会引发反叛的心理。

我们通常所看到的心理防御其外在表现为萎靡不振和抗拒，但儿童的这种心理防御并非如此。相反，它是一种完全不受意志控制的心理防御，会潜意识地阻碍儿童接受和理解来自外界的观念。

精神分析学家将这种现象描述为“心理障碍”。作为教师，要能够识别这种障碍。它就如同一层面纱罩在儿童的心理上，使得儿童的反应日渐迟钝。通过这种防御机制，儿童的心灵无意识地说道：“你说吧，但是我不听。你不停地重复地讲，但我就是不听。因为我在忙于竖起一堵墙把你挡在外面，所以，我没时间构建自己的世界。”

这种持续时间很久的防御使得儿童的行为看似失去了他自己的天赋能力。这就已经不再是一个善意或恶意的问题了。事实上，面对遭受这种心理障碍折磨的儿童，教师会认为他们的智力低于平均水平，自然也就认为他们不能掌握诸如算术和拼写等科目的学习内容。

如果聪明的儿童对许多科目的学习乃至所有科目的学习都存在心理障碍，那么，这些儿童就会被看作是愚蠢的。如果他们在同一年级留级几次，他们就会被认为智力发展迟缓。通常，心理障碍并不是唯一的障碍。儿童还会被各种外在的防御围绕，精神分析学家把这种防御称为“抵触”。儿童起初只是对某一特定的科目感到抵触，而后是对一般科目的抵触，再之后是对学校、教师和其他儿童的抵触。此时，儿童心中已不再有关爱和热诚。他们最后变得害怕学校，并且逃避上学。

通常，个体会终身带着他在童年时期形成的某种心理障碍。其中一个例子，是许多人一生都会对数学学习有抵触心理。他们不仅是学不会数学，而且只要一提到数学，他们的内心就会出现一种障碍，让他们感到焦虑和厌烦。对于其他科目来说，也可能有类似的情形发生。我曾经认识一个十分聪明的年轻女士，但就她的年龄和背景而言，她在拼写方面所犯的错误令人难以置信。她试图改变这一缺点的任何努力都被证明是无济于事的。她越是练习，错误越是成倍地增加，即便是诵读经典著作也毫无用处。但是，有一天，让我完全意外的是，她写的字既漂亮又正确。虽然我无法在这里详细阐述这件事，但有一点很清楚，她一定是找到了表达自己的正确方法。然而，曾有一种神秘的力量抑制了她的这种能力，以致她过去的拼写错误连篇。

治　疗

人们可能会问，神游和障碍这两种心理畸形哪种更为严重。在我们规范化的学校里，像上述提到的沉浸于游戏或幻想的神游，被证明是较易治愈的。通过一个比较，我们就能找到其原因所在。如果一个人逃离了某处，那是因为他在那里没有找到他想要的东西；但是，如果那个地方的环境发生了变化，那么他就会回来。

事实上，在我们的学校里最常看到的一种现象就是，无序的和有暴力行为的儿童迅速地发生了转变。他们似乎瞬间就从遥远的国度回来了。他们不仅改变了无序的工作习惯，而且通过获得内心的平和与满足而发生了更为深刻的变化。心理畸形也随之烟消云散了。儿童经历了一种自然的转变，但如若他们没有摆脱心理畸形，这些畸形将会伴随他们终身。许多看似具有丰富想象力的成人，实际上对他们周围的环境只有一些模糊的感觉，并被他们自己的感觉印象支配。这些人以富于想象力的气质而著称，他们没有秩序感，只对光线、天空、颜色、花朵、景色和音乐赞美不已。他们拥有一种既多愁善感又充满浪漫情怀的人生观。

他们赞美光线，但不能深刻地了解光线，进而真正地热爱它。即便是激发他们灵感的星辰，也无法使他们的注意力维持足够长的时间，以便使他们对天文知识有最起码的了解。他们具有艺术气质，但没能制作出任何一件艺术作品，因为他们缺乏学习任何技艺的耐性。通常，他们并不知道自己的双手可以用来做什么。他们既无法让双手保持安静，也无法使用双手去工作。他们会很兴奋地碰触东西，并且常常把东西损坏。他们会心不在焉地把自己赞美的花拔起。他们既不能创造任何美丽的东西，也无法使自己的生活幸福起来。他们不知道怎样发现这个世界的诗意。如果没有人助他们一臂之力，他们就会迷失自己，因为他们把失败和缺点当作完美的标志。这些源于人的早期的缺陷，稍有不慎就会发展成为严重的心理疾病。人的早期是一个人最感困惑的时候，也是一个人的发展之路受阻将会导致心理畸形的时候，而这些畸形最初是觉察不到的。

另一方面，障碍是很难克服的。即便对于幼儿身上的障碍来说，也是如此。儿童在心里建立一堵墙，将内心世界封闭和隐藏起来，以此作为对外界的防御。由于儿童的心灵与成为他幸福之源的整个美丽的外部世界时常处于相互隔离的状态，因此，儿童只能在自己的舞台上唱独角戏。对于自我孤立的人来说，对知识的追求、对科学与数学奥秘的探索、音乐的欣赏等都是他的“敌人”。他的天赋能力被引入歧途，这样一切能激发他兴趣和热爱的事物就都变得黯淡无光并被隐藏起来了。学习没能成为儿童存身立世的工具，反而导致了儿童的疲倦和对世界的抵触情绪。

“障碍”是一个暗示性很强的词。它让我们想起，人们在具有真正的卫生知识之前用来预防传染性疾病的方法。无论男女，人们都避免接触新鲜空气、水和阳光。他们把自己禁锢在密不透光的墙体后面。无论白天还是黑夜，他们都紧闭窗户，尽管这些窗户已经小到通风不畅。他们用厚厚的衣服将自己包裹得紧紧的，一层又一层，像洋葱一样，这样就可以阻止空气清洁皮肤上的毛孔。他们的生活环境是对他们生命本身的一种真正的阻碍。

此外，社会上的某些现象也会让我们想到障碍。为什么人们要彼此之间孤立起来呢？为什么每个家庭都带着一种冷漠和抵触的心态而与其他家庭不相往来？一个家庭将自己孤立起来，并不是为了能够在自己的家庭圈子内寻找乐趣，而是为了将自己和其他家庭分离开来。因此，在家庭之间建造墙不是为了保护爱。家庭间的防御之墙是封闭的，也是难以穿越的，它比家庭居住的房屋的围墙还要牢固。这些防御之墙因此将人们划分为不同的社会等级和民族。

民族之间的障碍并不是为了将一个统一的、同质性的族群和另外一个族群隔开，并使之得到自由和保护而设置的。相反，对隔绝和防御的期盼加深了不同民族之间已有的障碍，阻碍了人员之间的交流与商品之间的交换。

如果文明是通过人们相互间的物质交换和思想交流而得以发展的，那么，上述民族之间缺乏信任的原因是什么呢？有没有可能是这样一种原因，即这些民族因为曾经遭受过苦难和暴力行为而产生了心理障碍呢？痛苦和忧伤已深入这些民族的人们的骨髓。他们所遭受的创伤是如此的深重，以致他们的生活都退避到比以往任何时候都更可怕、更牢固的障碍之后了。

依　　附

有些儿童天性是那样的害羞而孤僻，以致他们的心理能力很弱，完全无法抵御成人的影响。因此，他们将自己依附于一位年长者。这位年长者倾向于用自己的活动来代替儿童的活动，导致这些儿童变得对他极度依赖。这些儿童并没有意识到自己缺乏生命的活力，很容易落泪。他们凡事都抱怨。他们显出一副正在遭受痛苦的样子，因此被人们认为是敏感的和脆弱的。他们总是感到很厌烦，然而他们自己并没有意识到这一点。他们会求助于成人，因为他们无法靠自己的力量摆脱这令人压抑的厌烦。他们依附于别人，似乎他们就靠别人活着。他们请求成人帮助他们，要求成人和他们一起玩，给他们讲故事、唱歌，还要求成人永远不离开他们。与这样的儿童在一起，成人变成了他们的奴隶。即便成人与儿童彼此之间相互理解并有深厚的感情，但他们也陷入了同一境地。这样的儿童总是不停地问“为什么”，好像他们很渴求知识似的。但如果我们仔细观察就会发现，他们并没有注意听成人的回答，而只是不断地重复提问。儿童所表现出来的看似强烈的好奇心，其实只是他们想要将那个能为他们提供支持的人留在身边的一种手段。

他们很容易就放弃了自己的活动，对成人唯命是从。对于这类性格温顺的儿童，成人发现很容易就能用自己的意志来代替他们的意志。但是，这里存在一个巨大的危险，即这种情形将导致儿童陷入一种冷漠的状态中。儿童对事物的这种冷漠会被当作懒散或懒惰。

成人对于这种状况喜不自胜，因为这样这类儿童就绝对不会成为他自己活动的障碍了。但是，这种状况只会加重儿童心理畸形的程度。

懒惰其实是一种精神疾病。它就好比一个身患重病的人身体虚弱一样。它是活力和创造力衰退的外在表现。基督教认为懒惰是七大罪恶之一，是一种会导致灵魂死亡的罪恶。

在没有意识到这一点的情况下，成人通过自己毫无益处的帮助和暗示性的影响去代替儿童，进而阻碍了儿童的心理发展。

占　有　欲

无论是幼小的婴儿还是正常化的儿童，他们都有一种使用他们各种天赋才能的自然倾向。他们不是漠视周围的环境，而是深深地热爱着它。他们就像饥肠辘辘在搜寻食物的人一样。然而，为了满足身体的需要而渴望得到食物，这并不是理性的产物。比如，我们不会说：“我好久没吃东西了。如果我不吃东西，我就不能保持体力，甚至无法存活。因此，我必须要找到一些有营养的食物吃。”不，饥饿应该是一种痛苦，它不可抵挡地驱使我们去寻找食物。儿童对他的环境也有一种类似的饥饿感。他在探寻能滋养他心灵的东西，并在活动中找到了这种滋养品。

让我们像新生儿喜爱乳汁一样，喜爱这种“心灵上的滋养”吧！这种驱动力，即这种对环境的喜爱，是人类与生俱来的。但是，说儿童充满激情地喜爱他的环境，这是不正确的，因为激情具有冲动性，而且转瞬即逝。相反，应该将这种驱动力描述为一种“感受生命”的动力。促使儿童喜爱他的环境的这种驱动力，使得儿童不停地活动。这种能使其生命燃烧的火焰，就好比空气中的氧气在身体内所产生的热量。一个充满活力的儿童给人留下的印象是这样的：他生活在一个适宜的环境里，即生活在一个有助于他自我实现的环境里。如果一个儿童缺乏这样的环境，他的心理就不能得到发展，而是一直处于懦弱、乖戾和与世隔绝的状态。这样的儿童会变得让人难以捉摸。他们会显得无助、无能、乏味、任性、不合群。

活动有助于儿童的发展，但如果儿童找不到能引发活动的刺激，他们就会仅仅被一些“东西”吸引，并渴望占有它们。把东西拿过来后再收藏起来是很容易的，并不需要知识和爱。儿童的心理能力就这样被转移到了另一个方向。这样的儿童在看到一块金表时，即便他还看不懂上面的时间，也会说：“我想要。”但是，另一个儿童也会马上大声叫道：“不，给我。”此时，他们准备为了这块金表而大打出手，不会去顾及这样做可能会把金表毁坏。人们最初就是通过这种方式相互竞争的，并因此毁坏了他们想要占有的东西。

实际上，所有的道德偏差都源自在爱和占有之间做选择时所迈出的第一步。一个人一旦做出了选择，就会沿着这两条岔路中的一条走下去。儿童的自然能量就像章鱼的触手一样伸展出去，把他迫切想要的东西抓到并毁掉。一种拥有感使他牢牢地抓住东西，并让他像捍卫自己的生命一样去捍卫它们。强壮而活泼的儿童，通过击退其他也想要这些东西的儿童来捍卫自己的所有。这类儿童由于都想要同样的东西而不断地吵架。这就引发了儿童的痛苦反应——冷酷无情并因为一些鸡毛蒜皮的小事而争吵。成人对这种争吵不能掉以轻心，因为这种情况是儿童心理离紊乱的表现。之所以出现这样的情况，是因为儿童的自然能量偏离了方向。因此，占有欲的根源在于某种内在的罪恶而非外在的对象。

作为儿童道德教育的一部分，我们告诫儿童不要把自己依附在物质的东西上面。这种教育的基础是尊重他人的财产。但是，当儿童达到这一点时，他就已经能将自己和深层的内心生活联系起来了，这就是他为什么渴望转向外物的原因。这种欲望深深地扎根于儿童的心灵之中，可以被看作儿童本性的一部分。

性格害羞且孤僻的儿童也将注意力转到了一些没有价值的物质的东西上。然而，这些儿童是以不同的方式占有这些东西的。他们不爱争吵，通常也不会和其他人竞争。他们更愿意把东西积聚和藏匿起来。他们被认为是收藏家，但是他们不是按照某种分类知识进行收藏的。他们收藏的东西五花八门，彼此之间毫无关联。无论是患有心理疾病的成人，还是行为不良的儿童，他们的口袋里常塞满了各种无用且杂乱的东西，他们对收藏有一种非理性的狂热。性格懦弱且害羞的儿童也会从事相似的活动，不过他们这种收藏东西的习惯被认为是完全正常的行为。如果有人想要夺走这些儿童所收藏的东西，他们会竭尽全力保卫它们。

心理学家阿德勒[1]对于这种收藏的习惯给予了一种有趣的解释。他将这种习惯比作成人的贪婪，而这种贪婪的萌芽在婴儿期就可以被辨认出来。如果一个人对许多东西都紧抓不放，即便这些东西对他毫无用处，他也不愿意放弃，那么这种心态将是一剂致命的毒药，会打乱他的基本平衡。父母很乐意看到孩子们保卫自己的财产。他们把这种行为看作人类本性的一部分，是社会生活的一个重要因素。对于具有占有欲和喜欢收藏的

[1] 阿德勒（Alfred Adler，1870—1937），奥地利精神病学家、心理学家和教育家，早期精神分析学派的三位主要代表人物之一。阿德勒的学说以“自卑感”为中心，提出了追求卓越、心理补偿等重要概念。他一生著述无数，尤其偏重儿童心理学。——中文译者注

儿童，一般人都能给予认同和理解。

权 力 欲

权力欲是与占有欲相关联的另一种心理畸形。当一个人想要支配他的环境时，在这种本能中可以发现一种力量，它使得这个人通过对环境的爱而占有外在的世界。但是，当这种力量沦为贪婪时，它就不再是心理发展的自然结果，而是被引入了歧途。

对于一个不正常的儿童来说，当他感到有一个能支配所有事物的强有力的成人在场时，他就能找到自我。这类儿童意识到，他如果能够借助于成人的力量，就能使自己的力量也变得很强大。于是，他就开始利用成人，这样他的收获就比依靠自己的努力得来的多得多。这种做法是完全可以理解的。它还逐渐影响到所有的儿童，并被他们认为是一件很正常的事情。因此，想要纠正它很难。实际上，这也是儿童常用的一个典型策略。对于一个软弱无助的儿童来说，一旦他发现他能利用另一个有力量的人，他就会这么去做。这是再自然和合理不过的事情了。他开始提出一些成人认为不合理的要求。实际上，他的欲望是无止境的。对于一个想象力丰富的儿童来说，成人是无所不能的，能够满足他最过分和变化无常的愿望。在那些对儿童极具吸引力的神话故事中，儿童的这种想法得到了淋漓尽致的体现。儿童感到，他的模糊愿望在这些虚幻的故事中得到了令人欣喜的描述。故事中的人物从仙女那里得到了人力无法企及的财富和恩赐。仙女有好的，也有坏的；有美丽的，也有丑陋的。无论是在穷人中还是在富人中，无论是在树林里还是在迷人的皇宫里，人们都可以发现仙女的身影。对于生活在成人中的儿童来说，这些仙女其实就是他们想象的投射。在这些仙女中间，既有像他们的祖母般年老的仙女，也有像他们的母亲般年轻美丽的仙女。有些仙女衣衫褴褛，有些仙女则身着丝绸衣服、穿金戴银，就像有些母亲贫穷，有些母亲则衣着华丽极为富有一样。但是，她们都同样宠爱她们的孩子。

与儿童相比，成人无论高矮，都是强有力的人。沉醉在自己梦想中的儿童，开始利用成人。起初，成人看到自己能给儿童带来快乐是满心欢喜的。但是，成人的这种让步随后带来了不幸。成人帮助儿童洗手，但他以后就要为此付出代价。儿童在初尝甜头之后，会变得得寸进尺。成人越是让步，儿童越渴望得到更多的东西。最终，成人这种自己生来就是为了满足儿童愿望的错觉酿成了苦果。因为物质世界是极其有限的，而儿童对物质的需求却是无边无际的，最终二者之间产生了抵触和剧烈的冲突。儿童的任性变成了成人的灾难。成人突然认识到自己错了，说："我宠坏了我的孩子。"

即便是一个顺从的儿童也有自己征服成人的方法。他借助于温情、眼泪、恳求、忧郁的神情甚至是自然的魅力来征服成人。成人可能会对这样的儿童俯首帖耳，直到再也给不出更多的东西。之后，大家就陷入了一种痛苦的状态，而这种状态将导致儿童出现各种心理畸形。成人终于醒悟过来并认识到，自己的行为方式是儿童各种缺陷的根源所在。他开始四处寻求矫正这些缺陷的方法。

但是，我们知道没有什么方法能够矫正儿童的任性。无论是劝诫还是惩罚，都无济于事。这就如同对一个因发烧而神志昏迷的人说"你必须康复，如果你的体温还不下降，我就要打你"一样。是的，成人让步于儿童并不是溺爱儿童。但是当他阻碍了儿童的成长，导致他的自然成长误入歧途时，那就是溺爱儿童了。

自卑情结

成人并没有意识到他们对儿童表现出了一种蔑视。虽然一位父亲可能相信他的孩子是漂亮的、完美的，尽管他也可能以孩子为傲，并把对未来的希望寄托在孩子身上，但是，有一种神秘的力量支配了他的行为，让他表现得好像他认为他的孩子是“一无所知的”和“糟糕的”，进而需要对孩子进行灌输和纠正。成人这种模糊的态度被视为对儿童的蔑视。他将眼前这个弱小的儿童看成自己的财产，并且随心所欲地对待他。他会在孩子面前表现那些他在其他成人面前羞于表现的品质或者个性特征。对此，他并没有觉得有什么不对的。在家里，他的贪婪和专制在父亲权威的掩饰下，不断地伤害儿童的自尊。比如，当一个成人看到一个儿童端着一杯水时，他就开始害怕这个杯子会被摔碎。当他这么想时，他的贪婪就会让他把这个杯子视作一件珍宝，并把它从孩子手中夺过来。这么做的成人可能很富有，而且为了使他的儿子比他自己还富有，他一心想要使自己的财富数倍增长。因此，在那一刻他认为这个杯子比他孩子的活动更有价值，并且设法防止这个杯子被摔碎。他心里想的是：“为什么孩子要用这种方式端杯子，而我用的是另一种方式呢？难道我不能按自己的意愿行事吗？”然而，同样是这个成人，却乐于为他的孩子做出任何牺牲。他梦想着他的孩子能够成功。他希望他的孩子成为名人，有权有势。但是，当看到孩子端杯子的时候，他却被一种独裁和专制的冲动左右，将自己的精力浪费在保护一个微不足道的物品上。事实上，如果一个仆人也像他的孩子那样端杯子，这位父亲只会淡然一笑；如果一个客人把杯子摔碎了，他会立刻宽慰客人说，这个杯子不值什么钱，不必把它当一回事。

因此，在经历了连续的挫折感之后，儿童肯定会留意到自己是唯一一个被认为不可靠且是破坏之源的人。他因而觉得自己低人一等，觉得自己的价值还不如一个他不能触碰的物品。

我们还必须考虑到其他一些情况。如果一个儿童想要发展他自己的内心生活，那么他不仅要被允许触摸各种东西并用这些东西进行工作，而且他还必须用一种合理和始终如一的方式去完成。所有这一切对于儿童的个性发展来说都是极其重要的。成人不再刻意地关注日常生活中行为的顺序，因为这些行为已经成为他生活模式的一部分。当一个成人早晨起床后，基于习惯，他就知道要做什么，并且开展他的日常行动，好像这是世界上最简单不过的事。他的行动顺序几乎已经自动化了，正如他呼吸的空气和心脏的跳动一样，不再需要更多的注意。

然而，儿童还需要培养行为习惯。但是，他们从来未被允许安排一个持续的行动过程。当一个儿童正在玩游戏时，成人会过去打断他，认为散步的时间到了。这个儿童就会被打扮一番带出去。或者，当一个儿童正在从事一项工作时，比如，他正在把一些小石块装到一个桶里去，他妈妈的一个朋友前来拜访。接着，这个儿童的工作就被打断了，他被带到客人面前。成人不停地打断儿童或闯入他的环境中。这个强有力的成人，从来不跟儿童本人商量就去安排他的生活。成人这种不考虑儿童感受的做法，使得儿童认为他的活动是没有价值的。但另一方面，儿童看到，当一个成人和另一个成人说话时，即便对方可能是仆人，这个成人在打断对方说话前一定会说“如果你愿意的话”或者“如果你可以的话”。结果，儿童觉得自己有别于其他人，觉得自己低人一等，受制于所有人。

正如我们之前所言，行为的连续性取决于心中事先设计好的计划，这对于儿童的发展来说极其重要。总有一天，成人会对儿童解释说，他要为自己的行为负责。但这种责任感的产生，有赖于儿童透彻地理解他的各种行为之间的关系，并对这些行为的意义做出正确的判断。然而，儿童只感到他的所有行为都是不重要的。当一位父亲因为没能成功唤起儿子的责任感和自我控制力而感到难过时，他没有意识到他本人恰恰就是破坏了儿子行为的连续性和自尊心的人。儿童的内心有着一种秘密的想法，觉得自己是低劣和无能的。可是，任何人在自己能承担责任之前，他都必须坚信他是自己行为的主人，并对自己充满自信。

那种认为自己做不了某事的想法，是导致一个人沮丧的最大根源。如果一个瘫痪的人被要求去和一个身体完全健康的人赛跑，那么他一定不想去参加这个比赛。一个普通人也不会愿意在拳击场上和职业的拳击手对抗。甚至在比赛开始之前，这种无能为力的感觉已经使他丧失了去努力的勇气。成人通过不断地羞辱儿童，让他觉得自己软弱无能，从而抑制了儿童去行动的欲望。但成人并不满足于仅仅阻碍儿童的行动，他还会不停地告诉儿童："你不能做那件事，就算试一下也没有必要。"如果这个成人性格粗鲁，他甚至会说："你这个傻瓜，你在做什么啊？你难道不知道你不能做那件事吗？"成人的这种行为方式不仅妨碍了儿童的工作，打断了他行为的连续性，而且还是对儿童的一种侮辱。

这让儿童相信，不仅他的行为没有任何价值，而且他自己也是无助和笨拙的。这种想法反过来又导致了儿童的沮丧和缺乏自信。就成人来说，如果有一个比我们更强有力的人不让我们做我们想要做的事，至少我们还能设想，在将来会有一个比我们弱小的人不会阻止我们做我们想要做的事情。但是，如果成人让儿童相信他自身是无能的，那么就如同有一片乌云笼罩在他的心灵上，让他陷入了冷漠和恐惧的状态之中。当这种情况发生时，儿童的内心就形成了一种被称为"自卑情结"的障碍。这种障碍会成为一种无能感和自卑感，深深地扎根在儿童心里。这会使得儿童不愿意面对日常生活中的冲突。

自卑情结会导致儿童陷入一种痛苦的状态。伴随着这种痛苦的状态，儿童表现为：胆怯、做决定时迟疑不定、遇到困难或批评时退缩不前、经常哭泣以及面露绝望等。

与此相反，正常儿童最显著的特征之一是他很自信且对自己的行为有把握。

在圣洛伦佐，当那个小男孩告诉那些感到失望的参观者，虽然当天是节假日教师不在学校，但是他们这些孩子可以自己打开教室的门并着手进行工作时，他表现出来的是一种健全人格的平衡，这种人格并非冒失，而是对自己潜力的了解。这个男孩知道他正在做什么，并完成了带领客人参观的每一个步骤，他并没有觉得他做了什么特别的事情。

还有另外一个小男孩，他正在用活动字母拼写单词。当意大利皇后站到他面前，要求他拼出"意大利万岁"时，这个小男孩丝毫没有受到干扰。听到这个要求后，他把自己正在用的字母按相应的顺序放回原处。他很平静地工作着，似乎只有他一个人一样。虽然为了向皇后表达敬意，人们期望他停下手头的工作而马上执行皇后的命令，但是他无法放弃自己习惯的工作方式。他在拼写新词之前，必须把这些已经用过的字母按适当的顺序放回原位。在做完这项工作之后，他才拼出了“意大利万岁”这几个字。虽然这个小家伙只有4岁，但事实上，他已经是一个能控制自己的行为和情感，并对自己的环境很自信的小大人了。

恐　惧

恐惧是心理畸形的另一种形式。但人们认为，儿童出现恐惧是很正常的事情。他们把恐惧理解为植根于儿童内心的一种情绪困扰，与儿童周围的环境没有关系。换言之，就像害羞一样，恐惧也被当作儿童性格特征的一部分。的确，有些儿童是如此的害羞而孤僻，以至他们似乎被一种恐惧的氛围笼罩着。然而，也有一些儿童很勇敢、活泼，在面对危险时常无所畏惧，但他们有时也会被一些神秘的、不合常理的、无法克服的恐惧支配。这种状态或许是由于过去的事物给儿童留下的鲜明印象造成的。儿童可能会害怕过马路，害怕床下有猫，或者害怕看到母鸡。这些恐惧很像精神病医生在成人中发现的恐怖症。在依赖成人的儿童身上，我们尤其容易看到这些恐惧。成人会利用儿童的无知，利用他们对黑暗的恐惧去吓唬他们，以达到让他们服从的目的。这是成人为了对付儿童而采用的一种最糟糕的防御手段，因为它利用无处不在的可怕形象，加剧了儿童对黑暗与生俱来的恐惧心理。

任何可能让儿童与现实接触并让他们体验和理解其周围环境的东西，都将有助于他们摆脱这种令人困扰的恐惧状态。在我们使儿童正常化的学校里，最先获得的成果之一就是让儿童这些潜意识的恐惧消失。

有一个西班牙人的家庭，家中有四个女儿，其中最小的女儿在我们的一所学校上学。每当夜晚有暴风雨时，她是这些孩子中唯一不害怕的一个。她会把她的姐姐们带到父母的房间，在那里她们可以得到保护。她的陪伴，对于正在遭受陌生恐惧折磨的姐姐们来说，是一种真正的支持。每当她们在黑暗中感到害怕时，她们就会赶紧跑到她们的小妹妹身边，以便消除焦虑不安的情绪。

这种恐惧的状态，与人们在面临危险时出于自我保护本能而产生的恐惧心理不同。相对于成人而言，儿童身上不太经常出现这种恐惧心理，这并非仅仅因为儿童比成人缺少遇到危险的经历。对此我们甚至可以这么说，儿童能自然地面对危险，而且他们比成人更乐意面对危险。事实上，儿童经常把自己置于危险之中。比如，街头的顽童会爬上行进中的汽车或卡车，偷偷搭乘一段路。农村的儿童会爬到树上，或从陡坡上一路滑下来。他们还会一头扎入海里或河里自学游泳。此外，在儿童拯救或试图拯救同伴的无数个例子中，他们都表现出伟大的英雄主义精神。比如，有一次，美国加利福尼亚州的一所医院的盲童病房着火了。然而，在这次火灾的受害者中，有一些是视力正常的儿童。虽然他们住在这幢大楼的另一部分，但是他们都冲过去救助那些盲童。我们几乎每天都能从报纸或杂志上读到其他一些有关青少年英勇行为的报道。

也许有人会提出疑问，儿童回归正常的状态是否会促进他们的这种英雄主义倾向的发展。在我们的学校里，尽管孩子们偶尔表达出某些真正崇高的愿望，但是他们并没有表现出任何英雄主义的行为。我们的孩子通常会形成一种“谨慎”的态度，使他们能够避免危险并因此学会适应危险。比如，他们能使用桌子上甚至厨房里的刀具，能用火柴点燃火甚至烟花，能独自站在水池边，以及穿过城市的街道。总之，我们的孩子已经学会怎样来控制自己的行为，同时避免急躁鲁莽。这使得他们能够过一种更加高贵、平静的生活。因此，正常化并不是把一个人置于危险之中，而是帮助他获得一种谨慎的态度。这种谨慎的态度使得他能够识别并支配危险，进而能够生活在危险的境地之中。

说谎

心理畸形就像一棵繁茂大树的分枝，会向各个方向伸展开来。但是，这些心理畸形都来自同一个深深的根系，只有在那里，人们才能找到正常化的秘密。教育者通常所犯的一个错误，是将这些心理畸形看作互不关联的独立存在。

说谎是最为严重的心理缺陷之一。谎话就像一件外套，将一个人的心灵掩藏起来。我们甚至可以把它比作一个人的全部衣服，这样他就有许许多多的伪装。谎话可谓五花八门，而且每一种谎话都有自己的意义和作用。有些谎话是正常的，有些谎话则是病态的。19世纪的精神病医生，对癔症患者的不由自主的说谎颇感兴趣。对于这些人来说，他们已经达到了谎话连篇的程度。人们也已经注意到青少年法庭上儿童的谎言，以及被传唤来做证人的儿童无意识说谎的可能性。儿童“纯洁的心灵”被看作真相的喉舌。但是，当人们开始认识到，儿童诚心诚意所说的话实际上是虚假的时候，这就引起了轩然大波。对这种现象的进一步研究发现，这些儿童其实是想要说真话，他们的说谎是由于精神错乱造成的，而他们的情绪又加剧了这种精神错乱。

无论是经常发生还是偶尔发生，这种以谎言来代替真话的现象都与儿童故意说谎截然不同。因为儿童故意说谎是一种心理防御，是为了掩藏自己。但是，也有其他一些谎言与自我防御无关，是正常的儿童在日常生活中说的。儿童说谎也可能源自他们想要描述一些虚幻的东西，或者对别人认为是真实的东西添油加醋。但是，这种说谎并不是出于欺骗的目的，也不是为了得到个人的利益。它可能采取一种艺术化的形式，就如同一个演员投入到他所扮演的角色中一样。比如，有几个儿童曾告诉我，他们的妈妈给应邀来赴宴的客人喝了她自制的蔬菜汁。这种蔬菜汁不仅有益健康，还十分美味，客人说他之前从来没有喝过这么好喝的东西。他们把这个故事讲得既生动有趣又详细，于是我决定请这几个儿童的妈妈告诉我怎样制作这种饮料。但是，这位妈妈告诉我，她从来没有制作过这种饮料。这个例子是儿童凭借自己的想象纯粹捏造出来的。儿童说这个谎话，除了想编造一个故事外，没有任何其他的意图。

这些谎话有别于儿童由于懒惰和对发现真相不感兴趣而说的谎话。

然而，有时候谎言也可能是巧妙推理的产物。我曾经认识一个5岁的男孩，他的妈妈把他临时送到一所寄宿学校。这个男孩所在班级的女教师极为胜任这项工作，对这个男孩也非常上心。过了一段时间，这个男孩开始向他的妈妈抱怨这位教师，说她太严厉了。这个男孩的妈妈就去校长那里了解情况，后来她得到证实，这位女教师对她的儿子很慈爱，并且经常对他表现出这种慈爱。当这位妈妈问她的儿子为何要撒谎时，他回答说："我总不能说校长不好吧。"看来，他并不是没有勇气指责校长，而是屈服于习俗的力量而已。关于儿童在适应环境的过程中所采用的狡猾手段，还有很多的例子。

相反，性格懦弱和害羞的儿童往往是出于一时冲动而编造谎言。这样的谎言并没有经过仔细推敲，只是一种防御性反射而已。由于这样的谎言很幼稚，是临时编造出来的，因此很容易被人一眼看穿。教师会和这种谎言做斗争，却忘记了这种谎言说明了什么。显然，它们是对成人攻击的一种防御。编造这种谎言的儿童常因为懦弱、不知羞耻和没有去做该做的事情而遭到指责。

说谎是在童年时期出现的一种智力现象，会随着个体的成熟而逐渐变得有条理。说谎在人类社会生活中扮演着十分重要的角色，就好像人们身上所穿的衣服一样，似乎是不可或缺的、高贵的甚至是美丽的。不过，我们学校里的儿童摈弃了这种不当的想法，显得自然和真诚。然而，说谎并不是一种会神奇消失的心理畸形。它需要一种重建，而非转变。清晰的想法、与现实的接触、精神上的自由以及对善良与高尚东西的积极兴趣，所有这些构成了改造儿童心灵的环境。

社会生活沉浸在一种虚伪习俗的氛围之中，如果试图纠正它，社会就会陷入一团混乱之中。许多离开“儿童之家”而进入高一级学校学习的儿童，一直被认为是没有礼貌和不服从的。这只是因为他们比其他儿童更加真诚，还没学会做出必要的调整和适应。他们的教师没有认识到这个事实。就像社会生活一样，普通学校中的纪律和习俗也充满了谎言。这些教师迄今还不了解来自我们学校的学生身上所具备的真诚，他们将这种真诚当作破坏其他学生教育的一个因素。

对于人类心理发展史的研究而言，心理分析做出的最为杰出的贡献之一，就是解释了潜意识的伪装这一现象。成人的羞耻心和非孩童式的虚构，为人类生活披上了一层外衣。它们就像是动物的毛皮或鸟儿的羽毛，掩盖、装饰和保护着隐藏在其下的重要原则。伪装，即将自己的真实情感掩藏起来，是一个人为了能够生活而自我构筑的一种谎言。更确切地说，它是个体为了能在一个与他的自然情感相冲突的世界中生存而自我构筑的一种谎言。人们由于不可能一直处于抗争的状态，因此便要适应周围的环境。

最为明显的一种伪装表现为成人对待儿童的虚伪态度。成人为了满足自己的需要而牺牲了儿童的需要，但他拒绝承认这个事实，因为这是不可容忍的。他劝服自己说，他正在行使一种天赋的权利，正在为儿童未来的利益而努力。当儿童进行自卫时，成人并没有注意到真正发生了什么，而是将儿童为保护自己所做的一切都断定为不服从，断定是儿童的错误倾向所致。成人内心真理和正义的微弱声音变得更弱了，而且被一种虚伪的信念取而代之，即他正在根据他的权利和责任而慎重行事。成人的心变硬了，它冷若冰霜，只会像水晶一样偶尔闪烁一下。所有一切都被打碎了。“我的心已经变成了石头；我敲击它，却弄伤了我的手。”但丁用了地狱中冰的壮丽形象作为比喻，而仇恨在地狱中找到了庇护之所。爱与恨是心灵的两种状态，就好比水的液态和固态一样。掩盖一个人真实情感的习俗，是一种精神上的谎言，它有助于人们适应社会这个大染缸。但是，它渐渐地使爱变成了恨。这是隐藏在潜意识深处的可怕谎言。

24. 对身体健康的影响

心理畸形具有各种各样的特征。有些特征看起来和心理畸形无关，因为它们影响的是身体功能的发挥。现代医学经过彻底的研究确认了这一事实，即许多身体上的困扰都有其心理上的根源。即便一些看似与身体密切关联的缺陷，究其根源也在于心理问题。其中，有些缺陷，如消化不良等，在儿童身上尤其普遍。健壮活泼的儿童容易表现出一种贪婪的难以控制的食欲。他们所吃的食物超过了所需要的量。尽管他们可能因此生病并需要医治，但他们无法满足的食欲仍然很容易就被人们认为"胃口好"。

自古以来，渴求得到超过身体所需的食物，其结果是弊大于利，而且被认为是一种恶习。这种渴求可能体现了一个人对食物的正常敏感性的退化。这种敏感性不仅会促进一个人的食欲，而且还决定着他所需食物的量。这种敏感性是所有动物的特征。它们的健康是由自我保护的本能决定的。事实上，这种本能包含两个方面：一方面涉及动物的环境，并引导动物避开环境中的危险；另一方面与个体自身有关，涉及食物的摄取。野兽有一种主导的本能，这种本能不仅引导它们去吃该吃的东西，而且还引导它们适量进食。确实，这是所有动物最为显著的特征之一。无论这些动物吃得很多还是只吃一点点，它们都会根据本能的指引摄入一定量的食物。

只有人类染上了暴饮暴食的恶习，这不仅使他们摄取了过量的食物，而且食用了实际上对身体有害的东西。因此，我们可以说，伴随着心理畸形的出现，个体失去了保护自己并确保自己处于健康状态的敏感性。关于这一点，我们可以在一个心理畸形的儿童身上找到证据。这个儿童很快就开始在饮食习惯上表现出不平衡的状况。他一看到食物就被吸引住了，但他只是根据自己的味觉感受对食物做出判断。他的自我保护本能这一至关重要的内在力量，被削弱了甚至消失了。在我们开办的让儿童恢复正常化的学校里，最为引人注目的一件事情是儿童摆脱了心理畸形，恢复到了正常状态，他们因而对食物失去了原来贪婪的欲望。他们开始对健康饮食感兴趣，而且注意做到吃有吃相。到了用餐的时候，年幼的儿童会把他们的时间全花在正确地摆放餐巾，注视着餐刀、叉子和汤匙，设法记住握住它们的手势和使用方法，或者是帮助一个比他们更年幼的同伴上面。有时，他们对这些事情是那样的一丝不苟，以至摆放在他们面前的美食都变凉了。有些儿童会显得很伤心，因为他们原本希望能被挑选出来服侍小伙伴进餐，但却发现自己被安排去做一件更为容易的事情，即吃饭。

关于食物与个体心理状态的关系，我们或许可以从害羞而孤僻的儿童对待食物的态度上得到进一步证明。这些儿童对食物有一种很明显的，而且常常是无法克制的厌恶感。他们中的很多人拒绝吃任何东西。有时，他们的拒绝是如此的坚决，以致给家庭和寄宿学校带来了很大的困难。这个问题，在那些为贫困和体弱的儿童开办的机构中尤其突出。人们总是期望这些儿童在愿意吃的同时吃饱。有时，对食物缺乏兴趣会使儿童的身体处于一种抵制所有治疗的状态。但是，我们不能把儿童对食物的这种厌恶，与造成他们没有胃口的身体失调混为一谈。相反，儿童是因为心理问题才拒绝吃东西的。在一些情况下，这可以归因为一种自我保护机制。比如，成人总想让儿童吃得快一点，但是，儿童有自己特殊的吃饭节奏，因此他拒绝接受成人的节奏。现在，儿科医生已经承认了这一事实。他们注意到，儿童并不会把他们所需要的所有东西立刻吃完，而是在相当长的一段时间里停下不吃东西。

在断奶前的婴儿身上，我们或许也能看到同样的情况。他们在吃饱之前会停下来，因为他们想要休息一下，而后再用一种缓慢和间歇的节奏吃奶。因此，当儿童拒绝吃东西的时候，一个可能的原因是儿童自己设置了一个屏障，目的在于抵制成人强迫他用背离他自然倾向的方式进食。然而，在一些事例中，我们需要排除这种特殊的情况，另外探寻问题的根源。比如，有一类儿童似乎是由于体质上的原因而缺乏食欲。这类儿童的脸色十分苍白，即便是让他们接触户外的空气、阳光或到海边，也无法让他们克服对食物的习惯性厌恶。然而，经过更仔细的观察我们发现，这类儿童的身边通常都有一个他们极为依恋的成人，而这个成人完全支配了他们。只有一种方法可以治愈这类儿童，那就是让支配他们的成人走开并为他们提供一种心理上自由和主动的环境。只有这样，儿童才能摆脱这种使他们心理扭曲的依恋。

虽然诸如进食这样的生理现象看似与心理生活风马牛不相及，但人们已经认识到个体的心理生活和生理现象之间的关系。在《旧约全书》中，我们读到以扫由于贪食，把他的出生权让给了他的兄弟[1]，愚蠢地违背了他自己的最大利益。的确，贪食被列为“扰乱心智”的恶习之一。我们有趣地发现，托马斯·阿奎那精准地指出了贪食与智力之间的关系。他坚信贪食会使一个人的判断力迟钝，进而削弱个体对现实的认识能力。但是，在儿童身上出现了完全相反的情形，即是心理紊乱导致了贪食。

基督教把贪食这种恶习与精神失调紧密地联系起来，并将其作为七宗罪[2]之一，即导致心灵死亡的罪行之一。换言之，它导致心灵违背了一种神秘的自然法则。精神分析进一步间接地支持了我们的理论，即自我保护这种主导本能削弱了。但是，这一现代科学从不同的角度对此进行了解释，称其为“死亡本能”。它认为，人有一种自然的倾向，它能帮助和促进死亡的自然降临，甚至为了加速死亡而让人走向自杀道路。人可能变得很绝望，使自己依赖诸如酒精、鸦片和可卡因等毒品。他不是依恋生命、寻求拯救，而是痴迷于死亡，自寻死路。所有这一切，难道没有确切地表明一

1 据《旧约全书》记载，以扫（Esau）因为“一碗红豆汤”而将作为长子的名分和继承权让给了弟弟雅各。——中文译者注

2 基督教七宗罪包括：傲慢、贪财、贪色、贪食、愤怒、嫉妒和怠惰。——中文译者注

种保护个体的、至关重要的内在敏感性消失了吗？如果这种倾向与不可避免的死亡有关，那么，它应该在所有生物身上存在。但是，事实并非如此。因此，我们必须说，每一种心理畸形都会把人引上死亡之路，并使其走向毁灭。在童年早期，我们就可以看到这种可怕的倾向以一种几乎不可觉察的方式存在着。

所有的疾病都有一定的心理因素，因为人的生理现象和心理生活息息相关。但是，进食方面的异常为各种疾病打开了大门。有时，一个人可能仅仅是看起来生病了。实际上，这种病是他想象出来的，其根源是心理原因。心理分析对于我们理解这些异常现象做出了重大贡献。它指出，一个人可以借助于生病寻求一种庇护。这种逃避也不仅仅是他装出来的，他还有可能会出现体温升高及功能紊乱的症状，有时甚至显得很严重。但是，他并不是真的生病了。他的身体症状是由于潜意识的心理紊乱所致，而这种心理紊乱成功地支配了生理规律。借助于这种疾病，自我就可以从不愉快的情景或责任中逃离出来。这种疾病抵制所有的治疗，只有当自我从其想要逃脱的境地中解放出来时，这种疾病才会消失。当把儿童安置在一个能让他们以一种回到正常状态的方式生活和自由活动的环境中时，他们的许多的疾病和病态就会像许多道德缺陷一样消失。今天，许多儿科医生把我们的学校称为“健康之家”。他们将患有功能性疾病并抵制常规治疗的儿童送到我们的学校，这些儿童由此取得了惊人的治疗效果。

第三部分

25. 成人与儿童之间的冲突

成人与儿童之间的冲突对人类生活所造成的影响几乎无限地扩展，就像把一块石头扔向平静的湖面所泛起的涟漪一样。接着，涟漪以同心圆的方式向各个方向扩散开来。

就像一个人通过观察水的涟漪就能追溯水波动的原因一样，精神分析学家和医生们也能追溯生理和心理疾病的起因。但是在探索心理疾病的起因时，他们必须经历漫长的过程。他们就像探索尼罗河源头的第一批探险家那样，必须长途跋涉，越过一些宏伟的瀑布，然后才能到达供养这条河流的源头——平静的大湖群。当科学家想要探索导致人类心灵弱点和疾病的原因时，他们也必须越过直接的原因，跨过已经被意识到的东西，才能抵达作为源头的平静湖群——儿童的身体和心灵。但是，如果我们想沿着相反的方向行进，如果我们对从原始社会写起的人类历史感兴趣，我们就可以从童年早期的清澈湖泊开始，然后沿着奔腾不息的生命之河进行探索。这条河流释放了自我，急速地奔腾着，从一个瀑布涌向另一个瀑布，除了偶尔停下来使急速的水流不再更加汹涌之外，它完全是无拘无束的。

如果说折磨成年人的身体、心理或神经方面的疾病可以追溯至童年时期，那么我们就可以在儿童的生活中发现它们最初的征兆。另外，我们应该谨记：每一种重大的、明显的疾病都伴随着无数较小的、较轻的疾病。病愈的人远远多于因疾病而死亡的人。如果说身患疾病代表一个人丧失了抵御疾病肆虐的能力，那么，我们可以预测同一种疾病也会带来其他问题。

有无数的原因可以导致一个人失去自己的身体或心理健康。我们在检测水是否适宜饮用时，只需要抽取一小部分样品就可以了。如果检测出抽取的这一小部分水样已经被污染了，那么，我们便可以得出结论：整个水域也被污染了。与此有点类似的是，当我们看到许多人因自身所犯的错误而丧生时，我们也可以得出这样的结论：整个人类正在饱受着某一基本错误的折磨。

这并不是一种新的思想。早在摩西时代，人们就已经知道，第一个人犯了罪，但是他的罪孽给全人类带来了毁灭。对于那些不理解其真正性质的人来说，原罪似乎是不公平的，也是不合理的，因为它把惩罚强加在亚当的所有后代身上。然而，我们却亲眼目睹无辜的儿童正在遭受惩罚，他们正承担着数世纪以来人们在儿童的自然发展方面所犯错误的致命后果。这些错误的根源可以在人类生活的基本冲突中找到，它们带来的后果目前还尚未被人们充分地研究过。

26. 工作的本能

在获得这些新发现之前，支配儿童心理发展的那些规律是完全未知的。但是现在，对于“敏感期”的研究可能成为与人类发展有关的最重要的科学研究之一。

儿童的成长和发展依赖他与周围环境之间持续的、紧密的联系。这是因为儿童只有日益独立于大人，才能发展自己的个性，即我们所说的“获得自由”。儿童的成长受到适宜环境的影响，在这种环境中，儿童可以找到发展其自身功能所必需的手段。在婴儿断奶方面，我们可以发现与此类似的一种情况。在婴儿断奶期，成人将会为婴儿准备一些谷物制品以代替母乳。也就是说，婴儿将不再从他们的母亲那里吮吸乳汁，而是从周围的环境中获取营养。

如果我们在谈论让儿童逐渐获得自由的同时却没有为他们提供一种能使其变得独立的环境，那么这将是非常荒谬的。然而，为儿童准备这样一种环境，就像为儿童准备适宜的食物那样，需要进行仔细的研究。不过，一种能够适当地照顾儿童的心理需要的新教育体系的基本轮廓，已经由儿童自己绘制出来了。而且，这个轮廓非常清楚，足以被人们理解并付诸实践。

儿童通过工作使自己恢复到一种正常的状态，这是最重要的一个发现。对世界各种族儿童所做的无数实验表明，这个发现是我们在心理和教育领域得到的最确切的事实。儿童想要工作的意愿代表了一种至关重要的本能，因为他如果不工作就不能形成自己的个性：人正是通过工作塑造他自己的。没有什么能够代替工作，无论是他人的关爱还是身体健康都不能代替它。另一方面，如果儿童的这种工作本能误入了歧途，那么无论是用他人作为榜样还是使用惩罚手段，都不能纠正它。人是通过双手的劳动塑造自己的。他把双手作为展示自己个性的工具，用双手来表现自己的智慧与意志，这一切都有助于他支配周围的环境。儿童的工作本能表明：工作是人类的本能，也是人类的特征。

工作应该是人类获取巨大满足感的一种源泉，是儿童保持健康和恢复正常的一条原则。然而，成人为什么要排斥工作，仅仅把它视为谋生的需要呢？这可能是因为整个社会已经失去了工作的正确动机。虽然这种意义深远的工作本能作为一种退化了的特征仍然隐藏在人的身上，但是，它已经被占有欲、权力欲、冷漠和依附引入了歧途。在这种情况下，工作仅仅取决于外界的环境，或者成为那些对工作没有正确认识的人们之间的相互争斗的手段。工作因此变成了强制性的劳动，这反过来又导致人们出现严重的心理障碍。这也就是为什么工作看起来是艰辛的和令人厌恶的原因。

但是，当环境有利时，工作作为源于人的一种内在冲动的自然结果，甚至在成人身上，它也呈现出一种完全不同的特征。这时，工作变得富有魅力，令人不可抗拒，并且能使个体避免发生心理畸形。在发明家的艰苦工作中、探险家的发现里以及艺术家的绘画作品里，我们都可以发现这一点。当一个人从事这样的工作时，他便具有了非凡的力量，并再次经历那种能使其表达自己个性的自然本能。这种本能就像从地下喷射而出的一股强有力的激流，令人类精神焕发。这是人类文明真正进步的源泉，因为人具有工作的自然本能，并且正是通过工作，人类的环境才日臻完美。工作是人类的特征。文明的进步与人类有能力创造更加舒适和安逸的生活环境之间，存在着直接的关系。

在这种环境中，人们把一种自然的生活方式置于一旁。然而，人们创造的新环境还不能被称为人为的环境。因为这种环境超越了自然而不是代替了自然，所以我们最好将其称为“超自然的环境”。人们越来越习惯这种“超自然的环境”，以至它已经成为人们生活中至关重要的因素。

在自然史中，我们注意到缓慢的进化历程导致了一种新物种的产生。我们可以在动物从水生经两栖到陆生的发展演化中看到这一点。与此有点类似的是，人类在刚开始的时候过着一种自然的生活，但渐渐地他们为自己创造了一种“超自然的环境”。现如今，人们不再仅仅依赖自然而生活。然而，不管怎样，他们都在充分利用着自然界中可见的和不可见的力量。

人类不仅仅是从一种生存环境进入到另一种生存环境的，他也为自身构筑起一种新的环境，并且他是如此地依赖于这种新的环境，以至不能离开它而独自生活。因此，每个人的生活都会依赖他人。大自然并没有像它帮助其他生物那样来帮助人类。小鸟可以在大自然中找到供它吃的现成的食物以及筑巢用的材料，但是人类必须从他人那里获取必需之物。我们都是相互依赖的，我们每个人都应该通过自身的劳动为那个我们必须生活于其中的“超自然环境”做出贡献。

但是即使每个人都要依赖于他人，他也至少是自己生活的主宰者，能够按照自己的意愿去指导和安排生活。他并不直接受到自然变迁的影响。他与自然变迁是相分离的，完全依赖人类的改变。所以，如果他周围人的人格被扭曲了，那么，他的整个生活都会处于危险之中。

一个人的工作和他的实现正常化之间的联系是如此的紧密，这充分表明人类拥有一种有关工作的自然本能。大自然督促人们去建造一些东西以表明他们自身的存在，进而表现创造这些东西的目的。确实，如果认为“人类并没有为宇宙和谐做出贡献”，这是不合理的，因为所有的生物都根据自己特定物种的本能为宇宙和谐做出了自己的贡献。珊瑚通过重建被永不停歇的波浪冲蚀的海岸，构成了岛屿和陆地；昆虫传播花粉，使植物得以繁殖；秃鹰和鬣狗吃那些未经掩埋的尸体，从而净化了环境。有些动物为世界清除废物，有些动物则生产出一些有用的东西，如蜂蜜、蜂蜡和蚕丝等。

生物就像大气层一样包围着地球，各种生物之间彼此依赖以保护地球上的生命。实际上，覆盖地球的生命现在被视为一个“生物圈”。生物不仅维持自身的存在，为自己物种的生存提供保护，而且还一起工作以保证地球的和谐。动物所生产的东西多于自身的需要，结果便产生了剩余，这就远远超出了“保存自身”的直接需要。因此，它们被认为是宇宙的工人和自然规律的遵循者。人类作为宇宙中优秀的劳作者，也必须遵循这些普遍的规律。人类为自己创建了一种“超自然的环境”，由于它的产品非常丰富，因此这种环境明显地超越了简单的生存问题，对于维持宇宙秩序也有影响。

人类工作的完美性，不是由人自己的需求来衡量的，而是由人类工作本能的神秘设计来衡量的。因为一种致命的畸形，人已经和他的生活目标相分离了。如果儿童想要成为他应该成为的那种人，他的发展就必须与他自己的主导本能紧密相联。因此，对儿童的正常教育应该引起人类的自我超越。

27. 两种不同类型的工作

虽然我们要求成人和儿童相互关爱并和谐地生活在一起，但是，他们之间常常因为不能相互理解而发生争执，而这些争执破坏了他们共同生活的根基。

他们之间的冲突导致了许多不同的问题出现。有些问题显而易见与他们之间的冲突有关。成人有一个复杂的、艰巨的使命需要完成。对于成人来说，要中断自己的工作，通过使自己适应儿童的节奏和思维方式来满足儿童的需要，已经变得越来越困难了。就另一方面而言，儿童也无法适应成人世界与日俱增的复杂性和快节奏。与当代文明社会的人为特征相比，我们可以回想原始社会人们过的那种简单和平静的生活。在那里，儿童找到了一种天然的庇护所。在那样的社会中，儿童所接触到的成人用一种平和、安静的方式从事简单的工作。儿童的四周围绕着家畜以及他们可以随便触摸的其他物品。他可以做自己想做的工作，而不用担心成人会反对。当他累了时，他就可以躺在树荫下睡觉。

但是，文明让儿童慢慢地脱离了自然环境。所有事物都变得有条不紊、节奏迅速并且受到限制。不仅成人日益加快的生活节奏成了儿童的障碍，而且机器的出现也如旋风般夺走了儿童最后的庇护所。儿童再也不能沉浸于他本应从事的自然活动中。成人对儿童过度照料，以保护他们远离生活中的危险。这种情况愈演愈烈，结果给儿童带来了更多的危害。如今的儿童就像一个被流放的人，无助且没有自由。没有人考虑过为儿童创设一种适合他们的环境，或者思考过儿童也需要工作和活动。

因为社会上存在着两种生活方式，即儿童的生活方式和成人的生活方式，所以我们必须相信，也存在着两种不同的社会问题和两种根本不同的工作类型。

成人的工作

成人有自己的任务需要完成，那就是创造一个超自然的环境。他必须利用自己的才智和努力去从事生产性工作，而这种工作通常来说是社会性和集体性的。

在工作的过程中，人们必须遵循有组织的社会准则。这些准则是人们自愿遵循的，以达成共同的目标。除了那些由当地风俗和不同文化形成的准则外，还有一些和工作有关、植根于自然本身的规则。这类规则对于各个时代的每个人而言都是适用的。其中，在所有生物中都能发现的一个规则，就是“劳动分工”。在人类社会中，“劳动分工”是不可或缺的，因为人们不可能都生产同样的东西。此外，还有一条与个人自身工作相关的自然规则，即“最小努力原则”。根据这条原则，人们都试图用最小的努力去获得最大的生产效率。这是一条极其重要的规则，与其说它表达了人们尽可能少干活的愿望，还不如说人们希望用最少的付出生产出尽可能多的东西。同时，这条规则也适用于替补人类劳动的机器。

所有这些规则都是有效的，即使它们并不总是具有普遍适用性。因为一个人能任意支配的物质资源是有限的，所以，他想使自己更加富有的愿望就导致他与其他人产生了竞争。在野兽中也会出现类似的情形，它们也会为了生存而竞争。

除了这些自然的冲突外，还有另外一些由个体的心理畸形导致的冲突。其中一种是人们对财产的渴望，这种渴望与个体和种族的延续无关。因为这种渴望不是人们生来就有的，所以它是没有限度的。另一种心理畸形是占有欲，它控制了爱，并让恨代替了爱。当这种占有欲进入一个有组织的环境中时，它不仅会阻碍个体的发展，还会妨碍合作性工作的开展。于是，剥削他人的劳动成果代替了劳动的自然分工。于是，在“权利”这一外衣的遮掩下，这种指导思想变得为个人利益服务，由此，人类心理畸形的结果成为了社会原则。在这种情况下，谬误取得了胜利，并且被视为人类生活和道德准则的一部分。在人们尚未意识到自己被这片乌云笼罩的情况下，一切都被扭曲了，人们也接受了随之而来的弊病，认为它们是不可避免的事情。

儿童是生活在成人世界中的自然人，但是他发现自己处于一种格格不入的氛围中。他与成人所从事的社会活动毫不相关，并且他自己的活动也不能为社会生产出有用的东西。我们必须相信这个事实，即儿童根本不可能参与成人的社会活动。如果我们把成人的体力劳动比喻成铁匠用一把沉重的锤子敲打铁砧，那么儿童显然不能从事这种劳动。如果我们把成人的脑力劳动比喻成科学家在使用精密的仪器进行一项艰巨的研究项目，那么儿童显然也不能在这方面做出任何贡献。也许，我们还可以把成人的工作想象成一位立法者正在起草新的法律条文：儿童也绝不可能代替成人来完成这样的工作。

对于这个有组织的成人社会，儿童是完全陌生的。他的“王国”并不是“这个成人的社会”。在成人超越自然而建立的这个人为的社会中，儿童是一个陌生人。他是作为一个不合群的人降临到这个世界上的，因为他既不能使自己适应这个社会，也不能为社会的生产做出自己的贡献，更不能影响社会的结构。更确切地说，他是社会既定秩序的扰乱者。儿童之所以被称为不合群的人，是因为只要在有成人的地方，甚至在儿童自己的家里，他就会成为扰乱宁静的根源。儿童天性就是好动的，加上他本性上不能放弃这种活泼性，这使得他更加不能适应成人的环境。

成人倾向于压抑儿童的活泼性。因为他们不希望自己受到干扰或烦扰，所以他们就努力地驯服儿童。他们把儿童送到托儿所或者学校里。儿童仿佛是被成人驱逐或者流放到那些地方的。直到他达到一定的年龄，能够生活在成人世界中而不会带来什么麻烦时，他才被允许进入社会。在这之前，他就像那些被剥夺了公民权利的人那样不得不服从于成人。成人就像儿童的君王或者主人，他们要求儿童必须永远服从他们的命令，而不能提出上诉。

儿童一无所有地进入到成人世界。与儿童相比，成人就像上帝那样伟岸和强大。儿童必须从成人那里获取生活的必需品。成人是儿童的创造者、管理者、监护人和恩人。从来没有一个人像儿童依赖成人那样完全地依赖另一个人。

儿童的工作

儿童也是一个工作者和生产者。尽管他不能参与成人的工作，但是他自己也有艰巨而重要的任务需要完成，即造就自我的任务。新生儿是无助的，也无法自主地移动。但是，他最终会长大成人。如果说成人经过无数心智的磨炼已经变得足智多谋了，那是因为他曾经是一个儿童。

只有经历孩童阶段，一个人才能最终长大成人。但是，成人本身并不能参与到这项工作中。与儿童被排除在成人的超自然的世界之外相比，成人更明显地被排除在儿童的世界之外。儿童的工作与成人的工作截然不同。我们甚至可以说，它们是相互对立的。儿童的工作，是儿童在成长过程中由一种精神动力引发的一种无意识的工作。这是一种创造性的工作，它使我们回想起《圣经》中对于上帝造人的描述。但是，人是怎样被创造出来的呢？本来一无所有的人是如何通过所有创造而获得智慧和力量的呢？在任何一个儿童身上，我们都能观察到这一惊人创造的所有细节。我们的眼睛每天都在注视着这种奇迹般的景象。

所有在上帝造人时发生的奇迹，都会在每一个新生儿身上再现出来。因此，我们可以不断地重复说："儿童是成人之父。"成人所有的力量都来自儿童完成秘密使命的潜能。但是，使儿童成为一个真正工作者的是，他仅仅通过休息和冥想并不能长大成人，而是需要积极地参与工作。他通过不断的劳动进行创造。我们还必须记住，儿童是在成人所使用和改造的那个外界环境中进行劳动的。儿童通过练习获得了成长。他富有建设性的努力构成了一种真正的工作。

儿童通过练习和运动获得了经验。他协调自己的各种动作并记录自己与外部世界接触时所经历的情感，而这一切都有助于其智力的形成。通过集中注意力倾听别人说话以及自己的最大努力，儿童非常辛苦地学会了说话；通过不懈的努力，儿童成功地学会了站立和奔跑。在成长的过程中，儿童就像任何一个最认真的学生一样遵循着一个时刻表，就像恒星永远不变地沿着自己无形的轨道运行一样。实际上，在儿童成长的每个阶段，我们都可以测量他的身高，以确定他是否达到了预测的标准。我们也知道，在5岁时，儿童的智力会达到一个发展水平；在8岁时，他的智力会达到另一个发展水平。由于儿童将会遵循大自然为他制订的成长计划，因此我们可以预测10岁时他的身高将会是多少以及他的智力发展水平如何，等等。依靠自身不断的努力，依靠获得的经验、承受的痛苦以及历经艰难的考验和斗争，儿童慢慢地完善了他的活动。成人可以帮助儿童创设一个适宜的环境，但是儿童是自己完善自己的。他就像一个不停奔跑的人，直到最终实现自己的目标。因此，成人的完善有赖于他在儿童期的努力。

成人也依赖儿童。在儿童的工作领域，成人是儿童的孩子和侍从，正如在成人的工作领域中儿童是成人的孩子和侍从一样。在一个领域中，成人是主人；而在另一个领域中，儿童是主人，他们两个彼此依赖。儿童和成人都是国王，只是他们分别统治着不同的王国而已。

两种工作的比较

由于儿童的工作有赖于对外部环境中真实物体的操作，因此，这些操作可以成为一个专门的研究对象。在弄清楚儿童操作的起因和方式后，我们可以对儿童的工作与成人的工作做出比较。儿童和成人都对他们所处的环境进行了一种直接的、有意识的、自主的操作活动，我们可以把这种操作活动称为“工作”。但是，这两种工作的相似之处仅限于此，因为它们各有不同的目标，并且它们的目标既无法被直接感知到，也不是人的意志所能决定的。所有生物，甚至是植物，都是借助于环境来谋取自身的生存、发展的。但是，生命本身是一种能量，它通过不断地完善环境来实现各种创造之间的平衡；否则，自身能量将会衰竭。比如，珊瑚虫从海水中提取碳酸钙，由此构筑保护性的覆盖物，这是它们活动的具体目标。但是，在构筑的整个过程中，它们也建造了新的陆地。因为这个最终的目标与它们的直接活动相去甚远，所以我们甚至无须提及有关新的陆地的问题就可以了解到大量的有关珊瑚和珊瑚礁的知识。对于所有的生物，特别是对于人类来说，其道理是大致相同的。

每个成人都是儿童创造性活动的产物。这个事实表明：儿童有一个明确的、可见的最终目标。然而，尽管我们可以从各个方面去研究儿童，可以从构成儿童身体的细胞到他的无数行为的细节中了解儿童，但是，我们仍然不能察觉到他要长大成人这个最终目标。

然而，尽管直接目标与最终目标相隔遥远，但是，两者都意味着工作要借助于环境。

有时候，大自然会用一些简单的手段来揭示它的某些秘密。比如，在昆虫中，我们可以注意到它们真正的富有生产性劳动的产物。其中一个就是蚕吐的丝，这种有光泽的线被人们织成珍贵的织品。另一个是蜘蛛织的网，它是蜘蛛用脆弱的线织成的。不过，当人们看到它时，总是迫不及待地想破坏它。然而，丝是由没有发育成熟的蚕生产出来的，而蜘蛛网则是成年蜘蛛的产物。这种比较会帮助我们认识到，当我们谈及儿童的工作并将其与成人的工作进行比较时，我们其实是在谈论两种真正的活动，但是它们在本质和目标上是不同的。

对于我们来说，了解儿童工作的本质是非常重要的。当儿童工作的时候，他并不是想要达成某一长远的目标，他的工作目标就是工作本身。当他进行重复的练习并结束他的活动时，其目的也是独立于外界因素，不受外界因素约束的。就儿童个人的反应而言，他停止工作与感到劳累没有关系，因为精力充沛是儿童的特点。

这表明：在儿童工作和成人工作的自然法则之间存在着一个根本性的差异。儿童的工作并不遵循“最小努力”原则，而是正好相反。儿童把大量的精力耗费在没有什么目的的工作上，把他的潜能用在完成每一个细节上。因此，儿童的外在目的和行动只是具有偶然的重要性。但是，在环境和儿童的内在生活完善之间，存在着一种引人注目的关系。一个心灵已经得到升华的人不会再专注于外在的东西，他仅仅在适当的时候为了完善自己的内在生活而使用它们。与这样的人相比，普通人则专注于某些外在的目标，并且不惜任何代价去追求它们，有时候甚至达到损害健康或失去灵魂的地步。

成人工作和儿童工作的另一个明显的差异在于：儿童的工作并不是为了有所收获或寻求外界的帮助。儿童必须依靠自己进行工作，并把它全部完成。没有人能承担儿童的工作，并代替他长大。儿童也不可能加快自己的发展速度。处于成长期的个体有一个重要特征，那就是：他必须遵循一定的进程发展，既不允许延缓也不允许加快。大自然是严厉的，它会用心理畸形，也就是反常或者“迟滞”来惩罚哪怕是最轻微的不服从行为。

儿童拥有一种不同于成人的驱动力。成人经常出于某种外部动机而活动，并为此做出艰苦的努力和巨大的牺牲。但是，如果成人想要完成这一活动，他就必须得到他曾在童年期拥有的力量和勇气。

另一方面，儿童不会因为辛苦地工作而感到疲累。他通过工作获得了成长并积聚了能量。儿童从来不会要求免除自己的责任，相反，他只是说自己能完成任务。儿童的生命有赖于促进其成长的工作，因为儿童必须工作，否则他就会死亡。

如果成人不理解这一秘密，那么他们对于儿童工作本质的理解就将仅仅停留在过去的水平上。他们会阻碍儿童的工作，认为休息会对儿童的成长有更大的帮助。成人会为儿童做各种事情，而不是让儿童自己做他本应该做的事情。成人热衷于付出最少的精力和花费最少的时间做一件事。因为成人比儿童更加灵巧和富有经验，所以他们总是试图为儿童洗澡、穿衣，抱着儿童走或者把他放在童车里推着走；他们总是试图为儿童整理房间而不让儿童帮忙。

一旦我们给予儿童自由活动的空间和时间，他就会立即喊道："我要做这件事情。"在我们的学校里，我们为儿童提供了适合他们需要的环境。我们学校的孩子会说："请帮助我独立完成这件事情。"这句话反映了儿童的内在需要。

这句看似自相矛盾的话语背后隐藏着一个多么深刻的道理！成人应该帮助儿童，但帮助的目的是让儿童独立做事和独自完成自己的工作。这表明，儿童不仅有自身发展的需要，还应该拥有一种生机勃勃的环境。这种环境不是供儿童去征服或者享受的，而是作为一种手段让儿童完善他的各类活动。这种环境很显然必须由懂得儿童内在需要的成人来准备。因此，我们的儿童教育观念既不同于那些为儿童做一切事情的人的观念，也不同于那些让儿童处于一种完全被动的环境中的人的观念。

由此可见，仅仅为儿童准备一些在形状和尺寸上适宜他需要的东西是不够的，成人还必须接受培训以帮助儿童成长。

28. 主导本能

自然界存在两种生命形式：一种是成熟的生命形式，另一种是未成熟的生命形式。这两种生命形式截然不同，甚至是相互对立的。成人的生活以斗争为特征。这些冲突，可能正如拉马克[1]所阐述的，起源于对环境的适应；也可能如达尔文[2]所阐述的，起源于竞争和自然选择。后一种类型的冲突不仅促进了物种的生存，而且还通过性别征服引起了自然选择。

社会的发展或许可以与成年动物身上所发生的事情相提并论。人们必须做出持续的努力以保存生命，并使自己免受敌人的侵害。在使自己适应环境的时候，人们会经历各种麻烦和困难。人们会被激发起爱，并进行性别征服。达尔文探索出了物种进化的原因，即生物自身的逐渐完善和适者生存。唯物主义历史学家以相似的方式，将人类进化的原因归结为人们之间的竞争和较量。

在书写人类历史的时候，我们唯一掌握的材料就是成人的各种活动。但是，在自然界中并非如此。在无数的能展现生命的形式中，能够让我们理解生命的真正关键是年幼的和发展中的生物。所有的生物在生命之初都非常脆弱，不能进行斗争；所有的生物在自己尚未具备任何适应性的器官之前，就已经存在了。没有一种生物是以成熟的形式开始其生命的。

生物的内部肯定还隐藏着另一种形式、另一些手段和另一些动机，它

---

1 拉马克（Jean-Baptiste Lamarck，1744—1829），法国博物学家，生物学伟大的奠基人之一。他最先提出生物进化的学说，是进化论的倡导者和先驱。——中文译者注

2 达尔文（Charles Robert Darwin，1809—1882），英国生物学家、进化论的奠基人。——中文译者注

们不同于成熟个体与其周围环境相互作用时所呈现出来的东西。研究那些处于发展过程中的生物是极其重要的，因为在它们身上可以发现生命的真正关键所在。成熟个体的经验仅仅解释了生物生存过程中的一些偶然事件。

那些对生物的早期生活进行研究的生物学家，已经使自然界的这个最神奇和最复杂的部分清楚地展现出来了。他们的研究表明，所有生物的身上都存在着令人惊讶的奇迹和令人赞叹的潜能。总之，整个自然界都充满着诗意。在这个方面，生物学已经指出，物种是如何通过内在的指导来保存自己的。这些内在的指导也被称为“主导本能”，以区别于生物面对环境时所直接做出的本能反应。

从生物学的角度而言，所有的本能都可以根据它们各自不同的目的被划分为两个基本的类别，即保存个体的本能和保存物种的本能。在这两类本能中，我们都能发现一些短暂的或持久的反应或态度，比如，个体与其特定环境之间的短暂冲突。除此之外，还存在着其他固定的主导本能，这种本能对于保存个体生命是必不可少的。

在关于个体生命保存的短暂本能中，防御是其中的一种，它的目的是对抗那些有敌意的或者有威胁性的东西。另一方面，在有关物种保存的本能中，也有一种短暂的反应，它将导致两性间的结合或冲突。由于这些短暂的本能更激烈、更明显，因此，生物学家首先对它们进行了观察和研究。然而，后来人们开始更多地关注那些与个体和物种保存相关的，并且时间更持久的本能，这些本能被称为“主导本能”。

这些主导本能与生命本身所具有的多种功能有着密切的关系。它们不像微妙的内在敏感性那样对环境有那么多的反应，正如纯粹的思维是心理的一种内在特性一样。也许我们可以把这些主导本能看作生命内在的、能帮它应对外部世界的一种非同寻常的思维。因此这些主导本能并不具有短暂冲突的冲动性特征，而是以知识和智慧为特征。它们引导这些生物穿越时间（个体）的海洋，到达永恒（物种）的彼岸。

这些主导本能是令人惊讶的，因为它们为处于生命初期的婴儿提供了直接的指导和保护。这时，婴儿虽然还很不成熟，但是正走在充分发展的路上。在这一阶段，婴儿还不具备人类这个物种的特征，他没有力量，没有耐力，也没有可以用作竞争的生物武器，甚至没有获得最终胜利以保证生存的希望。这里，主导本能就像隐藏在创造的秘密中的母亲或者教师那样行事。它们拯救了那些既没有力量也没有自救能力的幼小生命。

其中，一种主导本能与母性有关。法布尔和其他生物学家把这种本能看作物种生存的一个关键。另一种主导本能与个体的生长有关，荷兰科学家德·弗里斯在他对敏感期的研究中已经对此做了描述。

母性本能并不仅仅局限于雌性动物，尽管雌性动物是物种中的生育者，并在保护幼崽方面发挥了最大的作用。其实，在父母双方身上都可以找到这种本能，有时，它甚至遍及整个群体。对这种母性本能的更深入的研究表明：它是一种神秘的力量，并不必然与现存的个体相关，而是为了保护整个物种而存在的。

因此，母性本能是对与物种保存有关的主导本能的一般性定义。它具有所有生物都具有的某些特点。比如，它会要求成年动物暂时放弃其他本能。比如，一头凶猛的动物会表现出温柔和耐心，而这种温柔和耐心并不是它先天就有的；一只鸟儿，无论是飞到远处觅食还是躲避危险，都会密切地注视着自己的巢。它会寻找其他的躲避危险的方法，但绝不会丢下它的巢逃走。物种的一些固有本能会突然改变它们的特点。比如，许多物种会建造一个庇护的场所。我们其他时间在它们身上是找不到这种倾向的，因为一旦它们长大了，它们就会按照自己所发现的那样去适应自然。此时，它们的建造活动是为了给它们的后代提供一个庇护所。每一个物种都有自己所要遵循的进程。没有一种生物是把它最初遇到的材料胡乱地堆积在一起的，或者仅仅使它自己适应一片特定的区域。不，在这方面，母性本能会给予它们固定的和精确的指导。

各种不同的鸟是以其物种特有的方式来筑巢的。此外，一些昆虫是令人惊叹的建筑师。比如，蜂巢就是名副其实的王宫，它是用完美的几何线条建造起来的。整个蜂群共同劳动，为下一代建造了这个家。我们还注意到其他一些虽然不是如此令人叹为观止却极其有趣的动物勤劳工作的例子。比如，蜘蛛为了防御敌人而织了一个巨大的网。但是，之后它突然间就忘记了自己的敌人和需要，转而开始进行一项新的工作。它用丝密密地编织了一个精致的小袋。这个小袋是防水的，通常由两层组成，以抵御蜘蛛栖息地的寒冷和潮湿。蜘蛛在这个小袋中产下卵，但令人吃惊的是，蜘蛛是如此强烈地依恋着这个小袋，以至当它看到小袋被撕裂或破坏时，会悲伤地死去。这个小袋仿佛已经成为它身体的一部分。因此，它的爱集中在这个小袋上，而不是它的卵上或最终从卵里孵出来的小蜘蛛上。它甚至都没有注意到卵或小蜘蛛的存在。本能指导这位蜘蛛妈妈在没有一个生物作为直接对象的情况下，为这个物种工作。因此，存在着这样一种本能：它的眼前虽然没有一个服务的对象，但依然不可阻挡地发挥着作用；它表现出一种对内在命令的服从，去做自己必须要做的事情，去爱自己必须要爱的东西。

蝴蝶在它们的整个生命期间都以花朵上的花蜜为食，并不需要其他任何食物。但是，到了产卵的时候，它们却从不把卵产在花朵上。这时，它们受到的是另一种本能的指导。它们之前那种对个体有利的觅食本能，被另一种本能代替了。这时，蝴蝶开始吃另一种食物，虽然这种食物对于蝴蝶自身是没有用的，但它对于那些最终孵化出蝴蝶的幼虫是必不可少的。因此，昆虫自身携带着一些自然的指令，尽管这些指令与它自己不相干，但对于它所属的物种是有益的。瓢虫和其他类似的昆虫从来不把它们的卵产在叶子的顶端，而是产在叶子较低的部位，以便从卵中孵出来的并以叶子为食的幼虫可以在那里得到保护。在大量的其他昆虫身上，我们也发现了类似的本能。这些昆虫会为它们的后代选择一些植物作为食物，但是它们自己从来不以这些植物为食。它们本能地知道什么食物能为它们的后代提供更适宜的营养，它们甚至还能预测到雨水和太阳可能带来的危险。

负有物种保存使命的生物改变了自己的习性，并进行了自我改造，就好像支配它自身的规律在一段时间内被搁置了起来，而它自己正期待某个伟大的自然事件——创造的奇迹，发生一样。然后，它开始进行一些超乎寻常的活动，在这个奇迹面前进行了一种可以被看作“典礼”的活动。

事实上，自然界最辉煌的奇迹就是：尽管新生儿是完全缺乏经验的，但是他们有能力使自己适应外部世界，并保护自己免受外部世界的伤害。他们之所以能够做到这一点，是因为他们在敏感期内获得的部分本能。这些本能引导着他们克服接连不断的困难，并且以不可阻挡的力量不断地激励他们。但是，自然界并没有把给予新生儿的保护同样地给予成人。自然界有着自己的规律，并密切注视着这些规律，看其是否得到了遵循。因此，成人必须在主导本能为了保存物种而设定的范围内进行合作。

正如我们经常在昆虫和鱼身上看到的，成年生物和新出生的生物各有其主导本能，而且这两种主导本能以明显不同和独立的方式起着作用。在这种情况下，父母和其后代是永远没有交集的。在较高等的动物身上，这两种本能够协调一致地起作用。母亲的主导本能和她后代的敏感期之间是一致的，这使得母亲和孩子之间产生了爱，或者形成了一种母性关系，而这种关系会扩展到整个有组织的社会中，由社会承担对下一代的照料。比如，在群体生活的昆虫身上，如蜜蜂、蚂蚁等，这种情况就会出现。

物种并不是靠爱和牺牲而得到保护的，而是主导本能作用的结果。主导本能扎根于生命的伟大创造之中，并决定了各个物种的生存。生物在照料其后代时所产生的情感使得它们更容易完成自然所赋予它们的使命，同时让它们感受到因为完全遵循自然的指令而带来的特殊的乐趣。

如果我们想要快速地了解成人世界，那么，我们可以说，支配成人世界的自然规律会周期性地出现一些例外。为了一种更高的利益，这些看似绝对和不可变更的自然规律会被暂时搁置起来。它们会让步于那些有利于其物种新生命的新规律。因此，通过不断的搁置和更新自然规律，生命得以永恒地延续下去。

现在，我们可能会问自己：“人是如何适应这些自然规律的？”人是一种最高级的综合体，他自身包含了较低等动物的所有自然现象。人集中体现了这些自然现象并超越了它们。更重要的是，人类通过自己的聪明才智用一种理性的光辉把它们包装起来，并通过艺术作品展示出来。

那么，儿童和成人这两种不同的生命形式是怎样的呢？它们又是在哪些非凡的方面展现自己的呢？实际上，这两种生命形式并不是显而易见的。如果我们想要在人类世界中寻找它们，那么我们只好说只有一个成人世界，它只关注身外之物并追求一种更轻松的生活。成人的心思主要放在征服和生产上面，貌似没有其他的事情比这更重要的了。人类的努力在竞争中被抵消或削弱了。成人只会从自己的逻辑和视角出发看待儿童。他把儿童看作一个不同的、无用的人，并因此避而远之。或者，在所谓的教育方面，他试图直接把儿童引向自己的生活轨道。他就像蝴蝶那样（如果这可能的话），弄破幼虫的茧，鼓励它飞翔；或者就像青蛙那样，把蝌蚪拉出水面，尽力让它在陆地上呼吸，并且将它的黑皮肤变成自己的绿色。

成人或多或少地就是用这种方式来对待儿童的。成人向儿童展示他们的完美、成熟以及他们光辉的过去，并且期望儿童模仿他们。但是，他们没有意识到，儿童的生活恰恰需要一种不同的环境和生活形式。

我们怎么解释人类所形成的这一误解呢？人类本是最高度进化的生物，是物质世界中最高级的生命形式。他被赋予了智慧，他是环境的主人，他充满了力量。在工作能力方面，其他生物难以望其项背。

然而，人类作为自己环境的建筑师、建设者、生产者和塑造者，为儿童所做的却远不如蜜蜂和其他昆虫为其后代所做的。难道人类完全缺乏主导本能这种最高级、最基本的要素吗？在所有生物都具有的这种确保物种生存的现象面前，人类真的是无助的和盲目的吗？

人应该具有与其他生物一样的感觉，因为在自然界中所有的生物都是被改造的，而不是被毁灭的。即使这种力量偏离了其合适的对象，它也仍然渗透于宇宙的万事万物之中。

人是建设者，但是他在哪里为儿童创设了一个合适的环境呢？那里应该是一个美丽的地方，并且尚未被外界的需要污染；那里还应该富于无须任何回报的慷慨的爱。是否存在这样的一个地方？在那里，成人觉得有必要放弃自己惯有的行为模式；在那里，他觉得竞争并不是生命的必要组成部分；在那里，他意识到利用他人获得利益并不是生存的秘诀，而自我克制似乎才是生命的真谛。难道不存在这样一个地方吗？在那里，人们渴望打破把心灵束缚在外部世界上的镣铐；在那里，人们渴望能够出现一个滋养新生命的奇迹；在那里，人们追求那些能超越个体并达到永恒的东西。这就是人类自救的方式：他必须放弃以前的论证推理，只有这样才能开始获得真正的信仰。

当一个人有了自己的孩子时，他就会产生这样的情感。像其他生物一样，他应该放弃自己的行为方式和思想，这样才能使生命达到永恒。

是的，在这样的地方，人类不再觉得征服是一种需要。此时，净化和纯洁心灵成为需要，人类开始追求简单和平静。在那个内心平静的地方，人类开始寻求自我生命的更新，寻求从外界的负担中获得重生。

是的，人类必须要有超越日常生活的伟大抱负。它们代表着一种神圣的声音，在这种声音下，没有什么能够沉寂，它呼唤着人们聚集在儿童的周围。

29. 作为教师的儿童

如今，研究的一个重要目标就是发现人类的主导本能。在没有先例指导的情况下，我们已经开启了这片新的探究领域。我们已经证明了某些本能的存在，并且指出了如何对它们进行研究。但是，这样的研究只能在正常的儿童身上进行，即那些生活在适宜环境里正常发展的儿童。在这种情况下，一种新的人性将会清晰地展现出来，并且毫无疑问，这是一种正常的人性。

无数的经验证明，这一研究无论是对于教育还是对于社会而言都是非常重要的。很清楚的一点是，如果人类还拥有一种我们所不知道的本性，那么，人类也将拥有一种不同的社会组织形式。但是，这种正常化的成人社会只有通过教育才能实现。这样的社会，不可能来自个别改革家的想法和力量的转变，而只能来自整个社会缓慢而稳定的更新，来自逐渐突显出来的儿童和青少年的世界。这个世界中将会逐渐呈现出启示和指导，这将指引社会步入正常轨道。设想或寄希望于通过理论变革或者个人努力就可以填补由于压制儿童而导致的巨大空白，将是十分愚蠢的。只要儿童不能按照自然法则发展，并且忍受心理畸形的折磨，人类就将永远是不正常的。能够帮助人类的力量就隐藏在儿童的身上。

我们必须坚信这句古老的格言："了解你自己。"那些对人类身体健康做出了巨大贡献的生物科学正是从这句格言中萌芽出来的。尽管人类在生理卫生研究方面已经取得了长足进步，但对心理世界的研究仍然处于未知的状态。在人体知识方面的第一个成就，就是通过对尸体进行解剖而获得的；而关于人类心理方面的新进展将会通过对新生儿的研究而获得，这种研究对于促进人类文明进步而言是必不可少的。只要儿童正常化这个问题得不到解决，教育或者社会的问题就得不到解决。

成年人身上的问题也需要这样来解决。成人面临着自我认识的问题，即认识那些指导人类心理发展的神秘规律。但是，这个问题已经被儿童用实践的方式解决了，而且除了这种方式，似乎没有其他的解决办法。心理发生畸形的人们极力追求各种权力和威望，他们沉浸于各种利益中，而这些利益如果没有被正确地使用，就可能转化为一些危险的东西。这也就是为什么任何的利益、发现或发明都可能为这个社会增添罪恶，进而困扰这个社会的原因。我们可以看到机器带来的这种社会影响：机器可以促进人类的物质生产，也可以用于战争，还可以积聚巨大的利润。在物理学、化学和生物学方面取得的新进展以及新的交通工具的出现，已经使痛苦不断地加剧和暴行最终取得了胜利。我们已经不对外部世界抱有希望了，除非人类正常化被认为是社会的基本需要。只有到了那个时候，物质的进步才能带来真正的幸福和更高级的文明形式。

儿童决定着未来社会的命运。那些想要为社会带来利益的人们必须保护儿童不发生心理畸形，并且密切观察儿童自然的行动方式。儿童是神秘的、有力量的，儿童身上隐藏着人类本性的秘密。

30. 儿童的权利

在20世纪初之前，社会并不关注儿童，儿童被完全托付给家庭照料。儿童所拥有的唯一保护就是其父母的权威，这是两千多年以前罗马法律的遗俗。在这段漫长的时期内，文明取得了很大的进步，关于成人的法律也有了很大的改进。但是，儿童却没有得到任何的社会保护。对于儿童来说，他能得到的仅仅是他所出生的家庭提供的物质、道德和智慧上的帮助。如果一个儿童所在的家庭没有财力，社会也不可能为这个孩子担负起任何责任，那么这个孩子就只能在物质、道德和智慧的贫乏中长大。社会不会要求父母做好准备，以便他们可以很好地照料自己的孩子。虽然政府在制定官方文件时是如此的严密，对条文细节是如此的谨慎，对调控社会的其他方面是如此的急切，但是，它对于未来的父母如何保护其子女并为其子女提供适宜的发展条件方面却毫不关心。它也没有为这些父母承担责任提供任何的准备和指引。直到现在，一对要结婚的男女所要做的事就是获得一张证书和举行一个结婚仪式。

从所有的这一切我们可以断定，社会对这个被大自然赋予了职责以建设人类社会的幼小工作者是漠不关心的。相对于一直在获得大量利益的成人，儿童一直处于被流放和被遗忘的状态。

在大约70年以前，医生们开始对儿童产生了研究兴趣，并逐渐意识到儿童是社会的牺牲品。那个时候的儿童比现在的儿童遭受了更多的遗弃。那时没有专门为儿童服务的专家或医院。当统计数据显示新生儿有着很高的死亡率时，人们才开始从“昏睡”中苏醒过来。研究数据表明，虽然一个家庭能生很多孩子，但是只有一小部分能够存活下来。儿童的死亡被认为是十分正常的事情，以至当儿童死亡时，他的家人会以这种想法安慰自己：他们的后代直接到天堂去了。有如此多的新生儿死于被忽视和缺乏照料，但是他们的死亡却被认为是正常的事情。

但是，当人们意识到他们应该为儿童做些事情的时候，一场旨在激发父母意识的运动就广泛开展起来了。父母们被告知，仅仅给予孩子生命是不够的，他们还应该利用最新的科学发现使孩子避免生病和死亡。这意味着他们必须学习儿童卫生保建方面的知识并且知道如何运用它们。

但是，儿童不仅仅是在家庭中遭受着痛苦。在19世纪的最后十年，当医生们开始研究发生在工人身上的疾病，并为社会卫生学奠定基础时，他们发现，除了因为缺乏卫生知识而导致的传染性疾病外，儿童还忍受着其他疾病的折磨。

儿童在学校中也忍受着痛苦，这些痛苦是由社会施加给他们的。在学习阅读和书写的时候，儿童由于长时间地趴伏在桌子上，导致了脊椎收缩和胸腔变窄，易患上结核病；由于在光线很暗的环境中长时间地阅读，儿童得了近视；由于长时间地被限制在狭窄和拥挤的地方，儿童的身体变得普遍衰弱了。

但是，儿童的痛苦不仅仅是身体方面的，还有精神方面的。强制性的学习给儿童带来了恐惧、疲倦、神经衰弱，让他们变得沮丧、忧郁，不再快乐。

通常儿童的家庭丝毫不会考虑这一切。儿童的父母仅仅关心儿童是否通过了考试，是否以尽可能快的速度学习，这样他就不需要再为子女的教育投入更多费用了。他们并不太关心学习本身或者子女对文化的掌握，他们只关心承担社会责任所需要的花费。所以，他们感兴趣的只是让儿童在尽可能短的时间内获得一张社会通行证。

那个时候所做的调查揭示了一些有趣的事实：许多儿童来到学校时，就已经被劳动折磨得疲惫不堪了。上学前有些儿童还得步行几公里给牛奶订户送牛奶；其他儿童要在街头卖报纸，或者在家里劳动。因此，当这些儿童来到学校时，他们已经又累又饿。然而，他们还会因为上课不注意听讲和未能理解老师所讲的内容而常常遭受惩罚。教师出于自己的责任感，更多的还是出于自己的权威感，企图通过惩罚激起儿童的兴趣。教师用威胁的手段强迫儿童服从，或者通过在儿童的同伴面前指责他能力低下或意志薄弱来羞辱儿童。这些儿童既在家里遭受剥削，又在学校里遭受惩罚，他们因此而耗尽了精力。

这些早期的调查揭示了这么多不公正的现象，这确实激起了社会的强烈反应。学校因此进行了各种各样的改革，医生和教师们开始为了学生的健康而共同合作。这些学校健康项目的引进对所有文明国家都产生了有益的影响。这些做法标志着社会开始迈出对儿童做出补偿的第一步。

当我们回顾这个最初的觉醒并追随整个历史的进程时，我们却无法找到任何承认儿童权利或意识到儿童的重要性的证据。然而，耶稣为了把人们从盲目中唤醒并给他们指出通往天国的道路，他抱着一个孩子说："如果你们不能成为这些小孩子中的一个，你们将不能进入天国。"但是，成人并不顾及这个有益的警告，他们仍然迷恋于把儿童引向自己的生活轨道，并把他们自己作为儿童的完美榜样。成人身上这种惊人的盲目性似乎是无药可救的。这种普遍的盲目性从人类诞生时就有了，它无疑是人类心灵中的重大秘密之一。

从遥远的古代到现在，"教育"一直与"惩罚"具有同一含义。教育的目的是使儿童隶属于成人。成人用他自己代替了自然，用自己的目的和意图代替了生命的规律。在《旧约·箴言》中，我们可以找到支持成人这样做的证据。父亲们在这本书中会读到，如果不用棍棒就会宠坏孩子。几千年间，这种情况并没有发生多大的改变。不同国家的人用不同的方式来惩罚儿童。在私立学校里，通常存在着固定的惩罚方式。这些惩罚方式包括：在儿童的脖子上悬挂一块羞辱他的牌子；把驴的耳朵竖在儿童的头上；使路过的每个人对儿童施以侮辱和嘲笑。还有一些惩罚使儿童饱受身体上的痛苦，比如，强迫儿童面朝角落站立数小时；让儿童裸露膝盖跪在地板上；使儿童在众人面前遭受鞭笞等等。现在，人们对这种野蛮的惩罚方式做了巧妙的改进，其理论依据是家庭和学校要在教育儿童的过程中共同合作。在学校里已经受到惩罚的儿童被责成回家时要将此事告诉他的父亲，这样他的父亲就可以在教师的惩罚之外再增加一些责骂和惩罚。然后，这个孩子被责成把父亲写的便条带到学校，以表明家长已经知道他儿子所犯的错。

在这种情况下，儿童发现要保护自己是不可能的。他能求助于什么法庭呢？他甚至没有申诉权，而这样的权利是罪犯都可以拥有的。当他感到苦恼时，可以作为一种安慰的庇护所在哪里呢？根本没有。教师和家长联合起来对儿童施加惩罚，因为他们相信如果不这样做，他们对儿童的惩罚就将变得无效。但是，家长并不需要学校提醒他们去惩罚自己的孩子。针对家长所使用的各种惩罚方式的研究表明，即使是在我们的时代，也没有一个国家的儿童在自己的家庭里是不受惩罚的。他们被训斥、羞辱、鞭打、打耳光；他们被关在黑暗的屋子里，甚至被威胁要接受更加严厉的惩罚；他们被剥夺了和其他儿童游戏或吃糖果之类的娱乐活动，而这些活动却是儿童唯一的庇护所，是他们在不知不觉中所承受的那么多痛苦的唯一补偿。此外，他们还被强迫饿着肚子睡觉，这样他们不得不带着悲伤和饥饿度过痛苦难熬的一夜。

虽然现在有教养的人士对儿童实施惩罚的情况已经越来越少了，但是惩罚并没有完全消失。父母仍然用刺耳的、威胁性的声调对子女进行训斥。成人认为惩罚孩子是他们的天赋权利，母亲也认为打孩子耳光是自己的一种责任。

现在，对成人实施体罚的行为已经被禁止了，因为这被认为是对人的尊严的侮辱和社交上的耻辱。但是，还有什么事情是和侮辱与虐待儿童一样卑劣的呢？在这方面，人类的良心已经完全泯灭了！

文明的进步不再依靠个人的努力或人们心中燃烧的激情。文明的进步就像一台无知无觉的机器，其推动力是一往无前的、巨大的非个人的社会力量。

社会就像一列以令人眩晕的速度朝着某个遥远目标疾驰的火车。构成这个社会的人就好比车厢中熟睡的旅客，他们那处于沉睡中的良知是社会进步的最大障碍。如果情况不是这样的话，在交通工具速度日益加快和人类灵魂日益僵化之间就不会存在如此危险的差距了。社会改革的第一步也是最困难的一步，就是唤醒处于沉睡中的人性并迫使它听听那些正在召唤它的声音。当今社会需要的是关注儿童，并且付出真诚的努力把儿童从他所处的巨大的、危险的深渊中解救出来。儿童的社会权利必须得到承认，只有这样，我们才能为儿童建设一个适合他们需要的世界。社会所犯的最大错误就是把本应该花费在儿童身上的钱用在了那些既毁灭儿童又毁灭社会的事情上。

社会就像是一个儿童的监护人，但这个监护人却在肆意地挥霍儿童的财产。成人在自己身上花费了大量的钱财，并且建造他们自己想要的东西。然而，很明显的是，他们财富的很大一部分应该是留给他们的子女的。这个真理是生命自身的本能，我们甚至在最低等的昆虫那里都能发现这一点。为什么蚂蚁要储存食物呢？为什么鸟要寻找食物并把它们带回到自己的巢里去呢？自然界并没有为成人提供这样的一种榜样，即狼吞虎咽地吃光每样东西并把自己的后代置于不幸之中。然而，成人并没有为儿童做任何事情。他们只是保护儿童的身体使之得以存活而已。当社会由于过度的浪费而迫切地需要钱财时，它就从学校里，尤其是从保护人类生命萌芽的幼儿学校里攫取钱财。它之所以能从这些学校里攫取钱财，是因为没有人站出来保护这些学校，这是人类最大的罪恶和错误之一。社会甚至没有意识到，当它把这些钱财用于制造战争武器时导致了双重毁灭。这两种毁灭分别是通过阻碍生命发展和带来死亡而实现的，这两种毁灭正是由同一个错误导致的。由于成人没有付出努力以保证儿童生命的健康发展，所以人是以一种不正常的方式长大的。因此，成人必须重新组织起来，不是为了他们自己，而是为了他们的孩子。他们必须大声地呼唤一种权利，虽然他们自身固有的盲目性阻碍自己发现这种权利，但是这种权利一经肯定就再不会受到怀疑。尽管社会一直是儿童的一个不可靠的监护人，但是它现在必须使事情回到正确的轨道上来并把遗产还给孩子。

父母的使命

父母不是子女的创造者，而只是他的监护人。他们应该像承担某种崇高的使命一样去保护儿童、关心儿童。为了他们那崇高的使命，父母应该净化大自然植根在他们心中的对子女的爱，他们应该力图理解：这种爱是一种深刻情感的有意识表达，而且这种爱不应该被自私和懒惰污染。对于父母来说，他们应该关心这个重大的社会问题，关心世界上为承认儿童权利而进行的斗争。

近年来，我们对人的权利，尤其是工人的权利已经谈得很多了。现在，是时候谈论儿童的社会权利了。承认工人的权利对于社会来说具有非常重要的意义，因为人类的生存主要依赖人类劳动。但是，如果说工人们生产出了人类的消费品，那么儿童则创造了人类自身，因此儿童的权利更需要得到社会的承认。很明显，社会应该给予儿童最大的关怀，这样，它反过来也可以从儿童那里获得新的能量和潜能。

人类长期以来一直忽视甚至遗忘了儿童的权利，他们没有意识到儿童的价值、能力以及真正本性。这个事实应该唤醒人们的良知。

所有的父母都有一个重要的使命。他们是唯一能够拯救儿童的人，因为他们可以联合起来为社会的改造一起努力。他们必须感激大自然赋予他们的这个使命。他们在社会中担当着重要的角色，就他们给予了儿童的生命而言，他们掌握着人类的未来。如果他们不去做自己应该做的事，那么他们就会像彼拉多一样。

彼拉多本来应该可以拯救耶稣，但他却没有这样做。一群暴徒紧抱着古老偏见不放，他们想要救世主的命，而彼拉多却没有坚决有力地反对他们。

今日的父母就像彼拉多。他们把自己的孩子抛给社会习俗，就好像这样做是不可避免的一样。没有人为维护儿童而发声，如果有种声音是维护儿童的，那应该是爱的声音、爱的力量和父母的权威。

正如爱默生所说，儿童就像弥赛亚一样，因为他之所以降临到堕落的人间，是为了带领人们重返天国。

The Secret of Childhood

童年的秘密

(英文版)

Maria Montessori

INTRODUCTION

CHILDHOOD: A SOCIAL PROBLEM

For some years childhood has been an object of intense social interest. Like other great movements this interest has not been aroused by any single individual but it has burst forth like a volcano shooting forth fires in all directions. Science provided the incentive for this new movement by drastically reducing the rate of infant mortality. Then it came to be realized that children were frequently worn out from the drudgery of their school work.

Studies made of children's health showed that their lives were unhappy, their minds fatigued, their shoulders bent, and their chests so constricted that they easily fell prey to tuberculosis.

But now, after decades of research, we have come to see that children are human beings whose lives have been warped by those who have given them their life and sustenance and by the society of adults about them. But what are children? For adults, who are taken up with their own ever more absorbing occupations, they are a constant source of trouble. In the cramped quarters of modern cities, where families are crowded together, there is no real place for children. Certainly there is no place for them on the streets swarming with cars or on the sidewalks thronged with people hastening on their way. Adults have little time to spend on children since they are busy with their own pressing duties. Frequently both father and mother must work; and, if work is lacking, both they and their children endure great sufferings. Even when children live in more fortunate circumstances, they are confined to their rooms and entrusted to the care of strangers. They may not pass into that part of the house reserved for their parents. There is no place where they feel that they are understood and where they can carry out their own proper activities. They must keep quiet and touch nothing, since nothing is their own. Everything is inviolable, the exclusive property of adults and, consequently, forbidden to children. What do they own? Nothing. Not too long ago small children did not even have their own little chairs to use.

When a child sat on the floor or on the furniture of his elders, he was scolded. Someone had to pick him up and hold him on his lap. And this still is the condition of a child who lives in adult surroundings. He is like a beggar that looks for something and fails to obtain it. When he enters a room he is immediately repulsed. His position is like that of one who has been robbed of his home and civil rights. He is a being relegated to the margins of society, to be condemned, insulted, and punished by any adult as if this were the latter's natural right.

Because of some psychological quirk, adults are little concerned with preparing a proper environment for their children. It might even be said that society is ashamed of them. Though men make laws for themselves, they have left their offspring without laws, and, consequently, outside of them. Children become the victims of the parents' tyrannical instincts. And yet children come into the world endowed with new energies that could correct the errors of past generations and give a new breath of life to the world.

In recent years, however, men, who for long centuries, perhaps even from the very beginning, were insensible to the needs and destiny of their children have become more aware of them. A great advance was made through child hygiene which saved vast numbers of infants from perishing in their first year of life. At the beginning of the twentieth century, when men began to take proper care of their health, the life of a child came to be seen under a new aspect. Schools were modernized. New principles of education characterized by their sweetness and tolerance were adopted in homes and schools.

In addition to these results, which may be attributed to the advancements made in science, there were other movements which had their origins in a deepening of human sensitivity. Children are now taken into account. In the cities, gardens are set aside for them and parks and squares are reserved for their games. Children's theaters have been created, and books and magazines are published especially for them. They have their own outings and furniture to fit their needs. With the growth in social consciousness, various efforts have been made to provide organizations such as the Boy Scouts or Campfire Girls which give the children training and a sense of their own dignity. Political agitators have also sought to gain possession of children in order to make them the docile instruments of their own revolutionary projects. Whether we like it or not, the interest now being taken in children is here to stay, whether it is directed towards their own good or whether it uses them as means to some further end. Childhood is now recognized as an essential part of society. Children are no longer the sole concern of their parents to be paraded around in their Sunday best. No, they are now recognized as a part of the society in which they live.

As we have already observed, the improved status of children has not been achieved through the efforts of individuals or even the cooperation of various groups and organizations. To what must it be ascribed? To the fact that the child's day has dawned, bringing with it consequences for society that are of the utmost importance.

We must evaluate the significance of this new development for society, for the state, and for the whole of humanity. The various spontaneous movements without any reciprocal ties that have given rise to this new interest in children show that it was not the result of any single factor but rather of a natural surge and impulse towards a great social reform, and one which heralds a new era. We are the last survivors of an epoch that is now passed, when men were solely occupied in creating an easy, comfortable, and adult existence for themselves without a real regard for children.

We now find ourselves on the threshhold of a new era when it will be necessary to work for both children and adults. We are entering now upon a new political order that must provide for its subjects two distinct social environments, one for the adult and one for the child.

The task that confronts us is not the further organization of social movements already begun or the coordination of various private enterprises on behalf of children, for in so doing we would simply be acting as adults banded together to assist something outside ourselves, children, without really coming to the heart of the problem.

Instead, the social question of childhood penetrates deeply into our inner lives, rousing our consciences and stirring us to act. A child is not a stranger, one simply to be observed from outside. Rather, childhood constitutes the most important element in an adult's life, for it is in his early years that a man is made.

The well-being of the adult is intimately connected with the kind of life that he had when he was a child. Our mistakes fall upon our children and make an indelible impression upon them. We shall die, but our children will suffer the consequences of our errors. Whatever affects a child affects humanity, for it is in the delicate and secret recesses of his soul that a man's education is accomplished.

Diligent and consciencious efforts made on behalf of children will enable us to discover the secrets of mankind just as scientific investigations have enabled us to penetrate into so many of the secrets of nature.

The social question of childhood might be compared to a tiny plant that has hardly broken through the earth but which attracts us by its freshness. Its roots are deep and not easy to remove. If we dig down and remove the dirt, we shall see that they extend like a labyrinth far out in all directions.

These roots are symbolic of man's obtuseness. We must remove the accretions of years that prevent us from really understanding children and acquiring an intuitive knowledge of their souls.

The startling blindness of adults, their insensibility with regard to their own offspring, is something that is deeply rooted and of long duration. An adult who loves children but unconsciously condemns them inflicts upon them a secret sorrow which is a mirror of his own mistakes. The social question of childhood makes us appreciate the laws governing man's natural development. It gives us a new awareness of ourselves and a new direction to our social life.

PART I

1. THE ERA OF THE CHILD

The progress made in recent years in the care and education of children has been so amazingly rapid that it is more to be attributed to a general awakening of conscience than to a rise in the standard of living. First, there has been the progress made in the care of children's health, which had its rise in the last decade of the nineteenth century, and, second, there has been the new and highly important light that has been thrown on the child's personality itself.

Today it is impossible to study any branch of medicine, philosophy, or sociology without taking into account the contributions gained from the study of child life. This is much more important, for example, than the light which embryology has thrown on every phase of biology and evolution. But the influence of the knowledge to be derived from children is much greater in that it extends to all human questions.

It is not the child as a physical but as a psychic being that can provide a strong impetus to the betterment of mankind. It is the spirit of the child that can determine the course of human progress and lead it perhaps even to a higher form of civilization.

Ellen Key, a Swedish poet and author, actually foretold that our century would be *the century of the child*. A similar expression may be found in the first speech given by Victor Emmanuel III as king by those who have the patience to search through the records. In this address, delivered in 1900, on the very threshhold of the century, he referred to the new era opening up with the century, calling it "the century of childhood."

These prophetic utterances may well reflect the impressions aroused in men's minds by the science of the last decade of the nineteenth century, when they came to appreciate the sufferings endured by children from infectious diseases, which carried them off ten times as frequently as adults, and from the rigors of school.

But no one could have foreseen that children had concealed within themselves a vital secret capable of lifting the veil that covered the human soul, that they carried within themselves something which, if discovered, would help adults to solve their own individual and social problems. And it is this which can lay the foundation of a new science of child study that can have an important influence on the whole of society.

THE CHILD AND PSYCHOANALYSIS

Psychoanalysis has opened up a hitherto unknown field of research, enabling us to penetrate into the secrets of the subconscious, but it has solved very few of the urgent problems of practical life. Nevertheless it can help us understand the contributions that can be given by the hidden life of a child.

Psychoanalysis has, we may say, broken through what psychology once thought was impassable, the rind of consciousness, just as men finally passed through the Pillars of Hercules, which ancient thought once set as the limits of the world.

If psychoanalysis had hot sounded the ocean of the subconscious, it would be difficult to explain how a child's mind could give us a deeper understanding of human problems.

As is well known, psychoanalysis was originally a branch of medicine, a new technique for the cure of psychic disorders. It made a truly brilliant discovery of the power which the subconscious has over the actions of men. It has revolutionized older ideas by penetrating into the subconscious and making a study of psychic reactions which bring to light secret factors of great importance. They reveal a vast and unknown world but one intimately connected with a person's destiny. But psychoanalysis has not succeeded in exploring this unknown world. It has hardly gone beyond the Pillars of Hercules and has not ventured out into the expanses of the ocean. A prejudice similar to that of the ancient Greeks limited Freud to the study of pathological rather than normal cases.

In the last century the psychiatrist Charcot discovered the subconscious. In exceptional cases of grave psychic illness the subconscious was seen to manifest itself like the inner seething of a volcano that breaks through the crust of the earth. The strange contrasts between the subconscious and the individual's conscious state were taken simply as symptoms of the disease. Freud advanced further. Making use of an elaborate technique he discovered a way to penetrate into the subconscious, but he was almost exclusively concerned with abnormal states. For how many normal individuals would freely submit themselves to the painful tests of psychoanalysis, that is, to a kind of operation on one's soul? It was from treating the sick that Freud deduced his psychological theories. The new psychology was, as a consequence, largely based on personal experiences in dealing with abnormal cases. Freud beheld the ocean, but he did not explore it, and he portrayed it as a stormy strait.

This is why Freud's theories are inadequate and why his technique for treating the mentally ill is not entirely satisfactory and does not always lead to a cure. And this is why social traditions, the deposit of ancient experiences, have set up barriers to some of Freud's theoretical generalizations. For the exploration of the immense reality of the subconscious, there is obviously a need for something more than clinical techniques and theoretical deductions.

THE SECRET OF CHILDHOOD

Other branches of science and different concepts should also be used to enter into this vast unexplored region of the subconscious. These can perhaps help us in our study of man from his origins as we seek to trace the development of a child's soul through its reaction to his environment and witness the tragic drama of the secret struggles which leave the soul dark and twisted.

One of the most striking discoveries of psychoanalysis was that a psychosis can have its origins in infancy. Forgotten incidents called up from the subconscious have shown that children were victims of unknown sufferings. This discovery was both impressive and disturbing since it was so opposed to what was generally believed. These childhood sufferings of a purely psychic order are slow and persistent, and they have never been recognized as potential causes of psychic illness in adults. They sprang from the *repressions* of a child's spontaneous activity by a dominating adult. They are consequently associated with the adult whose influence is greatest over the child, the child's mother.

We should carefully distinguish between two levels of inquiry open to psychoanalysis. One of these, which is more superficial, comes from the struggle between an individual's natural instincts and the environmental conditions to which he must adapt himself, since these are often in conflict with his primitive desires. Such conflicts can be cured since it is not difficult to bring the underlying causes of the disturbance to the level of consciousness. But there is another and deeper level that must at times be probed, that of childhood memories, where the conflict was not between a man and his current social environment but between a child and his mother, or, more generally, between a child and an adult.

Conflicts of this sort, which have scarcely been touched by psychoanalysis, are difficult to cure. Little has been done to resolve such conflicts; at best they have been taken as an indication of the cause of illness.

In the treatment of any disease, whether physical or mental, it is now recognized that what occurred in one's childhood should be taken into account. Those sicknesses that can be traced back to childhood are as a rule the most difficult to cure and the most serious. The reason for this is that the pattern of an adult's life is fixed in his early years.

Though physical ills have led to the development of special branches of medicine such as prenatal care and infant hygiene and have made society much more conscious of the physical health of children, men's mental ills have produced no similar effect. Though it is now realized that serious psychic disturbances in adults and their difficulties in adjusting themselves to the world in which they live have their origin in childhood, no attempts have been made to resolve these childhood conflicts.

Failure to do so may perhaps be due to the fact that psychoanalysis employs a technique of probing the subconscious. But this technique, which makes surprising discoveries in the case of adults, cannot be used with children and actually proves to be an obstacle if attempted. A child cannot be induced to recall something which happened in childhood since he is still in that state. Consequently, when dealing with children, there is greater need of observation than of probing. But this observation must be made from a psychic point of view and aim at discovering the conflicts that a child experiences in his relations with adults and his general social environment. It is obvious that such an approach leads us away from psychoanalytical theories and techniques into a new field of observation of a child and his social surroundings.

Such a procedure does not involve the difficult task of probing the ills of a diseased mind but of grasping the realities of human life as mirrored in the soul of a child. Practically speaking, it embraces the whole of human life from the time of birth. The history of the adventures of the human soul has yet to be written. No one has as yet described the obstacles which a child encounters or his conflicts with adults stronger than himself, who rule but fail to understand him. No one has portrayed a child's unknown sufferings, the turmoil to which his delicate soul is subjected, his failure to attain the goal intended by nature, and the growth within his subconscious self of an inferior man.

Psychoanalysis is here of little help since it is primarily concerned with diseases and remedial treatments. On the other hand, psychoanalysis can be helped by this study of the child's soul, since it deals with something that is normal and universal and aims at preventing the conflicts which are the cause of the mental diseases with which psychoanalysis is concerned.

A new field of scientific exploration has thus come into being about the child. Similar to, but distinct from, psychoanalysis, it is concerned with what is normal rather than what is abnormal and strives *to assist the psychic life of children*. It aims at furthering our knowledge of this life and awakening the consciences of adults whose erroneous attitudes towards children are the product of their own subconscious selves.

2. THE ACCUSED

"Repression," the term used by Freud to describe the deep-seated origins of psychic disturbances in an adult, is self-explanatory.

A child cannot develop and expand as it should because an adult "represses" it. But this word "adult" is in itself an abstract term. In reality a child is isolated from society; if an "adult" influences him, it is a specific adult, the adult closest to him. And ordinarily this would be first his mother, then his father, and finally his teacher.

Society, however, attributes to adults a completely different role: it credits them with the education and development of the child. But now, after the human soul has been probed to its depths, there rises from it an *accusation* against those formerly regarded as the guardians and benefactors of mankind. But since nearly all adults are either mothers, fathers, teachers, or guardians of children, we may say that all adults stand accused, that the society responsible for the welfare of children has been put on trial. There is something apocalyptic about this startling accusation; it is mysterious and terrible like the voice of the Last Judgment: "What have you done to the children I entrusted to you?"

The first reaction is one of protest and self-defense: "We did our best. We loved our children. We sacrificed ourselves for them." Two conflicting concepts are thus opposed to each other. One is conscious, the other rises up from the subconscious. The defense is familiar and deeply rooted, but of little interest to us here. What is of interest is the accusation and not the one who is accused. The latter wears himself out in the care and education of his children; he finds himself embroiled in a labyrinth of problems. He is wandering, as it were, in an open forest but one without an exit, since he does not know that the cause of his wanderings, his errors, lies within himself.

All those who speak out on behalf of children should make this accusation against adults, and they should do so constantly and without exception.

Then, suddenly, this accusation becomes an object of keen interest, for it does not denounce unwitting errors, which would be humiliating, in as much as this would imply some personal failure, but *unconscious* errors. Such an accusation leads to self-knowledge and an increase in stature, for every true advance comes from a discovery and utilization of what was unknown.

This is why at all times men's attitudes toward their own errors have been contradictory. We are all pained by conscious error but attracted and fascinated by unknown error, for it is this type of error that holds the secret to progress beyond a known and desired goal and which can, as a consequence, raise us to a higher level. This is why a medieval knight, who was ready to fight over the least violation of his personal honor, could prostrate himself before the altar and humbly admit: "I am guilty; I declare it before all; it was my fault alone." Sacred Scripture furnishes us with some striking examples of these contrasting attitudes. Why did the crowds gather about Jonas at Nineveh, and why were they all, from king to commoner, so eager to join the throngs that encompassed him? He told them that they were such great sinners that if they were not converted, Nineveh would be destroyed. How did John the Baptist call the crowds to the banks of the Jordan? What charming titles did he find to produce such an unusual concourse of people. He called them all a "brood of vipers"!

Here indeed is a strange spiritual phenomenon: men rushing together to hear themselves accused. And, further, by thus coming together they assent to what is said and admit the error of their ways. Harsh and persistent accusations bring to the level of consciousness that which has lain buried in the subconscious. All spiritual development is a conquest of consciousness, which assumes to itself something that was formerly outside. It is by going along this road of discovery that civilization advances.

Now if a child is to be treated differently than he is today, if he is to be saved from the conflicts that endanger his psychic life, a radical change, and one upon which everything else will depend, must first be made; and this change must be made in the adult. Indeed, since the adult claims that he is doing all that he can for his child and, as he further declares, he is already sacrificing himself out of love for him, he acknowledges that he is confronted with an insurmountable problem. He must therefore have recourse to something that lies beyond his conscious and voluntary knowledge.

There is also much that is unknown about a child. There is a part of a child's soul that has always been unknown but which must be known. With a spirit of sacrifice and enthusiasm we must go in search like those who travel to foreign lands and tear up mountains in their search for hidden gold. This is what the adult must do who seeks the unknown factor that lies hidden in the depths of a child's soul. This is a labor in which all must share, without distinction of nation, race, or social standing since it means the bringing forth of an *indispensable element* for the moral progress of mankind.

Adults have not understood children or adolescents and they are, as a consequence, in continual conflict with them. The remedy is not that adults should gain some new intellectual knowledge or achieve a higher standard of culture. No, they must find a different point of departure. The adult must find within himself the still unknown error that prevents him from *seeing the child* as he is. If such a preparation is not made, if the attitudes relative to such a preparation are not acquired, he cannot go further.

The act of entering into oneself is not as difficult as is imagined, since error, even if it is unconscious, causes pain and suffering. A single hint of a remedy makes one feel an acute need for relief. A man who has a dislocated finger longs to have it set since he knows that the pain will not cease and he will not be able to use his hand till this is done. In the same way, as soon as one realizes that he has erred, he feels compelled to set himself in order since the knowledge that he has acquired makes the weakness and suffering that he has long endured unbearable. When order is established everything advances smoothly. As soon as we are convinced that we have attributed too much to ourselves and have believed that we could do what actually was beyond the limits of our strength, we are eager and able to recognize the properties of souls so different from our own as those of children.

In their dealings with children adults do not become egotistic but egocentric. They look upon everything pertaining to a child's soul from their own point of view and, consequently, their misapprehensions are constantly on the increase. Because of this egocentric view, adults look upon a child as *something empty* that is to be filled through their own efforts, as *something inert* and helpless for which they must do everything, as *something lacking an inner guide* and in constant need of direction. In conclusion we may say that the adult looks upon himself as the child's creator and judges the child's actions as good or bad from the viewpoint of his own relations with the child. The adult makes himself the touchstone of what is good and evil in the child. He is infallible, the model upon which the child must be molded. Any deviation on the child's part from adult ways is regarded as an evil which the adult hastens to correct.

An adult who acts in this way, even though he may be convinced that he is filled with zeal, love, and a spirit of sacrifice on behalf of his child, unconsciously suppresses the development of *the child's own personality*.

3. BIOLOGICAL INTERLUDE

When K. F. Wolff published his findings on the division of germ cells he showed how living beings develop and grow, and at the same time he furnished us with a striking example of how inner forces work toward a predetermined goal. Through his experiments he thoroughly destroyed the physiological ideas of men like Leibnitz and Spallanzi, according to which a fertilized cell already contains the final form of the adult being. Philosophers of this period believed that a fertilized ovum contained in minute proportions, though imperfectly, the being that would eventually grow from it if it were placed in favorable surroundings. They came to this conclusion from examining the seeds of plants, which contain hidden between the two cotyledons a tiny plant with leaves and roots. If placed in the earth such a seed will grow and mature. And they transferred this notion to animals and men.

After the discovery of the microscope, however, Wolff was able to observe how living beings actually develop. He began with the embryos of birds and discovered that they originate in a single fertilized cell. The microscope showed that this cell does not possess the adult form, as had been previously imagined, but that it is like any other cell with a nucleus, protoplasm, and outer membrane. Further, every living being, whether plant or animal, comes eventually from such a primitive, undifferentiated cell. The tiny plant observed in seeds before the discovery of the microscope was in reality an embryo that had already developed from a primitive germ cell within the fruit and which would continue to grow once it had fallen to the ground.

The germ cell however differs from other cells in that it goes through a rapid process of division according to a predetermined plan, but there is not the least material evidence of this plan within the primitive cell itself, even though there are within it tiny bodies, the chromosones, that determine its hereditary characteristics.

If we were to trace the early development of an animal embryo we would see the original cell divide into two and then these two cells in turn divide into four, and this would continue until they formed a kind of empty sphere called the "morula." This sphere, as it develops, folds inwards so that another sphere with a double wall and open mouth is formed known as the "gastrula." By a continual process of cell division and involutions the embryo acquires a complexity of organs and sinews. The germ cell, therefore, which is without any visible design, follows the inner commands that it bears within itself. It is like a faithful servant who knows by heart a commission entrusted to him and carries it out without the help of any written documents which could betray the secret orders of his master. The inner plan can only be seen in the accomplished work of the indefatigable cells.

If the embryos of all mammals, and, consequently, in those of men as well, one of the first organs to appear is a tiny vesicle which develops into the heart. This beats with a fixed rhythm, twice as fast as the heartbeat of its mother. It provides the necessary sustenance for the living tissues which are being formed and beats and will continue to beat without becoming weary. The growth of the embryo is a miracle of creation and so wonderful because it is carried out in secret and alone. The cells make no mistakes in their extensive transformations. Some become cartilage, others nerves, others skin, and they all have their own separate functions to perform. This marvel of creation, however, has been carefully hidden. Nature has enveloped the growing embryo with impenetrable wrappings, and she alone breaks them when at the proper time she brings forth a new born creature into the world.

But the being that is born is something more than a mere physical body. It is like the germ cell in that it has within itself predetermined psychic principles. Its body will not function merely through its various organs. It has instincts which are not to be found in the individual cells but within a living body. Just as every fertilized cell contains within itself the plan of the whole organism, so the body of a newborn creature, no matter to what species it may belong, has within itself psychic instincts which will enable it to adjust itself to its surroundings. This is true of every living being, even the humblest insect. The marvelous instincts of bees, which enable them to live and work in such a complex society, are not to be found in eggs or larvae but only in mature bees. A bird has an instinctive desire to fly only after it has been hatched, and so on.

When a new being comes into existence, it contains within itself mysterious guiding principles which will be the source of its work, character, and adaptation to its surroundings. The external environment in which an animal finds itself does not only provide it with the means for its physiological existence but it also furnishes stimuli for the special characteristics of each type of animal, and thus enable it to contribute in its own way to the general harmony and conservation of the world. Each species of animal has an environment best suited for it, and each species has its own peculiar bodily characteristics that enable it to contribute to the general economy of the world. The place an animal will have in the universe can be seen at birth. We know that one animal will be peaceful since it is a lamb, that another will be fierce because it is a lion cub, that one insect will toil without ceasing since it is an ant, and that another will do nothing but sing in solitude since it is a locust.

And just as the lower animals, so the newly born child has latent psychic drives characteristic of its species. It would be absurd to think that man alone, so superior to all other creatures in the grandeur of his psychic life, would be the only one to lack a plan of psychic development. Unlike the instincts of brute animals, which may be seen immediately in their way of acting, a child's spirit can be so deeply hidden that it is not immediately apparent. The very fact that it is not moved by the same type of predetermined instincts that are found in irrational creatures is an indication of the depth of its freedom of action. And this inner freedom requires a personal, secret, and difficult elaboration on the part of each individual. There is in the soul of a child an impenetrable secret that is gradually revealed as it develops. It is hidden like the pattern followed by the germ cell in its development which is only seen in the process of development.

This is why it is the child alone that can reveal the plan that is *natural* to man. But because of its delicate condition, like that of all incipient beings, the psychic life of a child needs to be protected and to be surrounded by an environment that could be compared with the wrappings placed by nature about the physical embryo.

4. THE NEWBORN CHILD

AN ALIEN ENVIRONMENT

At birth a child does not enter into a natural environment but into one that has already been extensively modified by men. It is an alien environment that has been built up at nature's expense by men in their desire to obtain for themselves an easier mode of existence.

But what care have men taken to assist the newborn child as it makes the most difficult adjustment of all, that of passing from one mode of existence to another? At no other period in his life does a man experience such a violent conflict and struggle, and consequent suffering, as at the time of birth. This is a period that certainly deserves to be seriously studied, but as yet no such study has been made.

Many believe that the world is much concerned with the newborn child.

But how?

When a child is born everyone is concerned about its mother. She has suffered. But has not the child suffered as well? Care is taken to shield the mother from light and noise. But what about the child who has come from a place where it was shielded from light and sound? It also has need of silence and darkness. It has grown in a place where it was protected from all assaults, from every change of temperature, in a fluid created for its rest. And in an instant it has changed this dark and silent home for the hostile air. Its tender body is exposed to the harsh contact of solid objects and is roughly handled by thoughtless adults.

The people of the house, it is true, hardly dare to touch the newborn infant because it is so fragile. They entrust it instead to expert hands. But all too often these hands are ill suited for so delicate a task. It is not enough that a child should be held firmly in strong hands; it must be handled properly. Before she is entrusted with the care of a sick or wounded adult, a nurse learns the proper way to move a patient, how to tie a bandage or apply a remedy without causing excessive pain.

But no such care is taken with regard to a newborn child. The doctor handles it without any particular regard, and when it starts to cry in desperation no one takes it seriously: those who hear it merely smile complacently. This is the way it speaks, and its cries enable it to cleanse its eyes and fill its lungs.

After birth the child is clothed at once. In earlier times it was tightly wrapped in bands, and the tiny body which had been folded within its mother's womb was stretched out immobile as if it were set in plaster. And yet clothes are not necessary for a newborn child, nor even during the first month of its existence. And, as a matter of fact, there has been a gradual evolution in this regard. The tight swaddling bands have disappeared and have given place to light garments; and, if the process is continued, the infant's wardrobe will completely disappear.

An infant should remain naked as it is so frequently represented in art. Since the child has lived within its mother's body, it has obvious need of being warmed, but its heat should come more from its surroundings than from its clothes, which do not actually provide warmth but only retain that which is already in the body. A proof of this may be seen in the way animals care for their young. Even though these may be covered with down or fur, their mothers still hover over them, warming them with their bodies.

There is no need to insist upon this lack of care for the newborn child. I am sure that if American parents could speak to me they would tell me of their concern for infants in America. German and English parents would also, I am certain, express surprise at my lack of knowledge of the progress that they have made in the care of children. Advances certainly have been made, as I know from persona] experience in various countries, but still it must be said that nowhere is there found a sufficient awareness of what is really required by the newborn child.

If progress consists in seeing what has not been seen before and in doing what was once thought unnecessary or even impossible, we must confess that though much has been done for the newborn child, there is much more still to be done.

And here I might touch on one point: However much we may love a child, from the first moment of its arrival among us we are instinctively on our guard against it. With instinctive greed we hasten to protect whatever we possess even though it may have no intrinsic value. From the moment of a child's birth, the mind of an adult is dominated by this thought: "Take care that the infant does not soil anything or become a nuisance. Watch out! Be on your guard!"

I believe that when men will have acquired a better understanding of children they will find better means of caring for them. A newborn child should not simply be shielded from harm, but measures should also be taken to provide for psychic adjustment to the world about it. Experiments have shown the need of such provisions, and parents should be instructed in this regard.

Wealthy parents still provide magnificent cradles and precious lace for their children's clothes. But, by this standard, if whipping were still in fashion, they would see that it was done with a gold-handled switch. Such luxury shows complete ignorance of the psychic needs of a child. Family wealth should provide for a child's well-being and not for luxurious surroundings. Far better for a child would be a room shut off from the noises of the street, where there is peace and quiet, and where light and heat can be tempered and controlled.

Care also should be employed in lifting a child. This requires a certain amount of practice and skill. A newborn child is still weak. Like its mother it has passed through the danger of death. Unconsciously, the joy and satisfaction that we have in seeing it alive is in part a feeling of relief that a danger has been passed. Sometimes it may have difficulty in breathing and must be given oxygen, or it may be suffering from haemotoma, or bleeding under the skin. But still such a child must not be confused with an adult who is ill. The needs of a newborn child are not those of one who is sick but of one who is striving to adjust oneself physically and psychologically to new and strange surroundings.

Our attitude towards the newborn child should not be one of compassion but rather of reverence before the mystery of creation, that a spiritual being has been confined within limits perceptible to us.

I once saw a newborn infant that had been barely saved from suffocation plunged into a tub of water set upon the ground. As it was being swiftly lowered, the child opened wide its eyes, stretched out its tiny arms and legs, and gave a start as though it were falling. It was its first experience of fear.

The manner in which we touch and move a child, and the delicacy of feeling which should inspire us at the time, makes us think of the gestures that a priest uses at the altar. His hands are purified, his motions are studied and thoughtful, and his actions take place in silence and in darkness that is penetrated only by a light that has been softened in. its passage through stained glass windows. A feeling of hope and elevation pervades the sacred place. It is in surroundings such as these that a newborn child should live.

If we make a comparison between the care given to a child and to its mother and try to imagine what it would be like for the mother to be treated as her child, we will see the error of our ways.

The mother is kept perfectly still, while her newborn baby is taken away so that it will not disturb her, and it is only brought back to be nursed. The infant is dressed in pretty clothes and tricked out in lace and ribbons and considerably shaken in the process. All this is equivalent to having the mother, immediately after the birth of her child, get up and dress for a reception.

The child is lifted from cradle to shoulder and again lowered as it is placed at its mother's side. Who would ever think of subjecting her to such exertions. The practice is justified by the claim that the child has no real consciousness and experiences neither pain nor pleasure. It would simply be foolish to treat a newborn child with too much care.

But what do we think of the care lavished on adults who are unconscious or in danger of death? It is the need of assistance and not the awareness of the need that demands the full attention of mind and feeling. There is really no justification for the way we treat infants.

The first period of human life has not been sufficiently explored, and yet we are constantly becoming more aware of its importance. Hardships and privations in the first months of a child's existence can, as we now know, influence the whole course of his future development. But if in the child are to be found the makings of the man, it is in the child also that the future welfare of the race is to be found.

Too little attention is paid to the newborn child that has just experienced the most difficult of human crises. When he appears in our midst, we hardly know how to receive him, even though he bears within himself a power to create a better world than that in which we live ourselves.

The words which we read in the prologue to St. John's Gospel are in a sense applicable to the newborn child: "He was in the world ... and the world knew him not. He came unto his own, and his own received him not."

5. THE NATURAL INSTINCTS

During the trying period of lactation, mammals are guided by instinct in the delicate care of their young. The lowly house cat provides us with an example of this solicitude in the way in which she hides her newborn kittens in some dark spot. She is so jealous of her offspring that she will not even let them be seen. But then, after a little time has passed, she leads them forth as beautiful and lively kittens.

An even greater care for their young is shown by animals living in a wild state. Most of these live in large flocks or herds; but the female, when she is about to give birth, withdraws from the company of her kind and seeks a hidden place apart. When she has brought forth her young, she keeps them isolated for two or three weeks, or even a month and more, the time varying according to the species. During this period the mother is nurse and helper to her offspring, shielding them from the light and noise that would disturb them by keeping them hidden in some quiet and sheltered spot. Although the young are usually born with their various powers fairly well developed, being able to stand and walk, their mother, with tender care, keeps them isolated until they have acquired greater strength and can adjust themselves to new surroundings. It is only then that she leads them to the rest of the flock so that they can live next to their kin.

The maternal instincts of these higher animals are all essentially alike, whether they be horses, bison, wild pigs, wolves, or tigers. And the way in which they manifest their concern for their young can be truly moving.

A female bison, after the birth of her calf, keeps it far from the herd for several weeks, all the while caring for it with great tenderness. When the calf is cold, she covers it with her forelegs; when it is dirty, she patiently licks it clean; and when it is hungry, she stands on three legs instead of four so that it may nurse more easily. And after she has brought it to the herd, she continues to care for it with that patient indifference that is common to all female quadrupeds.

Some animals are not content with seeking a solitary place where their young may be born; they go to great pains to prepare a shelter for them. The female wolf, for example, looks for a cave in a dark and remote corner of a woods. But if she cannot find such a refuge, she digs a hole in the ground or finds a den in the hollow trunk of a tree which she lines with hair that she pulls from her breast. This not only provides warmth and protection for her cubs, but it also facilitates the nursing of her young, which are born, and remain for some time, with their eyes and ears closed. During this early period all females repel any attempts on the part of others to approach their young.

Among domestic animals these maternal instincts are at times deformed. Sows will even devour their own litters, whereas the female of the wild boar is one of the tenderest and most affectionate mothers. And lionesses, too, when caged in zoos, will eat their offspring. This would indicate that nature's protective instincts are rightly developed only when they are free from artificial constraints.

The maternal instinct in mammals plainly shows that their young have special need of assistance when they come into contact with their external environment. After the trial of birth and the simultaneous awakening of their various powers there is a critical period in which they have need of rest and seclusion. When this period has passed, they will still need months of care, feeding, and protection.

A mother animal is concerned not only with the bodily needs of her offspring but also with the development of its natural instincts, with the forming of another individual of the same species; and this takes place more effectively in a quiet and dimly lighted place. As its legs grow stronger, a foal learns to recognize and follow its mother and takes on a closer resemblance to a horse; but the mare will not allow anyone to approach her offspring until it has become a colt; and similarly, a cat will not allow her young to be examined until they have opened their eyes, have begun to walk, and have become, in a word, kittens.

Nature obviously watches over the growth of animals with the greatest care. As she strives to awaken the latent instincts of her offspring, the female shows her concern for something beyond their physical needs.

And, analogously, it may be said that over and above the delicate care that is lavished upon the physical wellfare of a newborn child, attention should be paid to its psychic needs as well.

6. THE SPIRITUAL EMBRYO

THE INCARNATION

One of the most profound mysteries of Christianity is the Incarnation, when "the Word was made flesh and dwelt among us." Something analogous to this mystery may be found in the birth of every child, when a spirit enclosed in flesh comes to live in the world.

Science prescinds from a child's "incarnation," and simply regards the newborn infant as a complex of organs and tissues that make up a living whole. And yet even this is a mystery. How could such a complicated living being ever have come into existence?

Special care should be shown for the psychic life of the newborn child. If it already has such a life at birth, how much greater will this be as it grows older? If we understand by "education" a child's psychic rather than its intellectual development, we may truly say, as it is said today, that a child's education should begin at birth.

Proof of a child's psychic life may be found in the distinction that is made between its conscious and its subconscious activities. But even if we limit ourselves to more obvious and basic concepts, we must admit that there is a play of instincts within a child not only with respect to its physical growth and nourishment but also with respect to various psychic operations. In brute animals such operations are characteristic of the species. As far as motion is concerned, a child develops more slowly than other animals. At birth this ability is little developed in a child even though he has the use of his senses and responds to light, touch, sound, and so forth.

A newborn baby is a pitiable sight. It is helpless and will remain so for a long time. It cannot speak; it cannot hold itself erect, it is in constant need of attention. For a long time the only sound that it will send forth is that of weeping or a cry that will cause others to rush to its assistance. Only after a considerable time, after months, a year, or even longer, will it be able to stand and walk. And it will be still longer before it can speak.

We can now describe a child's psychic and psysiological growth as a kind of "incarnation," understanding by this word that mysterious force which animates the helpless body of a newborn child, enables him to grow, teaches him to speak, and thus perfects him.

It is quite remarkable that a child remains helpless so long, whereas other young mammals almost immediately, or a short time after birth, can stand, walk, look for their dam, and have the language proper to their species, even though this is still imperfect and almost pathetic. Kittens have a real meow, lambs a timid bleating, and colts a plaintive neigh. Though they can be heard, they are more inclined to silence. The world is not, as a matter of fact, greatly disturbed by the cries and laments of newborn animals.

They grow quickly and without much trouble. The flesh of a newborn animal is already endowed with the instincts which will determine its later actions. We already know how a tiger cub will bound and how a kid that has as yet hardly stood upon its own four feet will jump. Every creature that is born has within itself instincts that transcend the functions of its psysiological organs. It manifests these in its activities, and they are more constant and distinctive of the species than the shape of the creature's body itself.

All the specific characteristics of an animal that are over and above its vegetative functions may be described as "psychic traits." Since such specific traits are found at birth in all animals, why should they not be found in a child as wen?

There is a theory that explains the instincts of animals as being the result of the accumulated experiences of the species in the past that have been continuously handed down as a kind of inheritance. Why are men so slow to inherit from their ancestors? They have always walked erect, have always spoken, and have always been inclined to provide for their descendants. It would be foolish to maintain that man alone, so superior to all other creatures in the richness of his psychic life, should be the only creature not to possess a pattern of psychic development.

There must be some hidden truth beneath this apparent contradiction. The human spirit can be so profoundly hidden that it does not readily reveal itself like the instinct of animals. The very fact that a child is not subject to fixed and predetermined guiding instincts is an indication of its innate liberty and freedom of action. This can perhaps be illustrated by a consideration of the different types of objects which men make for their own use. Many things are "mass produced," that is, they are turned out rapidly by machines and are all alike. Other objects are made by hand. They are produced slowly and each is different from the other. The merit of handmade objects is that each one of them bears the direct impress of its author. One reveals the skill of an embroiderer, another bears the stamp of genius of a great artist.

If we extend this comparison to living beings, we may say that the psychic difference between man and beast consists in the following: an animal is like an object that has been mass produced. Each individual possesses the special characteristics of its particular species. A man, on the other hand, is like an object turned out by hand. Each one is different from the other. Every man has his own creative spirit that makes him a work of art. But there is need of much toil and labor. Before any effects are outwardly apparent, an inner work must be performed which is not the simple reproduction of an already pre-existing type, but the active creation of a new type. The end product, when it does appear, is as a consequence something surprising and enigmatic. It is like a masterpiece which an artist has kept in the intimacy of his studio and into which he has poured himself before showing it in public.

This fashioning of the human personality is a secret work of "incarnation." The child is an enigma. All that we know is that he has the highest potentialities, but we do not know what he will be. He must "become incarnate" with the help of his own will.

That which is commonly called "flesh" is a complex of "voluntary muscles," which, as their name would indicate, are moved by the will. Without these muscles, so intimately connected with man's psychic life, the will could do nothing. Without some means of locomotion no living creature, even the lowliest insect, despite its instincts could move about. In the higher forms of life, and particularly in man, the muscles are so numerous and intricate that anatomists say a student has to go at least seven times through all the muscles before he can get to know them. These various muscles work together to carry out the most complicated kinds of activity. Some become active, others passive, sometimes they work together, and sometimes they work against each other.

An inhibition always accompanies a drive and corrects it. Many muscles will work in harmony together to perform the most complicated actions such as those of acrobats or of violin players, who can transfer their slightest movements to the bow. Every move and modulation requires the simultaneous action of innumerable components, each working to the perfection of the activity.

But men have never had complete confidence in nature since the guiding principle for human development is a personal energy contained within the child. The child's psychic life is independent of, precedes, and vitalizes every exterior activity.

It is a mistake to believe that a child is muscularly weak simply because it cannot stand or that it is naturally incapable of coordinating its movements. A newborn baby shows the strength of its muscles in the way it moves its limbs. Sucking and swallowing are complex operations involving a great deal of coordination of the muscles, and yet infants at birth, like other animals, can perform these actions. But in his other movements a child is left free by nature from the exacting demands of instincts. In the case of the child these are not predominant. The muscles, as they grow strong, await a command of the will to coordinate them. A child develops not simply as a member of the human species but as a person. We know that he will eventually speak and walk upright, but he will also manifest his own particular individuality.

We can readily know what young animals will be like when they mature. A gazelle will be light and swift of foot; an elephant will be awkward and heavy in its gait; a tiger will be fierce, and a rabbit will be a timid vegetarian.

But a man is capable of becoming anything, and his apparent helplessness as a child is the seedbed of his distinctive personality. The now inarticulate voice will one day speak, though in what language is yet unknown. This he will learn by paying attention to those about him, imitating the sounds he hears, first syllables and then words, to the best of his ability. Making use of his own will in his contact with his environment, he develops his various faculties and thus becomes in a sense his own creator.

Philosophers have always been intrigued with the state of a child so helpless after birth, but up to the present teachers and physicians have been too little concerned with it. Like many other things that lie hidden in the subconscious, the child's state has been considered simply as a fact without any particular significance.

In actual practice, however, such an attitude has endangered the psychic life of the child. It has led to the belief that not only are a child's muscles inactive but that the child himself is helpless, inactive, and without a psychic life of his own. Adults have consequently, though erroneously, believed that it is through their care and assistance that a child is so wonderful animated. They have looked upon such assistance as a personal responsibility and have imagined that they were the molders of the child and the builders of his psychic life. They imagine that they accomplish this creative work exteriorly by the directions and suggestions they give to the child to develop his feelings, intellect, and will.

In so doing, adults, claim for themselves an almost divine power, making themselves gods to their children, and applying to themselves the words of Genesis: "I will make man in my image." Pride was man's first sin; his attempts to replace God has been the cause of the misery of all his descendants.

But if a child has within himself the key to his own personality, if he has a plan of development and laws to be observed, these must be delicate powers indeed, and an adult by his untimely interventions can prevent their secret realization. From time immemorial men, through their interference with these natural laws, have hindered the divine plan for children and, as a consequence, God's plan for men themselves.

One of the great problems facing men is their failure to realize the fact that a child possesses an active psychic life even when he cannot manifest it, and that the child must secretly perfect this inner life over a long period of time.

The child is like a soul in a dark dungeon striving to come out into the light, to be born, to grow, and which slowly but surely animates the sluggish flesh, calling to it with the voice of its will. And, all the while, there is standing by a gigantic being of enormous power waiting to pounce upon it and crush it.

No preparations are made for this "incarnation" since there is no one who waits for it or even realizes what it is. Instead, it finds numerous obstacles in the way.

The child becoming incarnate is a spiritual embryo which needs its own special environment. Just as a physical embryo needs its mother's womb in which to grow, so the spiritual embryo needs to be protected by an external environment that is warm with love and rich in nourishment, where everything is disposed to welcome, and nothing to harm it.

When this is finally realized, adults will change their attitude towards children, for the image of a child as a spiritual being becoming incarnate not only stirs us but imposes upon us new responsibilities. As we look upon the charming little body, so much like a toy and upon which we lavish so much physical attention, we begin to appreciate the saying of the Roman poet, Juvenal: "The greatest reverence is owed to a child."

A child's incarnation is effected through hidden toil, and there is a drama about his creative efforts that has yet to be written.

No other creature experiences this tiring sensation of willing that which does not yet exist, of being obliged to give commands to inert faculties in order to make them active and disciplined. A delicate and uncertain life that is barely conscious makes contact with its environment through its senses and reaches out to it through its muscles in an unending attempt at self-realization.

There is an interchange between the individual, the spiritual embryo, and its environment. It is through the environment that the individual is molded and brought to perfection. A child is forced to come to terms with his surroundings and the efforts entailed lead to an integration of his personality.

This slow and gradual activity brings about a continuous conquest of the instrument by the spirit which must keep vigilant watch over its sovereignty so that its motions do not die from inertia or become mechanical. The spirit must be in constant command so that movements which are not under the direction of fixed instincts do not degenerate into chaos. The effort required to prevent this builds up its energies and contributes to the unending work of spiritual incarnation.

In this way, just as the embryo becomes a child and a child becomes a man, so the human personality is formed through its own efforts.

Actually, what do mother and father contribute to the life of their child? The father provides an invisible cell. In addition to another single cell, the mother provides a living environment for the fertilized ovum so that it can eventually grow into a fully developed child. It is not right to say that mother and father have made their child. Rather we should say: "The child is the father of the man."

We should regard this secret effort of the child as something sacred. We should welcome its arduous manifestations since it is in this creative period that an individual's future personality is determined.

This is why there must be a scientific study of the psychic needs of a child and why a suitable environment must be prepared for it

We are now at the first stammerings of a science that must necessarily advance. Through it, if they but apply themselves, men will, after great efforts, come to know the secret of human development.

7. PSYCHIC DEVELOPMENT

THE SENSITIVE PERIODS

The sense perceptions of even the tiniest infants initiate their psychic development before there can be any question of its external expression.

Even though this development takes place in secret, it would be wrong to imagine, as in the case of speech, for example, that it is not happening. To take such an attitude would be the same as to say that a child already possesses in its soul the faculty of speech even though its external organs are as yet incapable of giving it proper expression. But what actually exists in the child is a predisposition for acquiring a language. And the same can be said of all the various aspects of his mental life. In an infant there is a creative instinct, an active potency for building up a psychic world at the expense of his environment.

In this regard, the discovery of the so-called "sensitive periods" that are closely connected with the phenomena of growth are of special interest.

When we speak of development and growth, we mean an exteriorly discernible fact. But the inner mechanism of growth has only recently been explored, and is still imperfectly understood. Modern science has furnished us with two means for attaining such knowledge. One of these consists in a study of the glands and internal secretions connected with physical growth. This has become popular because of its great importance for child health and care. The other consists in a study of the so-called "sensitive periods," which has led to an understanding of a child's mental growth.

The Dutch scientist Hugo de Vries discovered these sensitive periods in animals, but it was we, in our schools, who discovered that they are also to be found in children and can be used in teaching.

A sensitive period refers to a special sensibility which a creature acquires in its infantile state, while it is still in a process of evolution. It is a transient disposition and limited to the acquisition of a particular trait. Once this trait, or characteristic, has been acquired, the special sensibility disappears. Every specific characteristic of a living creature is thus attained through the help of a passing impulse or potency. Growth is therefore not to be attributed to a vague inherited predetermination but to efforts that are carefully guided by periodic, or transient, instincts. These give direction by furnishing an impulse towards a determined kind of activity that can differ notably from that of the adult of the species. De Vries first noticed the sensitive periods in insects. Their various metamorphoses represent various stages of development that are easily observable.

One example given by De Vries is that of the caterpillar of a common butterfly. We know that caterpillars grow rapidly and have a voracious appetite that is ruinous to plants. The particular caterpillar studied by De Vries was one which during the first days of its existence cannot feed on large leaves but only on the tender buds at the tips of the branches.

Like a good mother, the female butterfly instinctively lays her eggs in a sheltered spot at the angle formed by a branch with the trunk of the tree where they will be safe and sheltered. What will tell the tiny caterpillars when they break out of their shells that the tender leaves which they need for food are above them at the end of the branch? It is light! The caterpillar is extremely sensitive to light. Light attracts it, fascinates it, and as a consequence the tiny worm inches its way up to the end of the branch where there is the most light.

There among the tender leaves it finds the food to satisfy its ravenous hunger. The remarkable fact is that just as soon as the caterpillar has grown large enough to eat coarser food, its sensitive period passes and it loses its sensitivity to light. The instinct becomes dead and completely spent. It is no longer particularly attracted by light. The moment of usefulness of this sensitive period has passed, and the caterpillar goes along different paths in search of other experiences and other means of life. It is not that it has become blind but simply that it is henceforth indifferent to light. And this same larva, which has shown itself so voracious in eating, is in an instant changed by another active sensibility into a kind of fasting fakir. During its rigid fast it builds for itself a kind of sarcophagus in which it remains buried as if devoid of life; but it is actually intensely busy and emerges as an adult from its tomb equipped with wings and resplendent with beauty and light.

We know that the larvae of bees pass through a stage during which every female could become a queen. But the swarm chooses only one. The workers prepare for her a special food known as "bee bread." Fed on this royal diet, the chosen larva becomes the queen bee of the community. If the worker bees had chosen her when she was a trifle older she could not have become a queen, since she would have lost her fierce appetite and her body could not have developed into that of a queen.

Such illustrations should make us appreciate a crucial factor in the development of a child. There is within it a vital impulse which leads it to perform stupendous acts. Failure to follow out these impulses means that they become helpless and inept. Adults have no direct influence on these different states. But if a child has not been able to act according to the directives of his sensitive period, the opportunity of a natural conquest is lost, and is lost for good. During a psychic development a child makes truly miraculous conquests, and it is only our being accustomed to seeing this miracle under our eyes that makes us indifferent spectators. How does a child, starting with nothing, orient himself in this complicated world? How does he come to distinguish things, and by what marvelous means does he come to learn a language in all its minute details without a teacher but merely by living simply, joyfully, and without fatigue, whereas an adult has constant need of assistance to orient himself in a new environment and to learn a new language, which he finds tedious and which he will never master with that same perfection with which a child acquires his own mother tongue?

A child learns to adjust himself and make acquisitions in his sensitive periods. These are like a beam that lights interiorly or a battery that furnishes energy. It is this sensibility which enables a child to come into contact with the external world in a particularly intense manner. At such a time everything is easy; all is life and enthusiasm. Every effort marks an increase in power. Only when the goal has been obtained does fatigue and the weight of indifference come on.

When one of these psychic passions is exhausted, another is enkindled. Childhood thus passes from conquest to conquest in a constant rhythm that constitutes its joy and happiness. It is within this fair fire of the soul, which burns without consuming, that the creative work of man's spiritual world is brought to completion. On the other hand, when the sensitive period has disappeared, intellectual victories are reported through reasoning processes, voluntary efforts, and the toil of research. And from the torpor of indifference is born the weariness of labor. This then is the essential difference between the psychology of a child and that of an adult. A child has a special interior vitality which accounts for the miraculous manner in which he makes his natural conquests; but if during his sensitive stage a child is confronted with an obstacle to his toil, he suffers a disturbance or even warping of his being, a spiritual martyrdom that is still too little known, but whose scars are borne unconsciously by most adults.

Up till now we have not suspected this kind of growth, that is to say, the attainment of these specific characteristics; and yet through long experience we have noticed the sad and violent reactions of children when their vital activities are checked by external obstacles. Since the cause of such reactions was unknown, they were thought to be without any real basis and were simply measured by the resistance a child showed to our attempts to calm him. The name "whim," "caprice," or "tantrum" has been given to various phenomena that really have little in common. We regard as a caprice anything that does not have an apparent cause, any stubborn or unreasonable action. We have also noticed that certain types of tantrums can become aggravated. This in itself indicates a cause which continues to exercise its influence, and for which, obviously, a remedy has yet to be found.

The sensitive periods can throw much light on these childish tantrums, but not on all of them since there are different reasons behind inner conflicts, and a great deal of capricious activity is the result of deviations in the past that are only aggravated by wrong treatment. The various whims connected with the inner conflicts of the sensitive periods are transient like the sensitive periods themselves. They leave no permanent impress on the dispositions acquired in the sensitive period, but they can have a harmful effect in that they prevent one from ever attaining psychic maturity.

The tantrums of the sensitive periods are external manifestations of an unsatisfied need, expressions of alarm over a danger, or of something being out of place. They disappear just as soon as there is a possibility of satisfying the need or of eliminating the danger. One can at times observe in a child a sudden calm following a state of agitation that seemed almost pathological. We must, therefore, look for the cause behind every childish caprice, simply because this is what escapes our knowledge. When it is found, it enables us to penetrate into the mysterious recesses of the child's soul and provide the basis for an understanding of, and peace with, the child.

EXAMINING THE SENSITIVE PERIODS

The study of the "incarnation" of the child and of the sensitive periods might be compared to an exploratory operation which enables us to see the functioning of the various organs that promote the growth of the child. They show us that a child's psychic development does not take place by chance, that it does not originate in external stimuli but is guided by transient sensibilities, that is, by temporary instincts intimately connected with the acquisition of specific traits. Although this takes place within an external environment, the environment itself is more of an occasion than a cause: it simply provides the necessary means for spiritual growth, just as a material environment provides food and air for the development of the body.

A child's different inner sensibilities enable him to choose from his complex environment what is suitable and necessary for his growth. They make the child sensitive to some things, but leave him indifferent to others. When a particular sensitiveness is aroused in a child, it is like a light that shines on some objects but not on others, making of them his whole world. It is not simply a question of having an intense desire for certain situations or certain things. Within the child there is a unique potentiality for using these objects for his own growth, since it is during the sensitive period that he makes his psychic adjustments like that of being able to adapt himself to his environment or to move about with ever increasing ease and precision.

In this sensitive relationship between a child and his surroundings may be found the means for untangling the raveled skein of mystery that surrounds the spiritual growth of a child in all its wonders.

We might picture to ourselves this wonderful creative activity as a series of lively emotions rising up from the subconscious which, when they come into contact with their environment, build up one's consciousness. They begin in confusion and then move on to the making of distinctions and, ultimately, to creative activity, as may be seen, for example, in the way a child learns to speak.

As different sounds play chaotically about a child's ears they are suddenly and distinctly heard as something charming and attractive, like the sounds of an unknown language clearly pronounced. The soul which is still without thought hears a kind of music that fills its world. The child is moved to his very fibers, not, it is true, to all of them, but to those that have lain hidden and have till now only vibrated in fitful cries. They are aroused to a regular motion, and given an order and command that changes their manner of vibrating. This marks the beginning of a new period of life for the spiritual embryo. It is a life concentrated upon the present. The future glory of the being remains unknown.

Little by little the ears pick out various sounds and the child's tongue begins to move with a new animation. Before this the tongue had only been used for sucking. Now the child begins to experience inner vibrations. He feels out his throat, cheeks, and lips, while being driven on as it were by an irresistible impulse. As yet these vibrations serve no purpose except to give an unspeakable satisfaction. The child manifests the pleasure that he receives when he contracts his limbs, clenches his fists, lifts up his head, and turns toward one who is speaking and fixes his eyes intently upon his lips.

The child is passing through a sensitive period: a divine command is breathing upon this helpless being and animating it with its spirit. This inner drama of the child is a drama of love. It is a great reality unfolding within the secret areas of his soul and at times completely absorbing it. These marvelous activities wrought in humble silence cannot take place without leaving behind ennobling qualities that will accompany the child through life.

All this happens quietly and unnoticed as long as the child's environment adequately corresponds to his inner needs. In the acquirement of speech, for example, which is one of the most difficult of his attainments, a child's sensitive period remains unnoticed since he is surrounded by people who through their speech provide the necessary elements for his development. The only thing that can make us appreciate the sensitive state of the child is his smile, the joy he manifests when he is addressed in short words clearly spoken, so that he can distinguish the various sounds as one marks the tolling of bells in a cathedral tower. Or again it is apparent when we see a child grow calm from the bliss he experiences at evening when an adult sings him a lullaby, repeating again and again the same words. In the midst of such pleasure he leaves the world of consciousness to enter that of sleep. This is why we speak to a child in tender words. We wish to receive in reply his smile so full of life. And this is why from time immemorial parents have in the evening gone to their children who are eagerly looking for a song or story.

Such then are the positive proofs of a child's creative sensibilities. But there are also other, much more obvious, though negative proofs, of it. These become manifest when some obstacle impedes a child's inner functioning. A sensitive period can then reveal itself in the child's violent reaction. We look upon this as a kind of senseless desperation calling it a "tantrum." But in reality it is the expression of an inner disturbance or of an unsatisfied need that has created a degree of tension. It represents an effort of the soul to ask a question or to defend itself.

A tantrum can show itself in agitated and aimless movements. It may be compared with the high fevers which can suddenly attack a child without a proportionate pathological reason. As we know, it is quite common for a child to run an alarmingly high temperature for slight ills that would leave an adult practically undisturbed; but a child's fever can disappear as easily as it comes. Similarly, at the psychic level, there can be a violent agitation rising from a child's exceptional sensibility without a proportionate external cause. Such reactions have always been noted. In fact, the whims or tantrums that a child manifests almost from birth have been taken as proofs of the perversity of the human race; and yet, if every functional disturbance is considered as a functional sickness, we must also call psychic disturbances functional sicknesses. A child's first tantrums are the first ills of his soul.

Men have noted these tantrums, for pathological states are more apparent than natural ones. It is never peace that poses a problem and demands reflection, but trouble and disorder. It is not nature's laws but the deviations from her laws that are most obvious. Thus it is that no one notices the hardly perceptible external signs that accompany life's creative work or the operations that preserve it Both creation and conservation remain hidden.

The same thing happens to living things that happens to the objects which men make. They are put under glass when finished, but the shops which produce them are closed to the public even though these latter are more interesting than the products themselves. In like fashion the operations of the various organs working within the body are truly wonderful, but no one sees or adverts to them. Even the person who is kept alive by the functioning of these organs is unaware of their stupendous complexity. Nature works without revealing herself. She carries out, as it were, the precept of Christian charity: "Let not your right hand know what your left is doing." The harmonious balance of the various forces at work is called "health" or "normality."

We take note of all the details of a disease and yet make no account of the marvels of health. Diseases have been known and treated from earliest times. Prehistoric men knew how to perform surgical operations as is evidenced from skeletal remains. The Egyptians and Greeks introduced the practice of medicine, but knowledge of the functions of the inner organs is comparatively recent. The discovery of the circulation of the blood goes back only to the seventeenth century. The first anatomical dissection of the human body occurred in 1600. It was the interest in pathology, in diseases, that gradually, though indirectly, led to the discovery and appreciation of the secrets of physiology, that is, of normal functions.

It should not then be surprising that the psychic ills of children have been emphasized while their normal operations have been buried in obscurity. And this is all the more understandable when we consider the extreme delicacy of the psychic functions, which gradually perfect themselves in secret darkness.

If no help is given to a child, if his environment is neglected, his psychic life will be in constant danger. A child is like a foundling in the world. He is exposed to harm. He must struggle for his psychic development and may fail in the contest. Adults do not help since they do not even know the forces at play. Much less are they aware of the miracle that is taking place, the creation of a psychic life from what is apparently nothing.

We can no longer remain blind to the psychic development of the child. We must assist him from his earliest moments. Such assistance will not consist in forming the child since this task belongs to nature herself, but in a delicate respect for the outward manifestations of this development and in providing those means necessary for his formation which he cannot obtain by his own efforts alone.

And if this is so, if the secret of a healthy child lies in some hidden energies, we can only imagine the great number of maladjustments which rise as a result of a defective psychic development consequent to functional disorders or ills. When the principles of infant hygiene were as yet unknown, the death rate of children was extraordinarily high, but this was only one aspect of the problem. Among those who survived there were many afflicted with blindness and rickets, or who were lame and paralyzed. Many had serious bodily defects and organic weaknesses that made them suspectible to infectious diseases such as tuberculosis, leprosy, and scrofula.

Similarly, we have no plan that guarantees the psychic health of the child. There is nothing in our own environment to protect and preserve it. We are even ignorant of the secret operations which enkindle the desire to create a spiritual harmony. Disorder causes numerous deformities —blindness, weakness, stunted growth, death itself, not to mention pride, the lust for power, avarice, and anger. All this is not simply a figure of speech or allegory but the terrible reality of a child's spiritual state described in the same terms as those just mentioned for his body. Slight errors at the beginning can cause the greatest deviations in later life. A man can grow and reach maturity within a spiritual environment that is really not his own. He lives shut out from the paradise that should have been his.

OBSERVATIONS AND EXAMPLES

Psychologists have attempted to elicit motor reactions from children which would indicate a psychic response to sensory stimuli. But such experiments cannot prove the existence of psychic life in tiny infants. A psychic life, even though it is rudimentary, must exist prior to any kind of voluntary movement.

A feeling provides the first impulse. Thus, for example, as Levine has shown with moving pictures, a child that wants an object stretches out his whole body for it. Only later with the progressive development and coordination of movement will he be able to isolate his various activities and reach out his hand for the desired object.

Another example of this may be seen in a four-month-old child that keeps his eyes fixed upon the lips of an adult who is speaking. By the movement of his own lips and especially by the fixed attitude of his head, the child shows that he is attracted by the person's voice. At six months a child can form a few separate syllables. But before he can utter these sounds he has listened attentively and secretly animated his organs of speech. This shows that he possesses a psychic principle that will animate his acts. The existence of such a sensibility may be known from observation but not from experiment. Psychological experiments at this early age would only prejudice the secret labor of the infant's psychic life by making too great a drain upon his energies.

The psychic life of a child must be observed in the same way that Fabre made his observations of insects. He kept himself concealed so as not to disturb them as they were busy about their work in their natural environment. We should start observing the child when his senses begin to accumulate conscious impressions of the external world, since it is then that a life is spontaneously developing at the expense of its environment.

One who would assist a child does not need to have recourse to elaborate observations or fancy interpretations. One must simply have the desire to help the child and a fund of common sense.

A few obvious examples will show how simple this observation can be. Since a child cannot stand, many maintain that he should always be stretched out. A child must receive his first sensible impressions from his surroundings, that is, from the heavens as well as from the earth, but he is not permitted to gaze at the sky. He contemplates the ceiling of his room, which is usually as white and monotonous as the cover of his bed. And yet he should have an opportunity to see those things which would nourish his thirsty spirit. Parents are frequently convinced that a child needs something to distract him from the sameness of his surroundings. Consequently, they tie a ball or some other object to a string and make it swing over the child's head. In his eagerness to absorb images from the environment, the child, who cannot as yet move his head, follows the oscillating object with his eyes. Because of the artificial position in which he is placed and the movement of the object, his efforts are unnatural and crippling.

Much better would be to place a child on a slightly inclined plane so that he could take in the whole of his surroundings. Better still would it be to place the child in a garden where he could see birds and flowers and gently swaying plants.

A child should be placed in the same spot on different occasions. He can thus repeatedly see the same things and learn how to recognize them and their relative positions and how to distinguish animate from inanimate objects.

8. ORDER

A very important and mysterious period is the one which makes a child extremely sensitive to order. This sensitiveness appears in a child's first year and continues on through the second. It may seem to us slightly fantastic that children should have a sensitive period with respect to external order, since it is a common opinion that children are disorderly by their very nature.

When a child lives in a city, in a closed environment full of various objects which adults move around and arrange for reasons which he does not understand, it is difficult to form a judgment about such a delicate attitude in the child. If he passes through a period sensitive to order, the disorder he perceives can be an obstacle to his development and a cause of abnormalities.

The soul of an infant has secret depths that are still unknown to the adults who care for him. How often does a child weep without apparent reason and resist all attempts to console him? This in itself should be sufficient reason to make us suspect that he has some secret need which must be satisfied.

A child's sensitiveness to order may be noticed even in the first months of his existence. A positive manifestation of it may be seen in the enthusiasm and joy which children who at seeing things in their proper places. Those who have been trained to observe according to our principles can easily recognize this. I can cite the example of a nurse who noticed that an infant girl in her charge showed delight and interest at seeing a white marble stone cemented into an ancient grey wall. Although the child was only five months old and her parents' villa was filled with beautiful flowers, the nurse would every day stop the carriage in which she was pushing the child before this particular stone since it seemed to give such a lasting pleasure to the child.

But the presence of this sensitive period is perhaps more clearly shown by the obstacles that a child encounters, and it may well be that most childish tantrums are due to this sensibility. I can recall a number of examples of this. In one such instance the principal character was a little girl about six months old. One day she saw a woman enter the room where she happened to be and place her parasol upon the table. The child became agitated, not at the woman but at the umbrella, since after looking at it for some time she began to cry. The woman thinking that she wanted the parasol picked it up and brought it to her with a pleasant smile. But the infant pushed it away and continued to scream. Efforts were made to calm the child, but to no avail. She only became more agitated. What could be done to solve the tantrum? Suddenly the mother of the child through some psychological insight took the umbrella from the table and carried it into another room. The child immediately grew calm. The cause of her disturbance was the umbrella on the table. An object out of place had violently upset the little girl's pattern of memory as to how objects should be arranged.

Another example is that of a somewhat older child. I once found myself with a small group of tourists going through the tunnel of the Grotto of Nero at Naples. A young woman was leading a child of about a year and a half who was really too small to be able to negotiate the rather long trip on foot.

After some time the child became tired and his mother took him into her arms, but she had miscalculated her own strength. Her exertions made her warm, she stopped, removed her coat and hung it over her arm, and thus unencumbered she again picked up her child. But he began to cry, and his wailing became louder and louder. His mother tried in vain to calm him. She was obviously exhausted and became quite agitated herself. The other members of the group became uneasy and naturally offered their assistance. The child was passed from arm to arm but became ever more upset. Everyone was shouting encouragement, but this only worsened the situation. Apparently the child's mother would have to take him back. But by this time he had become frantic. It looked like a desperate situation.

Here the guide intervened and resolutely seized the child in his arms. Then a truly violent reaction set in on the part of the child. Since I was convinced that such reactions have a psychological basis in a child's inner sensibility, I decided to try something. I went up to the child's mother and said to her, "May I help you put on your coat?" She looked at me in surprise since she was still warm; but, confused, she yielded to my request and let me help her with her coat. The child immediately calmed down. As his tears and agitation disappeared he kept saying, "Coat ... shoulder," which meant, "Your coat is on your shoulders." Yes, mother should have her coat on her shoulders, which seemed to imply, "You have finally understood me." He stretched his arms out to his mother with a smile. We finished our journey through the tunnel without any further difficulties. A coat is made to be worn on the shoulders and should not hang like a rag on one's arm. The disorder he had noticed in the person of his mother had been the cause of a trying conflict.

Another family scene which I once witnessed is also highly significant. A woman who felt somewhat indisposed was lying back in an armchair propped up on two pillows. Her infant daughter, who was hardly twenty months old, came up to her and asked her for a "story." What mother can resist such a request? Though she did not feel well, the woman began to tell a little story which the child followed with the greatest attention. But her mother was so ill that she could not continue. She had to ask the maid to help her to bed in the next room. The little girl, who had been left behind near the chair, began to cry. It appeared obvious that she was weeping for her mother's sufferings, and those who were about her tried to calm her. When the maid began to take the pillows from the chair to carry them into the bedroom, the child began to cry out, "No, not the cushions ..." It seemed as if she were trying to say, "Leave at least something in its place."

With soft words and caresses the child was brought to her mother's bed and the latter, despite her sufferings, forced herself to continue the story, thinking that she could thus satisfy the child's expectant curiosity. But she, sobbing and with her face bathed in tears, said "Mamma, the chair!" trying in this way to tell her mother that she should have stayed in the chair.

She was no longer interested in the story. Both mother and pillows had changed positions. The story had begun in one room and had been continued in another. This had created a dramatic conflict in the mind of the little girl.

These examples indicate the intensity of this instinct. What is perhaps surprising is its extreme precocity. In a child of two years the need for order manifests itself in a tranquil fashion. It is at this time that the need becomes a principle of activity and provides one of the most interesting phenomena to be observed in our schools. When an object is out of place it is a child who perceives it and sets about putting it where it belongs. A child of this age notices a lack of order in the least details which escape the notice of adults and even older children. If, for example, a piece of soap is lying on a washstand and not in the soap-dish, if a chair is out of place, it is a child of two who suddenly notices it and puts it in order.

The sight of something out of place seems to represent a kind of stimulus, a call to activity. But without doubt it is also something more. Order is one of the needs of life which, when it is satisfied, produces a real happiness. In fact, in our schools, even older children, those three-or four-years old, after finishing an exercise will put the things they have used back in place. It is one of the most pleasant and spontaneous tasks they perform. Order consists in recognizing the place for each object in relation to its environment and in remembering where each thing should be. This implies that one is able to orient one's self within one's environment and to dominate it in all its details. The proper environment of the soul is one in which an individual can move about with eyes closed and find, simply by reaching out his hand, anything he desires. Such an environment is necessary for peace and happiness.

Obviously the *love of order* in children is not the same as that of adults. Order provides an adult with a certain amount of external pleasure. But for the small children it is something quite different .It is like the land upon which animals walk or the water in which fish swim. In their first year they derive their principles of orientation from their environment which they must later master. And since a child is formed by his environment he has need of precise and determined guides and not simply some vague constructive formulae.

That order produces a natural pleasure may be seen from the type of games played by very small children. They surprise us with their want of logic. The sole pleasure they afford is that of finding objects in their places. Before illustrating this further I should mention an experiment made by Professor Piaget of Geneva with his own child. He hid an object under the cushion of a chair and then, sending his child out of the room, he took the object and placed it under the cushion of another chair opposite the first. The professor hoped that the child would look for the object under the first cushion and then, when he did not find it, would look for it under another. But all the child did when it returned to the room was to lift up the cushion of the first chair and then say in his own imperfect way, "It's gone." But he made no effort to look for the object elsewhere. Professor Piaget then repeated the experiment, showing the child how he took the object from under one cushion and placed it under another. But the little boy did exactly the same as before and said again, "It's gone." The professor was on the point of concluding that his son was rather stupid. Almost impatiently he lifted the cushion from the second chair and said, "Didn't you see that I put it here?" "Yes," replied the child, and then pointing at the first chair he said, "but it should be there."

The child was not interested in finding the object, but in finding it in its place. He obviously thought that it was the professor who did not understand the game. What object was there to the game if it was not that of putting something in its proper place?

I once witnessed a game of hide and seek played by children who were two or three years old and I was really amazed. They seemed happy, excited, and full of expectation in what they were doing. But this is how they played their game. A child would bend down and crawl under a table covered with a cloth that reached to the floor. The children after seeing him do this would go out of the room and then return, lift the cloth and give a shout of joy as they found their companion behind it. The game was repeated over and over again. They took turns at saying, "Now, I am hiding myself," and then go under the table. On another occasion I saw larger children playing a game of hide and seek with a small child. He hid himself behind a piece of furniture and the older children came in and pretended not to see him. They looked everywhere except behind the furniture, thinking that in this way they would please the tot. But he suddenly cried out, "Here I am," in a tone that obviously implied, "Didn't you see that I was here?"

One day I took part in such a game. I found a group of small children who were shouting and clapping their hands in glee because they had found their companion hidden behind a door. They came up to me and said, "Play with us, hide yourself." I accepted the invitation, and they all ran faithfully out of the room as if they did not want to see where I would hide. Instead of going behind the door, I hid in a comer behind a cabinet. The children returned and went to look for me behind the door in a group. I waited for a while and, finally, seeing that they did not look for me, I came out of my hiding. The children were sad and confused and asked, "Why didn't you play with us? Why didn't you hide yourself?"

If the object of games is pleasure (and as a matter of fact the children were happy in repeating their absurd exercise), it must be confessed that at a certain period a child's life pleasure consists in finding things in their proper places. "Hiding" is interpreted by them as putting or finding something in a concealed spot as if they said to themselves, "You cannot see it, but I know where it is and can find it with my eyes closed."

All this shows that nature endows a child with a sensitiveness to order. It is a kind of inner sense that distinguishes the relationships between various objects rather than the objects themselves. It thus makes a whole of an environment in which the several parts are mutually dependent. When a person is oriented in such an environment, he can direct his activity to the attainment of specific goals. Such an environment provides the foundation for an integrated life. What good is there in an accumulation of various images if they are not arranged according to some order? This would be like having furniture without a house in which to put it. One who knows various objects but does not understand their mutual relations is like one living in a state of chaos from which he cannot extricate himself. It is in childhood that man learns to guide and direct himself on the way of life. The first incentive is given by nature in the sensitive period that is connected with order. Nature, as it were, gives man a compass that will enable him to orientate himself in the world. She is like a teacher who gives her class its first notions of geography by furnishing them with a plan of the classroom. Nature gives children the power to reproduce the sounds of adult speech. Man's intelligence does not come from nothing; rather, it is built upon the foundations laid by a child during his sensitive periods.

THE INNER ORDER

A child has a twofold sense of order. One of these is external and pertains to his perception of his relations with his environment. The second is internal and makes him aware of the different parts of his own body and their relative positions. This type of sensitiveness could be called "inner orientation."

Inner orientation has been studied by experimental psychologists. They have recognized the existence of a muscular sense which enables an individual to become aware of the different positions taken by the various parts of his body and which requires a special kind of memory, the "muscular memory."

Such an explanation is completely mechanistic, based as it is on the experience of consciously performed actions. It is claimed, for example, that if an individual moves his hand to grasp something, the motion is perceived and becomes fixed in the memory and can thus be reproduced. A man can thus choose to move his right or left arm, to turn in one direction or another because of the rational and voluntary experiences which he has previously had.

But a child shows that he passes through a highly developed sensitive period with respect to the various positions of his body long before he can freely move about and have these experiences. In other words, nature furnishes the child with a special sensibility connected with the various attitudes and positions of his body.

The older theories were based on the mechanism of the nervous system. The sensitive periods, on the other hand, are connected with psychic facts. They are insights and impulses that lay the foundation for consciousness. They are spontaneous energies giving rise to fundamental principles that form the basis of psychic growth. Nature, therefore, provides the potentiality and conscious experience for the actual development. A negative proof of the existence and acuteness of this sensitive period may be seen when circumstances arise in the environment which hinder the tranquil development of this creative conquest. When this happens, a child becomes violently agitated and the tantrum, which can resist all attempts to cure it as long as the harmful circumstances persist, can assume the appearance of a disease.

As soon as the obstacle is removed, however, both tantrum and sickness disappear, showing the obvious cause of the phenomenon.

An interesting example of this may be seen in the experience of an English nurse who had to leave her charge for a short time. She found a capable substitute, but the latter experienced great difficulty in bathing the child entrusted to her care. Whenever he was bathed, he became agitated and desperate. Tears were not his only reaction. He recoiled from the nurse and attempted to push her away in his efforts to escape. The nurse did everything she could think of for the child, but he gradually came to dislike her. When the first nurse returned, the child recovered his composure and was obviously delighted with his bath. The nurse, who had been trained in one of our schools and was interested in discovering the psychological basis for the child's aversion, set about patiently interpreting the child's imperfect speech.

She was able to discover two things: The infant had taken the second nurse to be bad, but why? Because she had given him his bath in reverse. The two nurses then compared the way in which they bathed the child and discovered this difference: the first took the child with her right hand near his head and her left near his feet; the second nurse did just the opposite.

Another case I can recall was more serious in that it had all the appearances of an undetermined malady. I happened to get involved in it and, although I did not directly intervene in my capacity as a physician, I was still able to be of assistance. The child concerned was less than a year-and-a-half old. His mother and father had completed a very long trip and it was their opinion that the child had simply been too small to endure the fatigue. They noted, however, that there had been no particular incidents on the way. Every night they had slept in firstclass hotels where a crib had been made ready and special food prepared for the infant. The family was now living in a spacious furnished apartment. Since there was no crib in it, the child was sleeping in a large bed with his mother. The first symptoms of his illness were sleeplessness and an upset stomach. The child had to be carried about at night. His cries were attributed to stomach ache. Pediatricians were called in to examine the child. He was given a special diet, sunbaths, promenades, and other remedies. But these proved to be of no avail, and the nights became an agony for the whole family. The child finally went into convulsions and could be seen writhing on his bed in pitiable spasms. These attacks occurred as often as two or three times a day. An appointment was then made with a famous specialist in nervous diseases of children. It was here that I intervened. The child seemed to be well and, according to his parents, he had been in good health during the course of their long trip. It seemed likely that there was some psychic basis for his disorders. I got this impression as I saw the child lying on a spread suffering one of his attacks. I took two pillows and laid them parallel to each other so that they formed a kind of small bed with vertical sides like a crib. I then covered this with sheets and a blanket and, without saying anything, put the improvised crib next to the child's bed. The little fellow looked at it, ceased to scream, rolled over and over until he came to the edge of the bed, and then dropped himself into the crib saying: "Cama, cama, cama!" the word he used for cradle, and immediately fell asleep. His trouble never returned.

Obviously the child in the large bed had missed the support which his little body had found in the sides of a crib. This lack created a disorder and painful interior conflict that seemed incurable. His reaction illustrates the strength of the sensitive periods, when nature is in the process of creating.

A child does not have the same feeling for order that we do. Experience has made us indifferent. But a child is poor and in the process of gaining impressions. He starts from nothing and feels the fatigue of creation. We are like the sons of a man who has become wealthy through the sweat of his brow. We fail to comprehend the toil and labors he endured. We are cold and thoughtless because of our established position in society. We can now use the reason which the child begot in us, the will which he trained, the muscles which he animated for us. If we can orientate ourselves in the world, it is because the child has given us the means of doing so. And if we are conscious of ourselves, it is because the child has made this possible. We are rich because we are the heirs of the child who started with nothing and provided us with the foundation of our future life. In passing from nothing to that which will be the first principles of one's future life, a child must make tremendous efforts. He is so near to the very founts of life that he acts for the sake of acting. This is the way of creation, of which we have neither knowledge nor remembrance.

9. INTELLIGENCE

A child shows us that intelligence is not built up slowly and from the outside, as is maintained by mechanistic psychologists, who still have great influence in both the theory and practice of education. According to their theory of knowledge, the impressions which we receive from external objects knock upon and, as it were, force the gates of our senses. They then settle down in the psychic area and by gradually associating with each other become organized and build up the mind.

The ancient saying, "There is nothing in the intellect which was not first in some way in the senses," could be applied to this process. It presumes that a child is psychologically passive and at the mercy of his surroundings. From this it would follow that he is absolutely subject to the control of adults. A similar concept is that a child is not only passive mentally but that he is like an empty vase, that is, an object to be filled and molded.

Our experiences certainly do not lead us de-emphasize the importance of a child's environment for the development of his mind. As is well known, our educational system esteems a child's environment so highly that it makes it the center of instruction. We also have a higher and more rational esteem for a child's sensations than other systems of education, but there is a subtle difference between our concept and the older view of the child as a merely passive being. We insist upon the child's inner sensibility. A child has a sensitive period which lasts until he is almost five years old and which enables him to assimilate images from his environment in a truly prodigious fashion. He is an observer actively receiving these images through his senses, but this does not mean that he receives them like a mirror. A true observer acts from an inner impulse, a kind of feeling or special taste, and consequently he is selective in his choice of images. This concept was illustrated by James when he said that no one ever sees an object in the totality of its particulars. Each individual sees only a portion of it, that is, he views it in the light of his own sentiments and interests. Thus the same object is described in different ways by different individuals. James's own examples for this phenomenon were brilliant. He noted that, "if you are greatly pleased with a new suit, you will start to notice the clothes of others and thus run the risk of ending up under an automobile."

We may ask what are the special interests of small children which make them pick out particular images in the countless number that they encounter. It is quite obvious that there can be no external impulse that would set off a trend of thought as in the example cited by James above. A child starts from nothing and advances alone. It is the child's reason about which the sensitive periods revolve. The reasoning process, which is natural and creative, grows gradually like a living thing and gains strength at the expense of the images it receives from its surroundings.

The reason provides the initial force and energy. The various images are ordered to serve the reason, and a child absorbs his first images to assist the reason. A child, we might even say, is eager and even insatiable for such images. As we well know, a child is strongly attracted to light, colors, and sounds, and takes a keen delight in them. But we wish to point up the inner phenomenon, that is, the reasoning process insofar as it is a spontaneous movement, even though here it is just beginning. It should be obvious that a child's psychic state deserves our respect and assistance. A child starts with nothing and develops his reason, the specific characteristic of man. And he starts along this path even before he can walk upon his own small feet.

This can perhaps be better clarified by an example than by an explanation. I can recall a particularly moving case of a four-week-old infant that had never been out of the house in which he had been born. One day a nurse was holding the child in her arms when his father and his uncle, who happened to live in this same house, were seen together by the child. The two men were of nearly the same height and age. The infant gave a start of surprise and fright at seeing the two men. They were acquainted with our work and set about allaying the child's fears. Still keeping within view of the infant, they separated, one going to the right and the other to the left. The child turned to look at one, and after gazing at him for a while intently, broke into a smile.

But then he suddenly became worried. He turned his head quickly to look at the other. Only after some time did he smile at him. He repeated these actions turning his head from side to side a dozen times and showing alternate signs of concern and relief before he came to realize that there actually were two individuals. These were the only men that the child had ever seen. They had both played with him on different occasions, taking him into their arms and speaking affectionately to him. The child had come to realize that there was a being different from his mother, nurse, and the other women of the household, but he had never seen two men together and had obviously concluded that there was only one man. When he was suddenly confronted with two, he became alarmed.

From the chaos that surrounded him, he had isolated a single man and then, when he was confronted with another, he discovered his first error. At the early age of four weeks he had perceived the fallibility of human reason as he was struggling in the process of incarnation.

If the two men had been unaware of the existence of a child's psychic life from the moment of his birth, they would not have been able to assist him in the process of obtaining greater awareness.

Examples from the experiences of older children could also be cited. A child of six months was sitting on the floor playing with a pillow. The cover of the pillow was decoracted with pictures of flowers and children, and the child was smelling the flowers and kissing the children with obvious delight. A maid entrusted with his care, but poorly instructed, thought that the child would be pleased if he could smell and kiss other objects as well. So she hastened to bring him various things saying, "Smell this! Kiss this!" But the result was that the child's mind, which was in the process of organizing itself by recognizing pictures and fixing them in his memory and thus happily and peacefully carrying out the work of inner construction, was confused. His mysterious efforts to obtain an inner harmony had been disrupted by an adult who failed to realize what was happening.

Adults can hinder this inner toil when they rudely interrupt a child's reflection or try to distract him. They take the tiny hand of a child, or kiss him, or try to make him go to sleep without taking into account his peculiar psychic development. Through their ignorance adults can thus suppress a child's primitive desires.

It is absolutely necessary, on the other hand, that a child preserve the images which he receives in all their clearness, since it is only through the clarity of these impressions and the distinctions that he makes among them that he can mold its own intellect.

An interesting experiment has been made by a specialist in the feeding of infants. He had founded a clinic and his experience had led him to conclude that individual factors have to be taken into account in the feeding of children. He found that there was no single substitute for a mother's milk that could be given to all children, at least until they had reached a certain age, since what was good for one child could be bad for another. His clinic was a model both physically and esthetically. His procedures produced excellent results in children to the age of six months, but after that they began to lose ground. This was a real puzzle since it is much easier to feed children artifically at this age than earlier. Within the clinic the professor had opened up a dispensary for poor mothers unable to nurse their children who came to him for advice on how to feed them. But these children of poor parents showed no disturbing symptoms after the sixth month as happened with those who were kept in the clinic. After repeated observations the professor came to the conclusion that there must be psychic elements behind this phenomenon, and he began to see that children over six months old in his clinic were suffering from "ennui due to lack of psychic nourishment." When he provided the children with amusements and distractions by having them taken on walks no longer on the terraces of the clinic alone but to places that were new to the infants, they regained their health.

Numerous experiments have conclusively shown that children in their first year receive such clear sensible impressions of their surroundings that they can recognize them in pictures. But it may be further noted that such impressions once gained soon lose their lively interest.

From the beginning of its second year a child is no longer carried away by gaudy objects and brilliant colors with that transport of joy so characteristic of the sensitive periods, but becomes interested in tiny objects that escape our notice. We might even say that he is interested in what is invisible, or at least in what is found on the fringes of consciousness.

I noticed this sensibility for the first time in a little girl fifteen months old. I heard bursts of laughter coming from her in the garden, quite unusual for such a small child. She had gone off by herself and was sitting on the bricks of the terrace. Nearby was a magnificent bed of geraniums blooming under an almost tropical sun. But the child was not looking at them. She had her eyes fixed on the ground, where there was apparently nothing to be seen. I was confronted by one of those childish whims that can be so puzzling. I went up to her slowly and looked carefully at the bricks without being able to see anything in particular. Then the child explained to me in almost measured tones, "A small thing is moving there." Helped by this remark I saw a microscopic, almost inperceptible insect of practically the same color as the bricks running with great rapidity. What had struck the child's fancy was the fact that there was such a small being and that it moved and even ran! Her wonderment broke out in a joyous shout, a shout even louder than usual in such a little child, and the joy was not from the sun, nor the flowers, nor the brilliant colors about her.

A little boy of nearly the same age once impressed me in a similar way. His mother had put together a large collection of colored postcards for him to play with. The child seemed interested and brought me the collection. In his childish speech he said to me, "bam-bam," that is, "automobile." And I realized that he wanted to show me the picture of an automobile.

He had a great many different beautiful pictures and it was obvious that his mother had collected them in order to please and instruct her child at the same time.

On the cards there were pictures of strange animals such as bears, lions, giraffes, and monkeys. There were others also with pictures of birds and domestic animals that should have interested the child—sheep, cats, donkeys, horses, and cows. And there were still others portraying various scenes and landscapes with houses, animals, and human beings. What seemed rather strange, however, was that there was no picture of an automobile in the collection. "I don't see any automobile," I told the child. Then he looked at me, picked out a postcard and said triumphantly, "Here it is!" In the center of the picture could be seen a beautiful hunting dog, in the distance was a hunter with a gun on his shoulder, in one corner could be seen a cottage and winding line that must have been intended as a road, and on the line could be seen a dark spot. The child pointed to it with his finger and said, "bam-bam," and, as a matter of fact, though it was so small as to be almost invisible, I could see that the dot actually did represent an automobile. The fact that a car could be portrayed in such minute proportions and the difficulty of seeing it had attracted the child's interest and prompted him to show it to me.

I thought perhaps that the child's attention had not been drawn to the many beautiful and useful objects portrayed on the cards. I picked out one with the picture of a giraffe on it and began to explain, "Look at the long neck." "Graff," the child answered seriously. I lacked the courage to continue.

It could be said that there is a period in a child's second year when nature leads the intelligence through progressive stages until he gains a knowledge of everything.

The following are some examples of this. I once wanted to show a little boy about twenty months old a beautiful book intended for adults. It was a copy of the New Testament illustrated by Gustave Doré. Among the famous pictures which were reproduced in it was the *Transfiguration* by Raphael. I showed the little fellow a picture of Christ calling children to himself and I began to explain:

"Here is a child right in the arms of Jesus. Others, as you see, are resting their heads against him. All are looking up at him and loving him."

The child's face did not show the least interest. Then, acting as if I did not care, I turned the pages and began to look for another picture. Suddenly the child said, "He is sleeping."

Puzzled by this childish riddle, I asked, "Who is sleeping?"

"Jesus," the child replied earnestly. "Jesus is sleeping." And he made a sign for me to turn back the pages so that I could see it for myself.

I looked at the picture again and saw that it represented Christ looking down upon the children. His eyelids, as a consequence, were lowered like one who was sleeping. The child's attention had been attracted by a detail that no adult would have noticed.

I continued my explanation of the pictures and paused at the one representing Christ's transfiguration. "Look," I said, "Jesus is raised above the earth and the people are frightened. See how the boy twists his eyes, and how the woman is stretching out her arms?" I realized that I had not chosen a suitable picture and that the explanation was not likely to appeal to a child, but I was interested in finding out the difference between the response of a small child and that of an adult to such a complex picture. He simply gave a little grunt as if he were saying, "All right, but keep turning the pages." His small face showed no sign of interest. I began to turn the pages again and saw him grasp a trinket hanging from his neck in the shape of a rabbit. Then he said, "Bunny!" "He has been distracted by the trinket," I thought, but suddenly the child again motioned for me to turn back the pages. I did so and noticed that there actually was a small rabbit represented on one side of the picture of the *Transfiguration*. Who would ever have observed it? Obviously children and adults are in possession of two different mental outlooks, and it is not simply a question of degree, of passing gradually from what is less to what is more.

Adults frequently attempt to point out ordinary objects to three-or four-year-old children as if they had never seen anything before. But this must have the same effect on a child as one shouting at another whom he thinks to be deaf. After making great efforts to be heard, he hears the protest, "But I am not in the least deaf!"

Adults have taken it for granted that children are sensible only to gaudy objects, bright colors, and shrill sounds, and they make use of these to attract a child's attention. We have all noticed how children are attracted by songs, by the tolling of bells, by flags fluttering in the wind, by brilliant lights, and so forth. But these violent attractions are external and transitory, and can be more of a distraction than boon. We might make the comparison with our own way of acting. If we are busy reading an interesting book and suddenly hear a loud band passing by in the street, we get up and go to the window to see what is happening. If we were to see someone act in this way, we would hardly conclude that men are particularly attracted by loud sounds. And yet we make this conclusion about little children. The fact that a strong, external stimulus catches a child's attention is merely incidental and has no real relation with the inner life of the child which is responsible for his development. We can perceive evidence of a child's inner life in the way he immerses himself in the fixed contemplation of minute things that are of no concern to us. But one who is attracted by the smallness of an object and focuses his attention upon it does so, not because it has made a striking impression upon him, but simply because his contemplation of it is an expression of an affectionate understanding.

For adults a child's mind is an unfathomable riddle. It is puzzling to them because they judge it by its outward manifestations rather than by its inner psychic energies. We should try to understand that there is an intelligible reason behind a child's activities. He does nothing without some reason, some motive. It is easy to say that every childish reaction is a whim, but a whim is something more. It is a problem to be solved, a riddle to be answered. It may at times be difficult to find the answer, but the search can be extremely interesting. And if an adult would find the answer to these riddles, he must adopt a new attitude toward the child and deepen his sense of responsibility toward him. He must become a student rather than a thoughtless ruler or tyrannical judge, as he only too often is with respect to a child.

Here I can recall a discussion of a group of women on books for children. “There are some books,” a young mother was saying, who had her young son of about eighteen months with her, “that are quite silly and are illustrated with grotesque pictures. I have one of these, *Little Black Sambo*. Sambo is a little Negro who receives various gifts from his parents on his birthday, a cap, shoes, stockings, and a bright colored frock. While his parents are preparing a fine dinner for him, Sambo, anxious to show off his new clothes, leaves the house unnoticed. On the street he meets many wild animals and, in order to pacify them, he has to give something to each one. He gives his cap to a giraffe, his shoes to a tiger, and so on. Eventually he returns home naked and in tears, but the story ends happily for his parents forgive him and set before him a fine dinner, as may be seen on the last page of the book.”

The woman passed the book around for the others to see. But the child suddenly said, “No, Lola.” Everybody was surprised. What was the little fellow trying to say as he kept repeating, “No, Lola?”

“Lola” his mother said, “is the name of the nurse who has had charge of him for some days.” But then her little boy began to cry, “Lola” louder than ever, as if he had fallen into a senseless whim. Finally, we showed him the book and he pointed to the last picture. It was not within the text of the story but inside the cover and represented the poor little Negro crying. We then understood what he meant by, “Lola.” It was his way of pronouncing the Spanish, “llora,” meaning, “He is crying.”

And the child was right. The last picture in the book did not represent a happy scene but Sambo in tears. No one had paid any attention to it. The child’s protests were thus perfectly logical when he heard his mother say, “It all ends happily.”

The boy had obviously looked more closely than his mother at the book and had seen that the last picture was one of Sambo in tears. His exact observation even though he had not been able to follow the women’s conversation in its entirety was certainly striking.

A child's psychic personality is far different from our own, and it is different in kind and not simply in degree.

A child who gathers in the smallest details must look upon us with a certain degree of contempt since he is unaware of the mental syntheses which we are constantly making. He must as a consequence look upon us as being somewhat inefficient, as individuals who do not see well. From a child's viewpoint we are not very exact. He sees us as dull and indifferent since we are not interested in minute details. If a child could express himself, he would certainly tell us that deep down he has little confidence in us, just as we have little confidence in him, since our separate ways of thinking are so foreign to each other.

This is why a child and an adult fail to understand each other.

10. OBSTACLES TO GROWTH

SLEEP

The conflict between child and adult begins when the child reaches a stage in his development when he can act independently. No one can, of course, completely prevent a child from seeing and hearing, and thus making a sensible conquest of his world. But when a child begins to act on his own, to walk, to touch various objects, it is quite a different story. Even though an adult may truly love a child, there rises up within him a powerful defensive instinct. The two psychic states, that of the growing child and that of the adult, are so much at odds that it becomes practically impossible for the two to live together without making some adjustments. And there should be no difficulty in seeing that these adjustments are made to the disadvantage of the child, whose social status is one of absolute inferiority. A child's acts which are not in harmony with an adult environment will inevitably be checked, especially since the adult is not aware of his own defensive attitude but is rather convinced of his generous love and dedication.

But this unconscious defense on the part of the adult flourishes only under a mask. An adult's avarice, which makes him jealously defend whatever he owns, is concealed under "the duty of properly educating one's child." And the fear of having one's peace disrupted is concealed under "the need of making a child sleep a great deal to safeguard his health."

An uneducated woman might defend herself from her child with shouts, slaps, abuse, and by driving it out of the house into the street. But she alternates such acts with loving caresses and ardent kisses that reflect the tender love which she actually has for the child.

The formalism inherent in the higher ranks of society only accepts certain attitudes, such as love, sacrifice, a sense of responsibility, and outward self-control. Nevertheless, women of these higher classes are even more ready to rid themselves of their children's importunities than others of the lower classes. They consign their children to a nurse who will take them for a walk or put them to sleep.

The patience, kindness, and even submissiveness of these women towards the nurses they employ are an indication of a real, if tacit, understanding that they will put up with anything so long as a troublesome child is kept at a reasonable distance.

Hardly has a child learned to move about and begun to exult in his own freedom of activity than he is met by a swarm of giants that block his every move. The child is in a position not unlike that of the Hebrews whom Moses led out of Egypt. After they had overcome the hardships of the desert and were on the point of entering an oasis they were faced with war. The bitter remembrance of the hostile resistance of the Amalekites filled them with such dread that they wandered aimlessly in the desert for forty years, where many perished from exhaustion.

It is almost a law of nature for men to defend their possessions from invaders. Among nations this tendency can become extremely violent. The source of this instinctive self-defense lies hidden in the subconscious depths of the human soul. The earliest and least perceptible manifestation of this cruel phenomenon is found in the care which adults take to preserve their own peace and property against the onslaughts of the new generation, but despite their efforts, the invaders are not checked. They fight desperately, for they are fighting for their lives.

This struggle between the love of the parents and the innocence of the child is carried on unconsciously.

It is quite easy for an adult to say, "A child should not move about. He should not touch things that do not belong to him. He should not speak out or shout. He should lie down a great deal. He should eat and sleep. He should go out of the house," even if this is to be in the company of a person who is not a member of the family and who has no particular love for the child. Through sheer inertia parents choose the easiest road for themselves. They put their children to sleep.

Who would hesitate to say that a child must sleep?

But if a child is so alert and so quick to observe, he is not a "sleeper" by his very nature. He has need of, and certainly should get, a normal amount of sleep, but it is necessary to distinguish between what is suitable and what is artificially induced. A stronger person through suggestion can impose his own will upon one who is weaker. An adult who forces a child to sleep more than he needs is unconsciously forcing his own will upon the child through the power of suggestion.

Adults, whether they be learned or unlearned parents, or nurses charged with the care of infants, have conspired to condemn this living, active being to sleep. In the homes of the wealthy, infants and even children two, three, or four years old, are condemned to sleep more than they should, though this is not the case in families of the poor. Children of such families run about the streets the whole day long and are not put to sleep because they are not a source of weariness to their mothers. As a rule children of these poor families are less nervous than those who come from wealthier homes. One reason for this may be that prolonged sleep has been advocated for the latter. I remember a seven-year-old child confiding to me that he had never seen the stars, since his parents had always put him to sleep before nightfall. "I would like," he told me, "to go to the top of a mountain some night and stretch myself out on the ground so that I could see the stars."

Many parents boast that their children are so used to going to sleep early in the evening that they themselves are always free to go out.

Even a child's bed can be a source of pain. In contrast to the soft and beautiful crib for an infant and the spacious bed of an adult, a child's bed is a kand of cage raised on high so that his parents or nurses can tend him without the trouble of stooping and where they can leave him without fear that he will fall out and hurt himself. Further, a child's room is darkened so that the light of the new day will not awaken him.

One of the greatest helps that could be given to the psychological development of a child would be to give him a bed suited to his needs and cease making him sleep longer than necessary. A child should be permitted to go to sleep when he is tired, to wake up when he is rested, and to rise when he wishes. This is why we suggest that the typical child's bed should be done away with, as has already been done in many families. The child instead should be given a low couch resting practically upon the floor, where he can lie down and get up as he wishes.

Like all the new helps for a child's psychic life, a low bed is economical. A child has need of simple things, and complicated objects are frequently more of a hindrance than a help to his development. In many families this reform in a child's sleeping habits has been achieved by placing a small mattress on the floor and covering it with a large blanket. A child can thus of his own accord go off cheerfully to bed in the evening and rise in the morning without disturbing anyone. Such examples as these show how wrong adults have been in imposing their own wills upon children and in exhausting themselves in caring for their children. Actually, they were going against their children's needs because of the promptings of their defensive instincts, which could easily have been overcome.

From all this we can see that an adult should strive to interpret the needs of a child so that he can satisfy them by providing him with a suitable environment. Only thus can a new educational epoch be inaugurated that will bring real assistance to humanity. Adults must cease to look upon a child as an object to be lifted and carried about when he is small and which has nothing more to do than obey adults when he is larger. Adults must become convinced that they have a secondary role to play in a child's development. They must endeavor to understand children so that they can properly assist them. This should be the aim and desire of a child's mother as well as of all those who have anything to do with his education. A child is naturally much weaker than an adult. If he is to develop his personality, it is necessary that the adult should hold himself in check and follow the lead given by the child. And he should regard it as a privilege that he is able to understand and follow him.

11. WALKING

The line of conduct to be followed by an adult is that of renouncing his own advantages so that he can accommodate himself to the needs of a growing child.

Higher animals instinctively act in this way when they adapt themselves to the needs of their young. When a baby elephant is brought by its mother into the adult herd, the huge beasts slow their pace to that of the little calf, and when it becomes tired and stops, they all stop as well.

A similar consideration for children is found in various cultures. One day I saw a Japanese father taking his little son for a walk. I followed them and noticed that all of a sudden the child, who was about a year-and-a-half or two-year old, put his arms around his father's leg. The man stood still and let the boy spin around his leg, and when he had finished his game, the two started out again at a slow walk. After a little while the child sat down on a curb, while his father stood beside him. The latter's face was grave, but perfectly natural. He was doing nothing exceptional. He was simply a father taking his little son for a walk.

This is the kind of walk best suited for children who are learning how to coordinate the many different movements needed to maintain their balance and advance on two feet.

Although a man has limbs like those of other animals, he must walk on two feet instead of four. Monkeys have very long arms that are of assistance to them when they walk upon the ground. Man is the only animal which actually relies entirely upon his two legs for balanced walking. When quadrupeds walk they alternately lift one front, and one diagonally opposed rear foot as they keep the other two upon the ground. But when a man walks he first supports himself upon one foot and then upon the other. Nature has solved the difficulty of locomotion, but in different ways. Animals learn to walk through instinct, but man learns to walk through personal, voluntary effort.

A child develops the ability to walk not by merely waiting for it to come but by walking. His first step, which is greeted with such joy by his parents, is a conquest of nature and marks as a rule the passage from the first to the second year. Learning to walk is for a child a kind of second birth, when he passes from a helpless to an active being. Success in his efforts is one of the primary indications of a child's normal development, but after his first steps, he still has need of constant practice. The attainment of balance and a steady gait is a product of continuous individual effort. A child is driven on by an irresistible impulse in his attempts to walk. He is courageous and even rash in his attempts and, like a true soldier, he drives on toward victory regardless of the risks encountered. The very eagerness with which a child pursues this goal prompts adults to surround him with safeguards that are actually obstacles. They try to keep a child shut up within a playpen or strapped into a stroller in which he will take his exercise even after his legs are strong.

When the child is taken out, he is pushed around in a buggy even though he could walk; but since his legs are short and he does not have the endurance for long walks, he must accommodate himself to the adult who refuses to give up his own pace. Even when the adult who is taking the child out is a nurse, it is the child who has to adapt himself to the nurse and not the nurse to the child. A nurse will go at her own speed directly for the predetermined goal of the outing, pushing the baby carriage with the child in it as she would a cart loaded with vegetables. It is only when she reaches the park that she will take the child out of the carriage, sit down, and allow the child to walk about on the grass as she keeps a watchful eye on him. All this is done simply to shield a child from possible accidents. Care is taken of his physical growth but not of his inner psychic development.

A child between the ages of a year and a half and two can walk several miles and clamber up such difficult objects as ramps and stairs, but he has an entirely different purpose in walking than we do. An adult walks to reach some external goal and he consequently heads straight for it. He has a steady gait, which carries him along almost mechanically. An infant, on the other hand, walks to perfect his own proper functions, and consequently his goal is something creative within himself. He is slow, he does not as yet have a rhythmical pace nor does he direct his steps toward some ultimate external goal. He moves on attracted by the objects he sees immediately about him. If an adult is to assist such a child, he must give up his own pace and his own finality.

I once knew at Naples a couple whose youngest child was a year and a half old. To reach the sea during the summer, they had to descend nearly a mile down a steep road that was practically impassable for wagons or carriages. The young parents wanted to have their child with them, but found it too fatiguing to carry him in their arms. The child himself solved the problem by walking and running the whole length of the way. Every now and then he would stop by some flowers, or sit down in the grass, or stand to look at some animals. On one occasion he stood fixed for almost fifteen minutes staring at a donkey grazing in a field. Moving slowly forward in this way the child was able to descend and ascend the long and difficult road each day without becoming weary.

In Spain I came to know two children between the ages of two and three who would take walks a mile and a half in length and many others who spent more than an hour descending and ascending steep stairs with very narrow steps.

Even with respect to activities such as these, there are mothers who speak about the whims of their children. A woman once asked me about the tantrums of her little girl who had been walking for only a few days. Whenever she saw a stairs, she began to shriek, and whenanyone would pick her up to carry her up or down the stairs, she would become almost frantic. Her mother thought that she might possibly be mistaken about the cause of the child's outbursts. It seemed unreasonable that the child should become so tearful and agitated whenever she was being carried up or down stairs. And she thought that the disturbance might simply have been coincidental. But it was obvious that the little girl simply wanted to climb up and down the stairs by herself. She was more attracted by the steps, upon which she could rest her hands or sit down, than by the open field where her feet were buried in the tall grass and where she found nothing on which to place her hands. And yet the only place where she had been permitted to wander about was in these fields.

Children naturally like to walk and move around, and open stairs will always be filled with them as they climb up and down and scramble about. The ease with which a child from a poor family darts about the streets avoiding traffic and even catching rides on cars and trucks reveals, despite its hazards, a potentiality far removed from the sluggishness of a timid, and ultimately lazy, child of the upper classes. But neither child has been really assisted in his development. The poor child is abandoned to the dangerous adult environment of the streets. The other is hindered by being hedged in by too many things meant to save him from the dangers inherent in these same surroundings.

A child on his way to becoming a man and thus continuing the human race is like the Messias of whom it was said, he "has nowhere to lay his head."

12. THE HAND

It is interesting to note that two of the three great steps regarded by physiologists as criteria for the normal development of a child are concerned with movement, that is, with learning how to walk and how to speak. These two motor functions are kind of a horoscope in which a child's future may be read. In fact, these complex activities show that a child has gained his first victory over his means of motion and expression. But if language is a specific characteristic of man in as much as it is an expression of his thought, walking is something which he shares with all other animals.

An animal is different from a vegetable in that "it moves about in space." And when such movement is effected through special organs like the limbs, its manner of walking becomes a fundamental characteristic. Nevertheless, even though man's ability to move about in space is so great that it has permitted him to encompass the whole earth, walking of itself is not a specific characteristic of an intelligent being.

Instead, the two bodily movements most intimately connected with man's intelligence are those of the tongue, which he uses for speaking, and those of his hands, which he employs for work. Man's presence in certain localities in prehistoric times is deduced from the chipped and polished stones which he used for his first tools. The ability to use tools marks a new stage in the biological history of living creatures here on earth. Speech itself becomes a record of man's past when it is recorded on rock through the work of his hands. One of man's special characteristics is the freedom with which he can use his hands. His upper limbs become instruments of his intelligence rather than means of locomotion. Because of the use which he makes of his limbs in the service of his intelligence, man not only shows that he occupies a higher state than other creatures but he also indicates the fundamental unity of his human nature.

The human hand, so delicate and so complicated, not only allows the mind to reveal itself but it enables the whole being to enter into special relationships with its environment. We might even say that man "takes possession of his environment with his hands." His hands under the guidance of his intellect transform this environment and thus enable him to fulfill his mission in the world.

It seems logical that if we wish to determine the mental development of a child we should consider his "intelligent movements" from their first appearance, that is, that we should study his speech and the use which he makes of his hands in working.

Men have instinctively recognized the importance of these two external manifestations of the intellect, that is, of speech and human gestures, and have implicitly recognized them as being specific characteristics of the human race. But they have done so only with respect to certain symbols connected with the social life of adults. When a man and a woman, for example, marry, they join hands and "pledge their troth." When a man becomes engaged he "makes a promise," or "gives his word," and the woman is "asked for her hand." In taking an oath, one raises his hand when he pronounces the words. The hands are symbolically employed in rituals where there is a strong expression of the ego. To clear himself of the responsibility of Christ's death Pilate literally and figuratively washed his hands before the crowd. Before beginning the most solemn portion of the Mass, a priest at the altar will say, "I will wash my hands among the innocent," and as he pronounces these words he actually washes his fingers, even though he has done this before approaching the altar.

These various illustrations can show how men subconsciously regard the hand as a manifestation of the inner ego. If this is so, what can be more wonderful and sacred than the development within the child of this essentially "human activity." The first movement of his small hand toward external objects should thus be eagerly awaited.

The first intelligent moving of these tiny hands, the first thrust of that movement which represents the effort of the ego to penetrate the world should fill an adult's mind with admiration. But instead he is *afraid* of those tiny hands stretching out for things that are of no value and importance in themselves, and he strives to keep them from the child. He is constantly saying, "Don't touch!" just as he constantly repeats, "Be still! Keep quiet!"

And in this anxiety that lurks in the shadows of his subconsciousness the adult erects a defense and calls upon the assistance of other men, as if he had to struggle secretly against a power that was attacking his comfort and possessions.

In order to develop his mind a child must have objects in his environment which he can hear and see. Since he must develop himself through his movements, through the work of his hands, he has need of objects with which he can work that provide motivation for his activity. But within the family circle this need has been neglected. The objects which surround a child belong to adults and are destined for their use. As far as the child is concerned they are taboo. A crucial factor in his development is settled by telling him not to touch anything. If a child succeeds in grasping something, he is like a hungry puppy that has found a bone and goes off to a comer to gnaw on it, seeking nourishment from something that cannot provide it and fearful that someone will chase him away.

A child's movements are not due to chance. Under the direction of his ego he builds up the necessary coordination for organized movement. At the expense of countless intervening experiences, his ego coordinates, organizes, and unifies his organs of expression with his developing psyche. The child must therefore be free to determine and execute his own acts. Since he is in the process of molding himself, his movements have a special character that is not simply the result of chance or random impulses. A child does not simply run, jump, and handle things without purpose and thus create havoc about the house. His constructive movements take their cue from the actions of others. He strives to imitate them in the way they use or handle something. A child tries to act like the adults about him, making use of the same objects. His activity therefore will be directly connected with his family and social environment. A child will want to sweep the floor, wash dishes or clothes, pour out water, wash himself, comb his hair, clothe himself, and so forth. This natural tendency of a child has been called "imitation." But the expression is not exact since it differs, for example, from the mimetic actions of monkeys. A child's constructive movements have a psychic origin and are of an intellectual nature. Knowledge always precedes movement. When a child wishes to do something, he knows beforehand what it is. He has seen another do something and he is anxious to do it himself. This is true with his learning how to speak. A child picks up the language that he hears spoken about him. He carries with him the memory of the word that he has previously heard. But he uses the word himself according to the particular needs of the moment.

In his use of words the child is not like a parrot. He does not simply imitate a sound but makes use of knowledge that has been acquired and stored up. A child's imitation is never purely mechanical. We must realize this if we would appreciate more intimately a child's activities and his relations with adults.

ELEMENTARY ACTIONS

Before a child can carry out actions in a clearly logical fashion like the adults whom he observes, he begins to act for his own ends, using objects in a way that is often unintelligible to his elders. This often happens with children who are between a year and a half and three years old. I once saw, for example, a child of eighteen months who had found a pile of recently ironed napkins neatly stacked one upon the other. The little fellow took one of these napkins and held it with the greatest care. He placed one of his hands over it so that it would not become unfolded and carried it diagonally across the room to the opposite corner where he set it on the floor saying, "One." He then returned as he had come, a sure indication that he was being guided by some special sensibility. After he had crossed the room, he took a second napkin in the same way, carried it by the same route, and placed it on the one already on the floor, and again said, "One." He repeated this operation until he had carried all the napkins over to the other corner. Then reversing the process, he carried them all back singly to their original place. Although the pile of napkins was no longer in the perfect condition in which it had originally been left, they were still fairly well folded and the stack, although somewhat askew, was not actually disordered. Fortunately for the child no member of the family was present during this long maneuver. How often do small children hear adults at their backs shouting, "Stop! Stop! Leave that alone!" And how often their tiny, tender hands are slapped to teach them not to touch anything!

Another "elementary" task that fascinates children is to take a stopper out of a bottle and replace it, especially if the stopper is of cut glass reflecting the colors of the rainbow. This task of pulling out and putting back stoppers seems to be one of their favorite occupations. Another favorite activity of a child is to lift up and lower the cover of a large inkstand or box, or even to open and shut the door of a cabinet. It is quite understandable that a conflict should frequently occur between a child and an adult over objects that have a natural attraction for youngsters but which they are forbidden to touch since they belong to mother's or father's desk, or are a part of the living-room furniture. Such a conflict can induce a tantrum. But a child does not really want a particular bottle or inkstand. He would be satisfied with objects of his own that would enable him to go through these same movements.

Such elementary actions as these, which have no external finality, can be regarded as the first feeble efforts of the human worker. Some of the material which we have devised for very small children, such as graduated cylinders that fit snugly into holes in a block, have been highly successful since they were designed to satisfy the needs of this particular period in a child's life.

The ideal of leaving a child on his own is easily grasped, but there are deeply rooted obstacles in an adult's mind that make it difficult to realize.

An older person, even if he wishes to grant a child's desires and leave him free to touch and move objects about, finds that he cannot resist the vague impulses within himself that lead to his dominating the child.

A young woman in New York, who was familiar with these ideas, was anxious to put them into practice with her own two-and-a-half-year-old son. One day she saw him bringing a pitcher full of water into the parlor. She noticed the strain he was under and the efforts he was making as he moved slowly across the room repeating to himself, "Be careful! Be careful!" The pitcher was heavy and the child's mother finally felt compelled to assist him. She took the pitcher and carried it to where he was going, but the child was grieved and mortified. His mother realized that she had caused her child to suffer but she justified her action by saying that even though she appreciated the necessity under which her child was laboring, it seemed wrong to let him tire himself and lose so much time in doing something which she could accomplish in a moment.

"I know that I did wrong," the woman told me as she asked my advice. I reflected on the other aspect of this particular problem, the "stinginess with respect to a child" that rises from a desire to protect one's own possessions. I asked her, "Do you have any good china, some cups for example? Let your child carry one of these light objects and see what happens." The woman followed my advice and told me later that her child had carried the cups with care and attention, pausing at each step and finally setting them down safely at their destination. During the operation the child's mother was torn between two sentiments, one of pleasure at her son's work and the other of worry about her cups. But she let her child complete the task which he was so anxious to perform and which was so important for his psychic development.

On another occasion I put a rag in the hands of a little girl fourteen months old so that she could do some dusting. As she sat, she polished many bright little objects and took great pleasure in her work, but her mother had some difficulty in giving her little daughter an object that seemed to be so foreign to the needs of so small a child.

An adult who does not understand the importance of the instinct to work in a child is surprised at its first manifestation. He sees that he must make some great sacrifices. He must renounce something of his own personality and environment, but this is quite incompatible with his ordinary social life. In adult surroundings a child is certainly an extra-social being. But to completely exclude him from such surroundings, as is still done today, is to stunt his growth, just as if he were not allowed to learn how to speak.

The solution to this conflict is to be found in preparing a suitable environment for the child where he may manifest his higher tendencies. When a child utters his first word, there is no need to prepare anything special for him, since his prattling is heard as a sound of joy within the home. But the work of tiny hands which are the first stammerings of a man at work require "incentives to activity" in the form of objects which correspond to his desire to work. At times one sees children carrying out actions which require an effort going beyond what one would think would be physically possible. I have a photograph of a little English girl carrying a great loaf of bread so large that her two arms can hardly bear it, and she has to hold it tightly against her body. She is forced to walk bent backwards without being able to see where she is putting her feet. In the picture there is also a dog that accompanies her and does not let her out of its sight. It is tense and seems as if it were on the point of leaping forward to assist her. In the background are adults watching the child. They have to restrain themselves from rushing up and taking the bread in their own arms.

Sometimes very small children in a proper environment develop a skill and exactness in their work that can only surprise us.

13. RHYTHM

An adult who does not understand that a child needs to use his hands and does not recognize this as the first manifestation of an instinct for work can be an obstacle to the child's development. This is not always due to a defensive attitude on the part of the adult. There can be other causes as well. One of these is the fact that an adult looks to the external finality of his actions and determines the means which he employs according to his own mental outlook. For him there is a kind of natural law, "the law of minimal effort," which induces him to employ the most direct means that will enable him to attain his goal in the least possible time. When he sees a child making great efforts to perform some seemingly fruitless action which he himself could do in an instant and much more perfectly, he is pained and attempts to assist the child.

To an adult a child's enthusiasm for trivial or useless things is something quite grotesque and even incomprehensible. When a child notices that a tablecloth is askew, he remembers how it should be spread and slowly, with all the enthusiasm at his command, he attempts to straighten it. For a child at this stage of his development, this is a triumphant action; but he will only achieve it if adults keep aloof and refrain from hindering his efforts.

If a child wants to comb his hair, an adult instead of being pleased by this noble ambition, feels assailed to the very fibers of his being. He knows that a child cannot comb his hair well or quickly and that he will not succeed in attaining his goal, whereas he, an adult, can do it quickly and better for the child. Then a child, who has been carrying out a delightful and constructive action, sees the adult, an enormous and powerful being with whom it is useless to contend, come near and take the comb and say that he must do the combing. The same thing happens when an adult sees a child is tiring himself in trying to put on his clothes or tie his shoes. Every attempt of the child is interrupted. The adult is irritated not only by the fact that the child tries fruitlessly to complete an action, but by his very rhythm, by his different manner of acting.

Rhythm is not simply an old concept that can be changed at will. It is an intrinsic characteristic of an individual almost like the shape of his body. We take pleasure in associating with others whose rhythmical movements are like our own but are pained when we are forced to adapt ourselves to other rhythms.

If, for example, we must walk with one who is partially paralyzed we feel a kind of anguish, and if we see another who has had a stroke lift a glass to his lips with a slow and trembling hand, we are pained by the sharp contrast between his halting movement and our own freedom of action. We strive to free ourselves from this inner conflict by substituting our own rhythm for his on the assumption that we are assisting him.

An adult acts somewhat similarly with respect to a child. Unconsciously he strives to keep the child from making his naturally slow and deliberate movements and he would remove this annoyance as he would brush away a fly.

On the other hand, an adult can put up with a child's movements when they are carried out in a swift and rapid rhythm. He is ready to endure the disorder and confusion created by a lively child. Here an adult can "arm himself with patience," since he observes something that is quite clear and understandable; but when a child moves slowly, an adult feels compelled to intervene by substituting his own activity for that of the child. But in acting thus an adult, instead of assisting a child in his psychic needs, substitutes himself in all the actions which the child would like to carry out by himself. He prevents the child from acting freely and thus makes himself the greatest obstacle to the child's natural development. The desperate cries of the "capricious" child who does not want to be washed, dressed, or combed reveal the dramatic struggle that engages a child in his efforts to grow up.

Who would ever imagine that the needless assistance given to a child is the first of the various *repressions* which he will experience and one which can have serious consequences in later life?

The Japanese, as a part of their cult of the dead, place a number of small stones and similar objects upon the tombs of children. The stones laid on the tomb by a child's parents will enable him to rebuild the toy castles which he makes, but which are being constantly knocked down by tormenting demons. This concept of the tortures experienced by dead children is one of the most striking examples we have of the projection of the subconscious into the afterlife.

14. THE SUBSTITUTION OF THE PERSONALITY

An adult can substitute himself for a child by acting in his place, but also by subtly imposing his own will, substituting it for that of the child. When this happens it is no longer the child that acts but the adult working through the child.

When Charcot in his famous institute of psychiatry showed that through hypnosis a substitution could be made in the personalities of individuals subject to hysteria, he created a great sensation. His experiments seemed to undermine what had been previously regarded as one of the most basic features of human nature, namely, that a man is master of his own actions. But Charcot proved experimentally that such a strong suggestion could be given to a subject that he lost his own personality and took on that of the hypnotist.

These experiments, even though they were limited in number and carried out in a clinic, opened up the way to new studies and discoveries, such as those dealing with split personalities, with the subconscious, and with sublimated psychic states.

The period of childhood when a child starts to become conscious of himself and his senses are in a creative state is particularly subject to suggestion. During this time an adult can insinuate himself into a child and animate his will and mobility with his own.

We have noticed in our schools that if we show a child how to do something with too much enthusiasm or exaggerated movements, the child's capacity to think and judge for himself is repressed. It could be said that an activity is separated from the child's ego which ought to command him and is taken up by another ego that is stronger but which does not belong to the child. This foreign ego has the power to rob the child of his own tender means of activity. An adult does not, as a rule, willingly do this. But he can dominate a child through his hypnotic suggestions without wishing, or even knowing that he is doing so, without even being aware of the existence of such an influence.

A few examples of this that I have personally encountered may be of interest. I once saw a child about two years old put a pair of dirty shoes on a white bedspread. Impulsively and without much thought, I took the shoes and put them in a corner of the room and said, "They're dirty." I then brushed the spread where they had been placed with my hand. After this incident, the little fellow, whenever he saw a pair of shoes, would run up to them and say, "They're dirty." He would then go over to the bed and pass his hand over it as if to clean it, even though the shoes had been nowhere near it.

Here is another example. A young woman one day received a package. She expressed her happiness at the gift, opened it, and found within the box a silk handkerchief, which she gave to her little daughter, and a trumpet, which she put to her lips and blew. The child shouted with glee, "Music!" And for some time after, whenever she touched a piece of cloth, she would beam and say, "Music!"

Prohibitions on the part of adults, when they are not so emphatic as to provoke a reaction in a child, can easily have an inhibiting influence upon a child's activity. Such a restraining influence comes most frequently from educated, self-controlled adults, and especially from refined nurses. One interesting case is that of a little girl about four years old who was alone with her grandmother at the latter's country estate. The little girl obviously wanted to turn the faucet of a fountain in the garden to see the water gush out. But when she was on the point of doing so, she suddenly drew back her hand. Her grandmother encouraged her to turn the faucet, but the child replied, "No, my nurse does not like it." The child's grandmother then tried to persuade her, telling her that she had permission to do so. The child smiled with pleasure and satisfaction at the thought of seeing the water spurt forth. She stretched out her hand, but then drew it back again without opening the faucet. The bidding of the absent nurse was more compelling than the invitation of the child's grandmother at her side.

A somewhat similar case is that of a somewhat older child, a boy of about seven years. When he was seated and saw something at a distance that attracted him, he would get up and start for the object, but he would then return and sit down as if he suffered from a wavering of his will that he could not overcome. Who was the "master" who checked his steps? No one knew, for the memory had vanished even from the child's mind.

LOVE FOR THE ENVIRONMENT

A child's susceptibility to suggestion can be understood as an exaggeration of an inner sensibility which assists with his psychic growth and which may be called "the love of the environment." A child is an eager observer and is particularly attracted by the actions of adults and wants to imitate them. In this regard an adult can have a kind of mission. He can be an inspiration for the child's actions, a kind of open book wherein a child can learn how to direct his own movements. But an adult, if he is to afford the proper guidance, must always be calm and act slowly so that the child who is watching him can cearly see his actions in all their particulars.

If an adult does not do this but yields instead to his own natural tendencies, then, instead of inspiring the child and instructing him, he will impart his own rapid rhythms upon the soul of the child and substitute himself for the child through the power of suggestion.

Even sense objects, if they are attractive, can have a powerful, suggestive influence upon a child, drawing out various activities like a magnet. A film of an interesting psychological experiment recorded by Professor Levine can help to illustrate this. The object of his experiment was to discern the different reactions to the same objects on the part of defective children and of normal children from one of our schools. Both groups of children were of about the same age and from the same general background. A large table was set up covered with many different objects, including some of the material which we have devised for children's use.

In the film a group of children is seen coming into the room. They are interested and attracted by the various objects set before them. They are lively and their smiles indicate their happiness in the midst of so many different things. Each one of the children takes something and sets to work. He then sets it aside and takes up something else and repeats this, going from one activity to another.

After this part of the film has been shown, a second group of children is seen entering the room. They move slowly, stop, and look around. They barely handle the objects but gather around them and seem to stand inactive. And this brings the second half of the picture to a close.

Which of the two groups was made up of defective, and which of normal children? The deficient children were the happy, lively ones who moved about a great deal, passing from one object to another and playing with everything. To people watching the film, they give the impression of being more intelligent, since adults as a rule are accustomed to look upon vivacious, cheerful children who pass from one thing to another as more intelligent.

But actually, normal children move about in a calm and tranquil manner. In the film they can be seen standing still for a long time and paying thoughtful attention to a single object. They prove in a striking way that calm and measured movement accompanied by thoughtful consideration are the marks of a normal child.

Professor Levine's experiment runs counter to generally accepted notions since, in an ordinary environment, intelligent children will act like the deficient children in the film. A normal child as found in our schools is something new. It is slow and reflective but its movements are controlled by its ego and guided by reason. Such a child is stimulated by the objects it sees, but masters these impressions and as a consequence can make full use of them. Self-control and not ceaseless activity is what counts. It is important that a child should master his motor organs and not simply move about in any manner whatever.

The ability to move about under the guidance of reason and not simply in response to sensible stimuli leads to concentration, and this fixation of the mind and activity upon a single object is a phenomenon of inner origin.

The ability to move oneself in a deliberate and thoughtful manner is actually normal to the individual. It is the mark of an inner discipline which manifests itself in orderly, external acts. When this inner discipline is lacking, an individual's activity can escape his personal control and be directed by the will of another or become a prey to external influences like a ship adrift.

The will of another produces disciplined actions only with difficulty since such an external influence does not create the organization necessary for such activity. When this happens, we can say that the individual's personality has been split. When this occurs in a child, he loses his opportunity to develop as nature intended he should. Such a child might be compared to a man who has landed in a desert with a balloon and who suddenly sees his balloon caught up by the wind leaving him alone. He has lost it and sees nothing about him that can take its place. This is a picture of what can happen to a man when, as a child, he has had to contend with adults. His mind is darkened and undeveloped, and his means of expression are disordered and, as it were, a prey to the elements.

15. MOVEMENT

The importance of physical activity or movement in psychic development should be emphasized. It has been a serious error to list movement among the various functions of the body without adequately distinguishing it from those of the vegetative life such as the assimilation of food, breathing, and so forth. Practically, movement is simply considered as an aid to the normal functioning of the body in its breathing, digesting, and circulation of the blood.

Movement, although it is characteristic of animals, does have an influence also upon the vegetative life. We can almost say that it is something that precedes, accompanies, and follows all bodily activities, and yet it would be wrong to consider movement merely from the physical point of view. We can see the benefits to be derived from engaging in sports. Such physical activities are not only conducive to physical health, but they also inspire courage and self-confidence. They can also have a moral influence in raising one's ideals and in arousing a tremendous enthusiasm among spectators. And these various psychic effects are of a much higher level than those of a purely physical order.

A child develops through personal effort and engagement. His growth, therefore, depends upon psychic as well as physical factors. It is of utmost importance that a child be able to recall the impressions he has received and be able to keep them clear and distinct, since the ego builds up its intelligence through the strength of the sense impressions which it has received. It is through this hidden inner labor that a child's reason is developed. And reason in the final analysis is what distinguishes a man from irrational beings. A man is one who can make a reasoned judgment and then, through an act of the will, decide his own course of action.

Adults adopt the attitude that they can wait for a child's reason to develop with time. They do not attempt to assist it, but rather oppose their own reasoning processes to the child's developing reason. This happens particularly when a child's movements disturb them. But, as we have seen, movement is of great importance for a child. It is the functional incarnation of the creative energy which brings man to the perfection of his species. Through movement, he acts upon his external environment and thus carries out his own personal mission in the world. Movement is not only an impression of the ego but it is an indispensable factor in the development of consciousness, since it is the only real means which places the ego in a clearly defined relationship with external reality. Movement, or physical activity, is thus an essential factor in intellectual growth, which depends upon the impressions received from outside. Through movement we come in contact with external reality, and it is through these contacts that we eventually acquire even abstract ideas. Physical activity connects the spirit with the world, but the spirit has need of action in a twofold sense, to acquire concepts and to express itself exteriorly. Movement, or physical activity, can be extremely complicated. A man's muscles are so numerous that it is impossible for him to use them all. It can even be said that a man always has at his disposal a reservoir of unused organs. A ballerina will make use of muscles which will not be employed at all by a skilled surgeon or mechanic, and vice versa. And the use which one makes of his muscles has an influence upon the development of his personality.

Every individual should take sufficient exercise to keep his muscles in a healthy state. When they are thus conditioned it is possible to develop certain muscles for specialized activities. But if the muscles in general are not sufficiently used, one's vital energies are sapped.

If muscles which should normally be functioning are dormant, there is not only a physical, but a psychic depression as well. This is why action can have an influence also upon one's spiritual energies.

A knowledge of the direct connection that exists between physical activity and the will can make us appreciate more fully the importance of physical motion. All the various vegetative functions of the living being, although they are connected to the nervous system, are independent of the will. Each individual organ has its own proper function which it carries out in a constant fashion.

The different cells and tissues carry out their special tasks. They are like specialists who skillfully carry out their own particular work but who are helpless when they attempt to do something outside of it. The essential difference between these cells and tissues and the muscles lies in the fact that even though the cells that make up the muscles have their own special work to do, they do not act by themselves but need to be given orders, and without such orders they do not act. They might be compared with soldiers who wait for the commands of their higher officers.

Among the cells which have no need of external directions are those which secrete milk or saliva, take in oxygen, combat germs, and which, through their cooperative, unceasing labors, maintain the health of the whole being, just as the efforts of individual laborers contribute to the welfare of society. Their adaptation to specific tasks is essential for the functioning of the whole organism.

In contrast to the fixed activity of these involuntary cells and tissues an individual's muscles should be free and quick to respond to every command of the will. Ready obedience is only acquired through prolonged exercise and practice. Only then can the various groups of muscles that must act together to carry out the command function together as they should.

In carrying out the bidding of the will, a person's body may at times have to perform acts of enormous complexity. Since it is through movement that the will realizes itself, we should assist a child in his attempts to put his will into act. A child has a natural desire to master the voluntary use of his organs of movement. If he fails to do so, he cannot externalize the fruit of his intelligence. The will is thus not only an instrument of execution but also of psychic development.

One of the most interesting and unexpected discoveries in our schools was the love and diligence with which children who acted on their own carried out their tasks. A child who is free to act not only seeks to gather sensible impressions from his environment but he also shows a love for exactitude in the carrying out of his actions. His spirit then seems to be suspended between existence and self-realization. A child is a discoverer. He is an amorphous, splendid being in search of his own proper form.

16. THE LACK OF COMPREHENSION

Since adults have no concept of the importance of physical activity for a child, they put a damper on it as a cause of disturbance.

Even scientists and educators have failed to notice the great importance of movement in human development. Nevertheless, if the very word "animal" connotes "animation" or, simply, "activity," and if the difference between plants and animals lies in the fact that the former are rooted to the earth, while the latter can move about, why should we wish to check a child's movements?

Adults thoughtlessly say, "A child is a plant, a flower," which means, "It ought to be quiet," or that a child is "an angel," that is, a being which moves about, it is true, but outside the world inhabited by men.

All this reveals the mysterious blindness of the human soul, which is even greater than that partial blindness which psychoanalysts recognize as existing in man's subconsciousness. The depth of this blindness may be appreciated from the fact that science, though it has probed man's subconscious depths, has not revealed it.

All agree upon the importance of the sense organs for intellectual growth. It is obvious that one who is deaf or blind will encounter extraordinary difficulties in reaching intellectual maturity since hearing and sight are, as it were, the gates of the mind. Deafness and blindness are handicaps that are compatible with otherwise perfect physical health, but it would be absurd to think that a child would attain a higher standard of culture and morality if he were deliberately deprived of his sight and hearing.

Despite all this, it is not easy to gain acceptance for the idea that physical activity is of great importance for man's moral and intellectual development.

If a still growing child fails to use his organs of movement, his development is retarded and he will fall farther short of his goal than if he had been deprived of either sight or hearing.

One who is "a prisoner of the flesh" undergoes more dramatic and profound sufferings than one who is blind or deaf and dumb. Although the deaf and blind are deprived of means of coming into contact with their surroundings, through a process of adaptation, the keenness of their other senses can at least partially make up for those that are lacking. Physical activity on the other hand is intimately connected with one's personality, and there is no substitute for it. One who fails in this regard hurts himself. He turns his back on life and hurls himself into an abyss from which there is no exit. He becomes an everlasting exile like Adam and Eve who, after they had been expelled from the earthly Paradise, had to fare forth full of shame and sorrow into the unknown hardships of an unknown world.

When we speak of "muscles" we usually picture them to ourselves as some sort of a machine. Such a concept is opposed to our concept of a spirit which is free from matter and consequently from any sort of mechanism.

To say that movement or physical activity is more important for the development of the mind than the intellectual senses of sight and hearing would strike most people as rather strange. And yet even our eyes and our ears function according to physical and even mechanical laws. The eye has been described as "a camera informed with life," and certainly it is wonderfully constructed. The ear, too, is not unlike a band with its vibrating chords and drum.

But when we speak of the role played by these stupendous instruments in the development of the mind, we do not look upon them as mechanical devices but as means of acquiring knowledge. Through these wonderful, living instruments the ego comes into contact with the world and uses them for fulfilling its own psychic needs. The soul is constantly being nourished with the sight of natural beauties like the rising of the sun, or the delightful vision of a work of art, or with the sound of melodious voices or instruments. And it is the individual person who enjoys and passes judgment upon these various sense impressions.

If there were no ego to take delight in these various sights and sounds, what good would there be in these elaborate organs of sense? Seeing and hearing are of themselves of little importance, but they have a higher purpose. It is through seeing and hearing that one's personality is molded and developed.

The same is brought about through movement, that is, physical activity. This requires various organs, even if these organs are not so highly specialized as the eardrum or the lens of the eye. A fundamental goal of education and of life itself is that a rational creature should so master his instruments of motion that his actions are not simply guided by an instinctive response to sense stimuli but also by reason itself. If an individual cannot attain this goal, he fails to attain that unity of personality to be expected in a rational animal.

17. THE INTELLIGENCE OF LOVE

Every work which is done according to the laws of nature and creates a harmony among beings attains consciousness under a form of love. This is, we may say, a sure sign of a creature's health and general well-being.

Love is not the cause but the effect. It is like a planet that receives its light from the sun. The moving force is instinct, the creative power of life; but in the process of creation it begets love, and this love fills the child's consciousness and affects his self-realization.

That irresistible impulse which unites a child with the objects about him during the sensitive periods is actually a love for his environment. It is not simply an emotional reaction, but an intellectual desire or love which enables a child to see and hear and thus develop. A natural desire which children have to observe can be called in Dante's words "the intelligence of love."

It is love that enables a child to observe in a keen and ardent fashion those features of his environment which are quite significant to adults because they lack a child's animation. Does not love make us sensible to things which are not noticed by others? Does it not reveal to us details and special qualities that are not appreciated by others? Because he is in love with his environment and not indifferent to it, a child's intelligence can see what is invisible to adults.

A child's love of his surroundings appears to adults as the natural joy and vivacity of youth. But they do not recognize it as a spiritual energy, a moral beauty which accompanies creation.

A child's love is by nature simple. He loves in order that he may receive impressions which will furnish him with means of growth.

The special object of a child's affection is the adult. He receives from the adult the material help he needs and earnestly asks him for those things he needs for his self-development. For the child, the adult is a kind of venerable being. From his lips, as from a spring, he draws the words he must learn to speak.

Through his actions an adult shows a child how men behave. A child begins to live his own life by imitating the adults with whom he comes in contact. The words and actions of an adult are so fascinating for a child that they can almost hypnotize him. A child can be so sensitive to an adult that the adult in a way comes to live and act in him. We can recall the incident of the child who placed his shoes on the bedspread. His subsequent acts revealed his natural obedience but also the power of suggestion. What an adult tells a child remains engraved on his mind as if it had been cut in marble. We can recall the reaction of the little girl whose mother had received the parcel with the scarf and horn. Since children are so eager to learn and so burning with love, an adult should carefully weigh all the words he speaks before them.

A child readily obeys an adult. But when an adult asks him to renounce those instincts that favor his development, he cannot obey. When an adult demands such a sacrifice to his own personal interests, it is like attempting to stop the building of a child's teeth when he is teething. A child's tantrums and rebellions are nothing more than aspects of a vital conflict between his creative impulses and his love for an adult who fails to understand his needs. When a child is disobedient or has a tantrum an adult should always call to mind the conflict and try to interpret it as a defense of some unknown vital activity necessary for the child's development.

We should remember that a child loves us and wants to obey. A child loves an adult beyond everything else, and yet the reverse is usually heard: "How those parents love their child!" or "How those teachers love their pupils!" Further, it is said that children must be taught to love their mothers and fathers, their teachers and all men, and even plants and animals.

But who teaches them all this? Who can teach one how to love? Will it be the adult who calls all of his childish manifestations tantrums, and who only thinks of defending himself and his possessions from the child? Such a one cannot be a teacher of love since he does not possess that sensibility which we have called "the intelligence of love."

Instead, it is really the child who loves, who wants to feel an adult near him, and who delights in attracting attention to himself: "Look at me! Stay with me!"

In the evening he goes to bed, a child calls the person he loves and does not like to see him go. And when we go to dinner a child who is still being nursed would like to come along, not to eat but simply to be near so that he can watch us. Adults fail to appreciate this deep love of the child. But we should remember that the little child who loves us now so much will grow up and disappear. Who will then love us as this child loves us now? Who will call us when he goes to bed, saying affectionately: "Stay with me!" instead of bidding us an indifferent "Good night?" Who will wish so earnestly to stand near us while we eat, only to watch us? We defend ourselves against this love, and we shall never find another like it! And we say restlessly: "I don't have the time! I can't! I'm busy!" while deep down we are thinking: "You must correct children or you will end up being their slaves." We want to free ourselves from a child so that we can do what we please, so that we are not inconvenienced.

It is a terrible nuisance when a child goes in to wake up his father and mother in the morning. But what drives a child to go in search of his parents as soon as he gets up if it is not love? When a child bounces from his bed early, at the break of day, he goes to find his still sleeping parents as if to say: "Learn to live holily! It is already light! It is morning!" But a child goes to his parents not to teach them but only to see again those whom he loves.

The room is perhaps still dark, tightly shut, so that the brilliance of the day will not disturb the sleepers. The child comes and touches his parents; the father and mother grumble: "How many times have we told you not to come early in the morning to wake us up?" "I did not wake you," he replies, "I only wanted to give you a kiss." In effect he says: "I did not wish to wake you from your sleep, I only wanted to arouse your spirit."

Yes, the love of a child is of utmost importance. Fathers and mothers fall asleep over everything and need a new being to rouse them and to reanimate them with a fresh and living energy that they no longer possess. They need a being who acts differently and who can say to them each morning: "Rise to another life! Learn to live better!"

Yes! To live better! To feel the breath of love!

Without children to assist them, men would degenerate. If an adult does not strive to renew himself, a hard crust begins to form around his heart which will eventually make him insensible. We are reminded of the Last Judgment, when Christ will turn to the damned, to those who while they were on earth never used the means at hand to renew themselves, and curse them saying:

"Depart from me, you cursed, for when I was sick you did not cure me!"

And they will answer:

"But when, Lord, did we ever see you sick?"

"Whenever you saw one that was poor or sick, it was I. Depart from me, you cursed, because I was in prison and you did not visit me."

"But, Lord, when were you ever in prison?"

"I was in each one that was in prison."

The dramatic pages of the Gospel bear witness to the fact that adults should console Christ hidden in the poor, in the condemned, and in the suffering. And if we apply this stirring scene to children we can see that Christ appears to men also under the guise of a child.

"I loved you. I came to wake you in the morning, and you rejected me!"

"But when, Lord, did you come to my house in the morning to wake me, and I rejected you?"

"When your child came to call yon, it was I. When he begged yon not to leave him, it was I!"

Fools! It was Christ who came to waken us and to teach us love! But we thought that it was only a childish whim and thus lost our hearts!

PART II

18. THE EDUCATION OF THE CHILD

We must wake up to the great reality that children have a psychic life whose delicate manifestations escape notice and whose pattern of activity can be unconsciously disrupted by adults.

An adult environment is not a suitable environment for children, but rather an aggregate of obstacles that strengthen their defenses, warp their attitudes, and expose them to adult suggestions. The psychology and the education of children have been studied from an adult rather than from a child's point of view. As a consequence, their conclusions must be radically reviewed. As we have already seen, every unusual response of a child furnishes us with a problem to be solved; and every tantrum is the exterior expression of some deep-rooted conflict which is not to be interpreted simply as a defensive mechanism against a hostile environment but a manifestation of a nobler trait seeking to reveal itself. A tantrum is like a storm that prevents the soul of the child from coming out of its hidden retreat and showing itself to the world.

It is obvious that all these camouflages conceal the true soul of the child. The whims, struggles, and deformations hide his efforts to realize himself, and prevent him from revealing his true personality. Behind these disturbing, outward manifestations, there must be an individual spiritual embryo that is developing according to a definite plan. Beneath these outward manifestations an unknown child lies hidden who must be freed. The most urgent task facing educators is to come to know this unknown child and to free it from all entanglements.

The essential difference between psychoanalytical research and this psychological study of the unknown child lies principally in the fact that the secret of an adult's subconsciousness is something that he represses within himself, whereas a child's secret is barely hidden by his environment. To assist an adult we must help him untangle a skein of complex adaptations that have been made over a long period of time. To assist a child we must provide him with an environment which will enable him to develop freely. A child is passing through a period of self-realization, and it is enough simply to open up the door for him. And, as a matter of fact, a being that is creating itself, that is passing from non-being to being, from potency to act, cannot at this stage of its existence be complicated. Since it is in the possession of an expanding energy it has no great difficulty in manifesting itself.

In an open environment, that is, in one that is suitable to his age, a child's psychic life should develop naturally and reveal its inner secret. Unless this principle is maintained, all later attempts at education will only lead one more deeply into an endless maze.

The new education has as its primary aim the discovery and freeing of the child. The first problem with which it is concerned is the child's very existence, and the second is that of providing him with the necessary aid as he advances toward maturity. This means that there must be a suitable environment for the child's growth. Obstacles must be reduced to a minimum and the surroundings should provide the necessary means for the exercise of those activities which develop a child's energies. Since adults are also a part of a child's environment, they should adapt themselves to his needs. They should not be an obstacle to a child's independent activities, nor should they carry out for him those activities by means of which a child reaches maturity.

What is most characteristic of our system of education is the emphasis that is placed upon the environment.

The role of the teacher in our schools has been an object of interest and discussion. By his passive attitude he removes from the children the obstacle that is created by his own activity and authority. The children can thus become active themselves. The teacher is satisfied when he sees them acting by themselves and making progress. Without attributing anything of this to himself he can be inspired with the thoughts of John the Baptist: "He must increase, but I must decrease."

A further characteristic of our system of teaching is respect for the child's personality carried to a point never reached before.

These three principles have been elaborated in institutions originally known as "Children's Homes" (*Case del Bambini*), a name with family connotations.

This new system of education has been widely discussed, particularly with respect to the reversed roles of child and adult—the teacher without a desk, without authority, and almost without teaching, and the child, the center of activity, free to move about as he wills and to choose his own occupations. Some have regarded this as a kind of Utopia, and others simply as an exaggeration.

On the other hand, other innovations have been sympathetically received: objects proportioned to a child's body, bright and luminous rooms, low windows decked with flowers, and miniature pieces of furniture modeled after those in modern homes, small tables, small armchairs, pretty curtains, little cupboards that can be easily opened by the children containing various objects which they can use at will. All of these things have come to be regarded as practical improvements that contribute to a child's development, and I believe that the greater number of Children's Homes deliberately preserve this external character of cheerfulness and convenience as one of their principal features.

Now, after intensive studies and much experience in these matters, it may be useful to consider them again, and especially in their origins.

It would be wrong to imagine that actual observation of children led us to the startling conclusion that they possess a hidden nature and that the intuition of such a truth then led us to conceive the idea of a special type of school and a special system of education. It is impossible to make an observation of something that is still unknown. It is impossible for one through a simple intuition to attribute two natures to a child and then attempt to demonstrate them experimentally. What is unknown should reveal itself through its own proper energies, and when it does no one is more incredulous than the one who first witnesses it. Like the rest of the world he rejects what is new, and as a consequence this hitherto unknown fact must insistently force itself upon him before it is finally seen, recognized, and enthusiastically accepted. The individual who is struck with the new light and finally embraces it becomes ardently enamored of it and consecrates his life to it. So great is his enthusiasm that he thinks that he is its creator, whereas he has simply been sensible to its manifestations. It is difficult for us to perceive something new, and even more difficult to persuade ourselves of the reality of our discovery, since it is precisely before what is new that the gates of our senses are shut. When we do make such a discovery, however, and recognize its truth we become like the merchant in the Gospel in search of precious pearls. When we find one of great price, we sell all that we have in order that we may buy it.

Our intellectual outlook might be compared to that of an aristocratic drawing room. The room is closed to strangers. In order to enter it one must be presented by another who is already known. One who is not thus introduced must beat down the closed door or enter by stealth. And when he finally gets in he creates a sensation. Volta must have looked upon the twitchings of the dead frog with mixed feelings of surprise and incredulity, but he persisted in his experiment and identified a function of electricity. At times a trivial incident can open up a new and boundless horizon. By nature man is an explorer, and it is only by the discovery of the seemingly insignificant details that he advances.

In physics and the science of medicine there are strict standards for the identification of new phenomena. A new discovery in these fields is the identification of previously unknown facts that may have been quite unsuspected. Such facts are objective and do not depend upon a person's intuition. There are two steps in the demonstration of such a fact. It must be isolated and studied under different conditions. It must then be reproduced and studied from various aspects to be certain that it is not simply an illusion but a tangible possession of real value. An example of an initial discovery of seemingly insignificant facts that have had tremendous consequences may be seen in the first Children's Home.

THE ORIGIN OF OUR METHOD

The following description of the origin of our system of education is taken from old notes which I jotted down at the time.

Who are you?

Our first school for small children between the ages of three and six was opened on January 6, 1907. As yet I had no special system of instruction. I had nothing more than fifty extremely poor, ragged, and obviously timid children, many of whom were weeping. Almost all were the offspring of illiterate parents who had entrusted them to my care.

A room had been set aside in the apartment house in which these children lived, and I was invited to take care of this place of refuge so that the children would not be left abandoned on the stairs, where they would dirty up the walls and be a source of annoyance.

For some undefinable reason I felt that a great work was about to begin and that it would prosper. It was the feast of the Epiphany, and the theme of the Mass and Office for the day seemed to be a kind of prophecy: "The earth was completely covered with darkness when the star appeared in the East whose splendor was to be a guide for the peoples."

Those present for the opening ceremonies were somewhat surprised and asked themselves: "Why does Miss Montessori make so much of a refuge for the poor?"

I began my work like a farmer who has set aside good seed and who is offered a fertile field in which to sow it. But it turned out otherwise. I had hardly scratched the clods when I found gold instead of grain: the clods hid a precious treasure. I was like Aladdin with the lamp in his hands, not knowing that it was a key to hidden treasures. At least my work for those children brought me a series of surprises.

I had done a considerable amount of work among children of subnormal intelligence and had used various objects to teach them with good results. It was reasonable to suppose that the means that had been successfully employed to help the feeble-minded and straighten out their way of thinking would also be of some use to those of normal intelligence. From these experiences certain principles of mental hygiene have been elaborated and presented as convincingly as possible for the use of others. But this does not alter the fact that the first effects produced by these means on normal children surprised me greatly and often left me quite incredulous.

The objects which I gave to these normal children had a different effect upon them than they had had upon the mentally deficient. When a normal child is attracted by an object he fixes his whole attention intently upon it and continues to work without a break in a remarkable state of concentration. After the child has finished his work, he appears satisfied, rested, and happy. It was this feeling of rest and satisfaction that I first read on those small, peaceful countenances and in those eyes gleaming with the contentment of a voluntary task completed. The objects which I gave the children were like the key to a clock, but with a significant difference. After it is wound a clock continues to run by itself, and after a child is given an object to use, he not only continues to work with it, but his efforts leave him mentally stronger and healthier than before. It took time to persuade me that this was not an illusion. After each new experience which proved that this was true, I remained for a long time in disbelief, but at the same time quite shaken and alarmed. How often it happened that I reproved the teacher when she told me what the children were doing! "Don't come to tell me such fantasies," I kept saying severely, and I remember that she, without being offended, would tearfully reply: "You are right. When I see such things I think that it must be the angels who are inspiring these children."

Finally, one day as I looked upon these children with great respect and affection, I placed my hand upon my heart and asked, "Who are you?" Were these perhaps the little children whom Christ had embraced and of whom he had said, "Whoever receives this little child for my sake, receives me," and again, "Whoever does not accept the kingdom of God as a little child will not enter into it."

This is how I came to meet them. They were tearful, frightened children, so timid that I could not get them to speak. Their faces were expressionless, their eyes bewildered as if they had never seen anything before in their lives. They were in fact poor, neglected children who had been reared in dark, decrepit homes without anything to stimulate their minds. Anyone could have seen that they were undernourished, that they needed to be fed and exposed to the open air and sun. They were like buds that seemed never destined to bloom.

What were the peculiar circumstances that produced such a striking transformation? What was it that gave them a new life whose radiance has spread throughout the whole world?

The obstacles to their development were obviously removed and means found to free their souls. But who could have imagined what these obstacles were, or who could have guessed what was needed to enable the souls of these children to burgeon and flower? Frequently it was something that might seem to have been destined to produce the opposite effect.

We can begin with the family background of these children. Their parents belonged to the lowest strata of society. Almost all of them were illiterate. They had no regular employment but had to seek work day by day, and thus had neither the time nor the means to take proper care of their children.

There was obviously no future in caring for such charges. Since it was impossible to find a trained teacher for the children, a young working-woman was hired to take care of them. She had once studied to become a teacher but had given it up, and as a consequence had neither the education nor the prejudices that would otherwise have been hers. Another factor to be taken into account was that our first school was a private undertaking. It was sponsored by a real estate company which wrote off its support as an indirect expense incurred in the maintenance of the building. The children were simply brought together to keep them from damaging the walls of the tenement, and thus diminish the cost of repairs. It was not a true social work. There was no thought of anything like free meals for the children or medical care for the sick. The funds provided were simply those that would be required for the setting up of an office with furniture and other equipment. This is why we began to make our own tables and chairs instead of buying regular school desks. If it had not been for these various circumstances, we would not have been able to isolate and demonstrate the various psychological factors that brought about the transformation of these children.

The first Children's Home was thus not so much a school as a yardstick whose usefulness was yet unknown. Since our funds were so limited there were no desks for children or teacher, or any of the other usual equipment found in ordinary schools. The room was simply furnished as if it were an office or a home. But despite the simplicity of the surroundings I did have some special equipment made like that which I had used in an institute for defective children. This, however, would certainly not have been classified as school equipment. The first Children's Home was not bright and cheerful like those we see today. There was a stout table that served more or less as the teacher's desk and a massive cabinet in which different objects could be stored. Its solid doors were locked with keys entrusted to the teacher. The children's tables were built for strength and durability. They were placed one behind the other like desks in a school and were long enough for three children to sit at them in a row. Besides stools for the children there were simple little armchairs for each child. There were no flowers, which later became characteristic of our schools, since the courtyard, though it was cultivated, contained nothing but patches of lawn and trees. I had no illusions that I could make any important experiments in such a school. Nevertheless I set to work at training the senses of the children to see if there was any difference between their reactions and those of the subnormal children with whom I had worked before. I was particularly interested in seeing if there was any difference between the actions of normal children of tender age and those of older but mentally deficient children.

I placed no restrictions upon the teacher and imposed no special duties. I merely showed her how to use the various objects for training the children's senses so that she could instruct the children in their use. She became interested in the material, but I did not prevent her from using her own initiative.

After a little time I discovered that the teacher had herself made other objects for the children's use. Among these were decorated gold crosses. She made these out of paper and passed them out as rewards for good behavior. I often found one of other of the children wearing these harmless pendants. On her own initiative she also taught them how to make a military salute, holding one hand to their breasts while touching their foreheads with the other. These salutes seemed to please her and I found them as harmless as they were amusing, since the oldest of the children was only five.

In such circumstances, then, we began our life of peace and isolation. For a long time no one noticed what we were doing. It may be useful, however, to summarize the principle events of this period. My own interventions were anything but scientific, and what occurred may seem to be quite insignificant. Nevertheless, some important observations and discoveries were being made.

19. OBSERVATIONS AND DISCOVERIES

REPETITION OF THE EXERCISE

The first thing I particularly noticed was a little girl of about three busy slipping cylinders in and out of their containers. These cylinders are of different sizes and have corresponding holes into which they fit like a cork in a bottle. I was surprised to see so small a child performing this exercise over and over again with such intense interest. She showed no apparent increase in speed or facility in executing the task: it was a kind of perpetual motion. From force of habit I began to count the number of times she repeated the exercise. I then decided to see how concentrated she was in her strange employment. I told the teacher to make the other children sing and move about. But this did not disturb the child at all in her labors. I then gently picked up the chair in which she was sitting and set it on top of a small table. As I lifted the chair she clutched the objects with which she was working and placed them on her knees, but then continued with the same task. From the time I began to count, she repeated the exercise forty-two times. Then she stopped as if coming out of a dream and smiled happily. Her eyes shone brightly and she looked about. She had not even noticed what we had done to disturb her. And now, for no apparent reason, her task was finished. But what was finished and why?

This gave us our first insight into the unexplored depths of a child's mind. This little girl was at an age when attention is fickle, when the mind skips from one thing to another without being able to stop. And yet she had become so absorbed in what she was doing that her ego became insensible to external stimuli. Her concentration had been accompanied by a rhythmical movement of her hands as she fitted the different objects together.

Similar events kept recurring, and every time children emerged from such an experience, they were like individuals who had rested. They were filled with life and resembled those who have experienced some great joy.

Though periods of concentration that made the children oblivious to the outer world were not frequent, I noted a strange behavior that was common to all and nearly constant in all their actions. This was what I later called "repetition of the exercise."

One day, as I watched their dirty little hands at work, I thought I would teach the children something useful— how to wash their hands. I then noticed that the children continued to wash them even after they were clean. When they left the school they would wash them again. Some mothers told me that in the morning they would find their children in the laundry washing their hands. Some were even so proud of showing off their clean hands that on one occasion they were taken for little beggars. They repeated the exercise again and again for no external reason. This frequently happened in other activities as well, and the more carefully an exercise was taught in all its details the more it became an object of endless repetition.

FREE CHOICE

Another very simple truth also came to light. The children used objects distributed to them by the teacher, who later returned them to their proper place. She told me that whenever she collected these objects, the children got up from their seats and came near to her. No matter how often she sent them back they always returned. She had therefore concluded that the children were disobedient.

As I watched them, I realized that they wished to put the objects back where they belonged. I let them do it, and this began a new kind of life for them; they were enthralled with putting things in order and straightening them up. If a glass of water slipped from a child's hands, others would run up to collect the broken pieces and wipe the floor.

One day the teacher dropped a box containing about eighty little squares of different graded colors. I remember her embarrassment since it was difficult to sort out so many different shades. But at this point the children ran up and, to our great amazement, quickly arranged them in to their proper order, showing in this a wonderful sensitivity that was superior to our own.

One day the teacher came a bit late to school after having forgotten to lock the cupboard. She found that the children had opened its door. Many of them were standing about it, while others were removing objects and carrying them away. The teacher considered this a kind of theft and believed that children who were so lacking in respect for school and teacher as to steal should be treated with severity and be given some moral principles to guide them. I, on the other hand, interpreted the incident as a sign that the children now knew the objects so well that they could make their own choice, and this proved to be the case.

This began a new and interesting activity for the children. They could now choose their own occupations according to their own particular preferences. From this time on we made use of low cupboards so that the children could take from them the material that corresponded to their own inner needs. The principle of free *choice* was thus added to that of *repetition of the exercise*.

The free choices made by the children enabled us to observe their psychic needs and tendencies. One of the first interesting discoveries was that the children did not choose all the various objects provided for them but only certain ones. They almost always went to choose the same things, and some with an obvious preference. Other objects were neglected and became covered with dust.

I would show them all to the children and had the teacher distribute them and explain their use, but the children would not take some of them up again of their own accord.

I then came to realize that everything about a child should not only be in order, but that it should be *proportioned to the child's use*, and that interest and concentration arise specifically from the elimination of what is confusing and superfluous.

TOYS

Although the children in our first school could play with some really splendid toys, none cared to do so. This surprised me so much that I decided to help them play with their toys, showing them how to handle the tiny dishes, lighting the fire in the doll's kitchen, and placing near it a pretty doll. The children were momentarily interested but then went off on their own. Since they never freely chose these toys, I realized that in the life of a child play is perhaps something of little importance which he undertakes for the lack of something better to do. A child feels that he has something of greater moment to do than to be engaged in such trivial occupations. He regards play as we would regard a game of chess or bridge. These are pleasant occupations for hours of leisure, but they would become painful if we were obliged to pursue them at greath length. When we have some important business to do, bridge is forgotten. And since a child always has some important thing at hand, he is not particularly interested in playing.

Because a child is constantly passing from a lower to a higher state, his every passing minute is precious. Since a child is constantly growing, he is fascinated by everything that contributes to his development and becomes indifferent to idle occupations.

REWARDS AND PUNISHMENTS

Once I entered the school and saw a child sitting in an armchair all by himself in the center of the room with nothing to do. He was wearing on his breast one of the decorations which the teacher gave out for good behavior. She told me, however, that the little fellow was being punished. Another child had received the reward and had placed it on his own breast, but then had given it to the one being punished as if it were something useless and a hindrance to one who wanted to work.

The child in the armchair looked indifferently at the badge and then gazed calmly about the room, quite oblivious to any sense of shame. This single incident made us realize the futility of rewards and punishments, but we made further observations in greater detail. Long experience only confirmed our first intuition. The teacher even reached a state where she felt ashamed to reward or punish children who seemed equally indifferent to either treatment. What was even more surprising was their frequent refusal of a reward. This marked an awakening in the conscience of a sense of dignity that had not previously existed.

Eventually we gave up either punishing or rewarding the children.

SILENCE

One day I entered the classroom holding in my arms a four-month-old baby girl that I had taken from her mother in the courtyard. The infant was tightly wrapped in swaddling bands as was the custom among the people of this neighborhood. Her face was full and rosy. She was so still that her silence impressed me greatly and I wanted the children to share my feelings. "She is not making a sound," I told them. And jokingly I added, "None of you could do so well." To my great surprise I saw that the children were looking at me with an extraordinary intensity. They seemed to be hanging on my lips and to be feeling keenly what I was saying. "Notice," I continued, "how soft her breath is. None of you could breath as silently as she." Surprised and motionless, the children began to hold their breaths. At that moment there was an impressive silence. The tick-tock of the clock, which was not usually heard, began to become audible. It seemed as if the little girl had brought an atmosphere of silence into the room which is never found in daily life.

No one made the least perceptible movement. They were intent upon experiencing the silence and reproducing it. All the children lent themselves to the task, not it must be said with enthusiasm, since enthusiasm implies something that is impulsive and openly manifest. But here was something that rose up from a deep desire. The children all sat perfectly still breathing as quietly as possible, having on their faces a serene and intent expression like those who are meditating. Little by little in the midst of this impressive silence we could all hear the lightest sounds like that of a drop of water falling in the distance and the far-off chirping of a bird.

This was the origin of our *exercise of silence*.

One day it occurred to me that I could use this silence to test the sharpness of the children's hearing. From a little distance I began to call them by name in a whisper. Whoever heard his name had to come to me, walking in such a way as to make no sound. I thought that an exercise of such patient waiting would be a trial for the children, so I brought with me bits of candy and chocolates to reward the children as they came up. But they refused the sweets. It seemed almost as if they were saying, "Do not spoil this beautiful experience. Our minds are still elated. Do not distract us."

I thus came to understand that children are not only sensitive to silence but also to a voice that calls them almost inaudibly out of that silence. They will come up slowly walking on tiptoes and taking care not to knock against anything that would make them heard.

I later came to realize that every exercise involving movement where mistakes can be corrected, as in this case where noise was checked by silence, is of great assitance to a child. Repetition of such an exercise can lead a child to perform exterior acts with a perfection which it could never attain through mere instruction.

Our children became agile and alert by learning how to walk around various objects without bumping into them and how to run lightly without making a sound. They rejoiced in the perfection with which they performed such actions. They were interested in discovering their potentialities and in exercising themselves in the mysterious world where their lives were unfolding.

It was a long time before I persuaded myself that there was an intrinsic reason behind the children's refusal of candy. This refusal seemed so extraordinary to me, since children are notoriously eager for sweets, that I decided to make a further test. I brought some candy to school with me, but the children refused it or put it in the pockets of their smocks. Since they were all very poor, I thought that they perhaps wanted to take the candy back to their homes. "The pieces I gave you," I told them, "you can take home, but these are for you." They took the candy but again put it in their pockets without eating it. They appreciated the gift, however, as was discovered when their teacher visited one of the children that was sick. The little boy was so grateful for her coming that he opened up a small box and took out a large piece of candy which he had received at school and offered it to her. The tempting sweet had remained there for several weeks and the child had not touched it.

This attitude was so common among the children that many visitors later came to our schools simply to verify this phenomenon which they had read about in different books. It was a spontaneous and natural development within the children. No one would have thought of teaching them to practice penance and to forgo sweets, or have been so unrealistic as to say, "Children should neither play nor eat candy." Of their own accord the children refused these useless, exterior delights as they rose higher in the spiritual life. One day a person gave them cookies that had been baked in geometrical shapes. Instead of eating them, the children looked intently at them and said, "Here is a circle! Here is a rectangle! "

An amusing story is told about the child of poor parents who was watching his mother in the kitchen. She picked up a chunk of butter, and the child said, "It's a rectangle!" His mother cut off a corner and the child said, "Now you have a triangle," and he added, "What's left is a trapezoid." And he never said what might have been expected, "Give me some bread and butter."

DIGNITY

One day I decided to give the children a slightly humorous lesson on how to blow their noses. After I had shown them different ways to use a handkerchief, I ended by indicating how it could be done as unobtrusively as possible. I took out my handkerchief in such a way that they could hardly see it and blew my nose as softly as I could. The children watched me in rapt attention, but failed to laugh. I wondered why, but I had hardly finished my demonstration when they broke out into applause that resembled a long repressed ovation in a theater. I had never heard such tiny hands make so much noise, and I had no idea that such small children would applaud so enthusiastically. It then occurred to me that I had perhaps touched a sensitive spot in their little social world. Children have a particular difficulty in blowing their noses. Since they are constantly being scolded on this score, they are sensitive about it. The shouts they hear and the insulting epithets that are hurled at them hurt their feelings. And insult is added to injury when they finally end up wearing at school a handkerchief blatantly pinned to their smocks so that they will not lose it. But no one really teaches them how they should blow their noses. When I tried to do so, they felt compensated for past humiliations, and their applause indicated that I had not only treated them with justice but had enabled them to get a new standing in society.

Long experience has taught me that this is a proper interpretation of the incident. I have come to appreciate the fact that children have a deep sense of personal dignity. Adults, as a rule, have no concept of how easily they are wounded and oppressed.

On that particular day when I was on the point of leaving the school, the children began to shout, "Thank you, thank you for the lesson!" When I left the building they followed me in a silent procession until I finally told them: "When you go back, run on tiptoe and take care that you don't bump into the corner of the wall." They turned around and disappeared behind the gate as if they were flying. I had touched these poor little children to the quick.

When visitors came to the school, the children behaved with dignity and self-respect. They knew how to receive these visitors with warm enthusiasm and show them how they carried out their tasks.

Once we were warned that an important individual wanted to be left alone with the children so that he could observe them by himself. I told the teacher: "Simply let things go as they will." And turning to the children, I added: "You are going to have a visitor tomorrow. I would like him to think that you are the best children in the world." I later asked the teacher how the visit had turned out. "It was a great success," she replied. "Some of the children offered the visitor a chair and said politely: 'Please be seated.' Others said: 'Good day.' And when he left, they leaned out of the windows and called out: 'Thank you for your visit, come again!' " "But why," I asked, "did you take such aims to instruct them? I told you not to do anything unusual but simply to let the children act as they pleased." "But I didn't tell the children anything," she replied, and then went on to explain that the children had worked more diligently than usual with their different projects. Everything had gone marvelously well to the great surprise and edification of the visitor.

For some time I was skeptical about what the teacher had told me. I feared that she had perhaps given some special instructions to the children, and I questioned her again about this. But I at last saw the light. The children had acquired a sense of their own dignity. They respected their visitors and were proud to show them what they could do. Had I not told them, "I would like your visitors to think you are the best children in the world?" But it was certainly not my exhortation that made them act as they did. Whenever I told them, "You will have a visitor," it was like announcing the arrival of a guest in a drawing room. These poised little children, full of charm and dignity, were always ready to receive visitors. They had lost their former timidity. There was now no obstacle lying between their souls and their surroundings. Their lives were unfolding naturally like the lotus that spreads out its white petals to receive the rays of the sun as it sends forth a fragrant odor. The important thing was that the children found no obstacles in the way to their development. They had nothing to hide, nothing to fear, nothing to shun. It was as simple as that. Their self-possession could be attributed to their immediate and perfect adaptation to their environment.

The children were alert, active, but always composed, radiating a spiritual warmth that cheered the hearts of the adults who came in contact with them. Many persons began to visit them to experience this for themselves and they were all received with affection.

It was interesting to see the reactions produced by these visits. Elegantly dressed women wearing their jewels as if they were going to a reception relished the unspoiled admiration of the children and were delighted by the way in which the children expressed their wonder.

They stroked the beautiful cloth of the ladies' dresses and caressed their soft perfumed hands. Once a child approached a woman who was in mourning and leaned his little head against her, then he took one of her hands and held it between his own. She later observed with much emotion that no one had given her so much comfort as those little children.

One day the daughter of the Prime Minister accompanied the ambassador of the Republic of Argentina in a visit to the Children's Home. The ambassador had been advised not to give any notice of his intended visit so that he might witness the children's spontaneity of which he had often heard. When they arrived at the school, however, they learned that it was closed because it was a holiday. Some children in the courtyard then came up, and one of them explained with perfect naturalness, "It makes no difference that this is a holiday. We are all here in the building and the porter has the key." Then the children began to run about and call their comrades by name. The door of the classroom was opened and they all set to work. Their marvelous spontaneity was proved beyond question.

The children's mothers appreciated what was happening and came to tell me what was occurring within the family circle. "These little children of three or four," they would confidentially report, "tell us things that would offend us if they were not our children. They say for example: 'Your hands are dirty, you should wash them,' or 'You should clean those stains off of your clothes.' When we hear them saying such things to us, we are not offended. Their warnings come to us as if in a dream."

Actually, these poor people became cleaner and tidier. Broken pots began to disappear from the window sills. Window panes began to sparkle and geraniums began to blossom in the windows facing the courtyard.

DISCIPLINE

Despite their easy freedom of manner, the children on the whole gave the impression of being extraordinarily disciplined. They worked quietly, each one intent on his own particular occupation. They quietly walked to and fro as they took or replaced the objects with which they worked. They would leave the classroom, take a look at the courtyard and then return. They carried out their teacher's bidding with surprising rapidity. She told me: "They do so exactly what I tell them that I am beginning to feel responsible for every word I say."

As a matter of fact, if she wanted them, for example, to perform the exercise of silence, the children would be motionless before she could finish the request. This apparent dependence did not, however, hinder them from acting on their own, arranging their day as they pleased. They would take the objects they wanted for their work, and tidy up the school. If the teacher came late or left the children alone, everything went on just as well. What particularly fascinated visitors was the order and discipline they managed to combine with spontaneity.

What was the source of the perfect discipline that informed them even in periods of intense silence and of the obedience that almost anticipated the orders given?

The peaceful atmosphere that pervaded the classroom as the children pursued their work was extremely touching. No one had provoked it, and no one could have obtained it by external means.

WRITING AND READING

One day two or three mothers came to me and asked me to teach their children how to read and write. The women were themselves illiterate and were making the request in their own name and that of others. When I objected that such an undertaking was something more than I had in mind, they persisted in their entreaties.

This marked the beginning of a number of surprises. All that I taught these four-or five-year-old children were some letters of the alphabet which I had the teacher cut out of cardboard. Some of these were made out of sandpaper so that the children could run their fingers over them and feel their shape. I placed these on boards, grouping letters of a similar shape together so that the hands of the children as they touched them would follow somewhat the same motions. The teacher was satisfied with this arrangement and did nothing more to help the children.

We failed to understand why the children were so enthusiastic. They would march around in procession holding up the letters of the alphabet like banners and uttering shouts of joy. But why?

One day I surprised a little boy who was walking by himself and repeating: "To make Sofia, you have to have an 'S,' an 'O,' an 'F,' an 'I' and an 'A,' " and with this he repeated the sounds making up the word. He was thus engaged in a study and analysis of a word he had in mind and was looking for its component sounds. With the keen interest of one making a discovery he was coming to understand that each of these sounds corresponded to a letter of the alphabet. And, as a matter of fact, what is phonetic spelling except a correspondence between sound and sign? Language is primarily something that is spoken; its written counterpart is only a literal transfer of the sounds into visible signs. Progress in writing is marked by the parallel development of the written and spoken languages. In the beginning, a written language is distilled from its spoken counterpart like separate drops that eventually run together to form a distinct stream of written words and sentences.

Writing is a key to a double gain. It enables the hand to master a vital skill like that of speaking. and to create a second means of communication that reflects the spoken word in all its details. Writing is thus dependent upon mind and hand.

Writing should logically flow as a natural consequence of the development of a fixed alphabet To write properly, however, the hand must be able to draw signs. The signs of the alphabet are as a rule easy to draw since they represent nothing but particularized sounds. But I had not thought of all this before the children taught themselves to write.

This was the greatest event to take place in the first Children's Home. The child who first made the discovery was so astonished that he shouted out loud: "I've written, I've written!" The children excitedly ran up to look at the words which he had traced on the floor with a piece of chalk. "Me too, me too!" they shouted as they ran off in search of writing materials. Some crowded around the blackboard. Others stretched themselves out upon the floor. They all began to write.

Their boundless activity was like a torrent. They wrote everywhere, on doors, walls, and even on loaves of bread at home. The children were only about four years old, and their discovery of writing had been totally unforeseen. The teacher told me: "It was three o'clock yesterday when the little boy began to write."

We were struck as if we had witnessed a miracle. We had earlier received some beautifully illustrated books, but when we now gave them to the children, they received them coolly. They contained beautiful pictures, it was true, but these only distracted them from the new and enthralling occupation that absorbed their energies. They wanted to write and not to look at pictures. The children had perhaps never before seen books, and for a long time we tried to arouse their interest in them, but it was even impossible to make them understand what we meant by reading. We therefore set the books aside, waiting for a more favorable time. The children were rarely interested in reading what another had written. It even seemed that they were unable to read the words. Many of the children would turn around and look at me in amazement when I read out loud the words they had written, as if to ask, "How do you know it?"

It was only after some six months that they began to understand what it is to read, and they did this only by associating reading with writing. They watched my hand as I traced letters on a piece of white paper and came to realize that I was communicating my thoughts as if I were speaking. As soon as this was clear to them, they began to take the pieces of paper on which I had written something and carry them off to a corner and try to read them. They did this mentally without pronouncing the words. One could tell when they understood the writing by the smiles which would suddenly spread across their faces that had been then contracted with effort and by the little jumps of joy as if some hidden spring within them had suddenly been released. Each of the sentences I wrote contained an "order" that I could have given by word of mouth: "Open the window," "Come near me," and the like. This is how they began to read. They eventually progressed to the point where they could read long sentences containing complicated commands. But it seemed that writing was understood by the children simply as another way of expressing oneself, another form of speech which, like speech itself, was passed directly from one person to another.

Indeed, when visitors came, many of the children who earlier had been almost too vocal in their greetings now remained silent. They would rise and go to write on the blackboard: "Please sit down," "Thank you for your visit," and the like.

One day we were talking of a great disaster that had occurred in Sicily: an earthquake had completely destroyed the city of Messina causing thousands of deaths. A child of about five got up, went to the blackboard, and began to write: "I am sorry ... " We watched him expecting that he would express his sorrow for what had happened. Instead he continued: "I am sorry that I am small." This was certainly a strange observation, but the little fellow went on: "If I were big, I would go to help." He had written a little essay that revealed his innate goodness. He was the son of a woman who supported him by selling herbs on the streets.

There was a further surprise in store for us. While we were preparing material to teach the Roman alphabet to the children so that we could make another attempt with the books, the children began to read all the print that they found in the school. And there were some things that were really difficult to decipher, such as a calendar on which the words were printed in Gothic type. During this same time the children's parents came to say that they stopped in the streets to read the signs of the shops and that it was impossible to go for a walk with them. It was evident that the children were more interested in figuring out the letters of the alphabet than in reading the words. They would see a different kind of writing and learn to read it from the meaning of a word. It was an intuitional process like that used by adults in deciphering prehistoric writings carved on rock. The meaning they find in the symbols is a proof that they have deciphered them.

If we had been in too great a hurry to explain the printed characters to the children, we would have quenched their interest and eager insight. A premature insistence upon their reading words from books would have had a negative effect. The pursuit of this less important good would have diminished the energies of their dynamic minds. The books, as a consequence, remained for a long time in the cupboard. Only later were the children put into contact with them. It began in an interesting manner. A child came to school one day highly excited. He was hiding in his hand a piece of crumpled paper, and he confided to one of his comrades: "Guess what is in this piece of paper." "There's nothing on it; it is only a torn piece of paper." "No, there is a story." "A story on it?" This attracted a crowd of curious children. The child had picked up a page of a book from a rubbish heap, and he began to read it, to read a story.

Then they understood the meaning of a book, and books became objects of great demand. Many of the children, however, when they found something interesting to read tore out the page and carried it away. Those poor books! The discovery of their value was truly disconcerting. The usually peaceful order of the school was disrupted, and we had to check those eager little hands that had become destructive through their love of reading. Even before they read from books and learned to respect them, the children with some help on our part had learned to spell and to write so perfectly that they were compared with children in the third grade in grammar schools.

PHYSICAL EFFECTS

During all this time nothing had been done to improve the children's health. But now no one would have recognized in their rosy and vivacious countenances the undernourished, anemic children that had seemed to be so much in need of food, tonics, and medical care. They were physically as well as if they had been cured by exposure to fresh air and the healing rays of the sun.

Indeed, if psychic depressions can have an influence on the metabolism and thus lower one's vitality, the opposite can also happen: a stimulating psychic experience can increase the rate of metabolism and thus contribute to one's physical well-being. Our work with these children was a proof of this. Today, when this truth is generally accepted, our experiences would not make much of an impression, but at the time they created a sensation.

Men spoke of "miracles," and reports on these wonderful children spread like wildfire. The press spoke of them in glowing terms. Books and even novels were written about them. Though their authors gave an exact account of what they had seen, they seemed to be describing a different world. Men spoke of the discovery of the human soul. They even quoted the children's conversations. A book was written about them in England called *The New Children*. Many people came, especially from America, to verify what they had read.

20. THE "METHOD"

This brief account of incidents and impressions leaves open the problem of method. What method was used to obtain these results? This is a question of considerable importance.

There was no method to be seen, what was seen was a child. A child's soul freed from impediments was seen acting according to its own nature. The characteristics of childhood which we isolated belong quite simply to the life of a child, just as colors belong to a bird and fragrances to flowers. They are not at all the product of an "educational method." It should, however, be obvious that education can have an influence upon these natural qualities by protecting them and nurturing them in a way that will assist their natural development.

We see a parallel for this in the cultivation of new strains of flowers. With proper care and treatment horticulturalists can improve their scents, colors, and other natural qualities.

In the Children's Home we were able to observe natural psychic traits. These are not as apparent as the physiological traits of plants. A child's psychic life is so fluid that its natural manifestations can completely disappear in an unfavorable environment and be replaced by others. Before elaborating any system of education, we must therefore create a favorable environment that will encourage the flowering of a child's natural gifts. All that is needed is to remove the obstacles. And this should be the basis of, and point of departure for, all future education.

The first thing to be done, therefore, is to discover the true nature of a child and then assist him in his normal development.

If we examine the special circumstances that accidentally occasioned the flowering of these children's normal traits, we can recognize some of particular importance. The first of these was the pleasant environment in which the children were placed and where they were left pretty much to their own resources. The clean, white classroom with its new little tables, its small stools and tiny armchairs made especially for them, and the grassy spots in the courtyard warmed by the sun must have been extremely attractive to those poor children who had come from such miserable homes. A second favorable condition was the neutral character of the adults. Their parents were illiterate, their teacher an ordinary working woman without ambition and without preconceptions. This led to a kind of intellectual calm.

It has always been recognized that a teacher must be *calm*, but this calmness is usually considered to be one of character, a lack of nervousness. But there is here a question of a deeper calm, an empty, or better, unencumbered state that is a source of inner clarity. This calm consists in a spiritual humility and intellectual purity necessary for the understanding of a child, and which, as a consequence, must be found in a teacher.

Another important circumstance was the fact that the children were given special material with which to work. They were attracted by these objects which perfected their sense perceptions, enabling them to analyze and facilitate their movements. These materials also taught them how to concentrate in a way that no vocal instruction ever could have done.

From this we can see that the special circumstances surrounding the children were a suitable environment, a humble teacher, and material objects adapted to their needs.

We can now describe some of the ways in which children respond to these external influences. The most striking, and one that is almost like a magic wand for opening the gate to the normal expression of a child's natural gifts, is activity concentrated on some task that requires movement of the hands guided by the intellect. This gives rise to further activities more deeply rooted in the child's interior such as a "repetition of the exercise," and "free choice." These reveal the true child. We see him kindled with joy and indefatigable in his toil since his activities are like a psychic metabolism with which his life and growth are intimately connected. Choice is now his guiding principle. He enthusiastically responds to various tests like that of silence. He is enthralled with certain lessons that point out the path of honor and justice. He eagerly assimilates means that enable him to develop his mind. But he turns from other things such as prizes, toys, and candy. He further shows us that he has a need of order and discipline as mirrors of his inner life. And yet he is still a child, fresh, gay, sincere, and lively. He shouts with joy and claps his hands. He runs about and greets others with a loud voice. He is generous with his thanks and shows his gratitude by calling to, and running after, his benefactor. He is friendly with everyone, admires what he sees, and adapts himself to everything.

We can draw up a list of his preferences and of the ways in which he spontaneously manifests himself. And we can add to this what he rejects as a waste of time.

1. *What he likes*

Repetition of the exercise.

Free choice.

Control of error.

Analysis of movements.

Exercise of silence.

Good manners in social contacts.

Order in the environment.

Care for personal cleanliness.

Training of the senses.

Writing separated from reading.

Writing before reading.

Reading without books.

Discipline in free activity.

2. *What he rejects*

Rewards and punishments.

Spellers.
Lessons in common.[1]
Programs and examinations.
Toys and sweets.
A teacher's desk.

In these lists we can, of coarse, find an outline of a system of education. Children themselves have furnished us with practical, positive, and tested norms for constructing an educational system in which their own choices are a guiding principle and their natural vivacity prevents mistakes.

These principles have been retained intact throughout the subsequent elaboration of our system of education. They remind us of the embryo of a vertebrate. In it may be seen a shadowy line that will become the spinal column. Within the line may be seen spots which will develop into the separate vertebrae. The embryo itself is divided into three parts representing the head, chest, and abdomen. Similarly, the basic outline of our educational system had a linear unity marked with a number of individual features which developed like the vertebrae, and the whole was divided into three different areas comprising environment, teacher, and the various objects used by the children.

It would be interesting to trace the evolution of this original outline step by step. We could thus see how a primitive insight has developed into a concept of great importance for human society. The successive developments of this particular method of education may be described as evolutionary since what is new in it comes from a life that is unfolding with respect to its environment. The environment itself is moreover something special. Though it is provided by adults, it is in reality an active and vital response to the new patterns manifested in the life of a growing child.

The extraordinary rapidity with which this system of education has been

[1] This does not mean that in Children's Homes there are no lessons in common but rather that these are not the only, or even the chief means of instruction. Common lessons are used simply as introductions to special problems and activities.

adopted for children of every race and every social condition has provided us with an abundance of experimental data and enabled us to identify common features and universal tendencies and thus to determine the natural laws upon which the education of children should be based.

The first schools that developed from the original Children's Home are particularly interesting in that they retained the practice of waiting for the spontaneous reactions of the children before any further exterior norms were adopted.

A striking example of this may be found in the establishment of one of the first Children's Homes in Rome. The circumstances of its origin were even stranger than those of our first school since it was established to take care of orphaned children who had lived through one of the greatest disasters of history, the earthquake at Messina. Some sixty of these little tots were found alone among the ruins. No one knew their names or their social conditions. A terrible shock had made them all very much alike, depressed, silent, indifferent They were hard to feed and to put asleep. At night they could be heard crying and weeping. The queen of Italy became greatly interested in these unfortunates and a delightful place was set aside for them. Their new home contained bright and attractive pieces of furniture accommodated to their size. There were little cabinets with doors, low round tables painted in bright colors, somewhat higher rectangular tables, stools and armchairs. The windows were hung with colored curtains. The children had their own little knives, forks, spoons, plates, napkins, and even pieces of soap and towels the right size for their little hands. There were pictures on the walls and vases of flowers placed about the rooms. The site that had been chosen for these unfortunate children was a convent of Franciscan nuns with spacious gardens, wide paths, pools of goldfish, and beautiful beds of flowers. In these surroundings the sisters in their grey robes and long majestic veils moved about in peace and quiet.

The sisters taught the children how to behave properly, and their manners improved day by day. Among the religious were many who had belonged to the aristocracy. These recalled their former ways of acting in the world and taught them to the children, who were insatiable in their desires. They learned how to behave like princes at their meals, and when they had to serve at table, they were like masters of the art. Though they had lost their natural appetites for food, they were delighted by the new knowledge they were acquiring and by the preciseness with which they were conducting their various activities. Gradually their appetites returned and their ability to fall easily asleep. The change wrought in these children made a profound impression. They could be seen running and jumping about, or carrying things in the garden, or bringing furniture out of the house and arranging it under the trees without breaking it or bumping into other objects. And all the while they showed their happiness in their cheerful faces.

It was then that the term "conversion" was first employed. "These children remind me of converts," observed one of the most famous Italian writers of the time. "There is no more miraculous conversion than one which conquers melancholy and depression and lifts one to a higher plane of life."

Despite its paradoxical expression, this concept made a deep impression on many minds. Conversion may seem to be contrary to the innocent state of childhood, and yet this term emphasized the spiritual character of the remarkable phenomenon that was apparent to all. The children had experienced a spiritual renewal which freed them from sorrow and abandonment and gave them a new birth of joy.

If we take sin and sadness as a kind of alienation from a more perfect state, then the recovery of this state implies conversion. Sin and sadness then yield to joy.

The children were truly converted. They passed from a state of grief to happiness. They were freed from numerous, deep-seated defects. But there also was something more. Certain traits which are commonly esteemed also disappeared. In a dazzling fashion these children showed that men have erred and must be completely renewed. And this renewal is to be found in the springs of one's creative energies. If these poor children in our school, coming from almost hopeless conditions, had not shown this, it would have been impossible to distinguish what is truly good and evil in children since this had been determined beforehand in the minds of adults. The goodness of a child was measured by his adaptation to the conditions of adult life and vice versa. Because of this erroneous opinion the natural traits of children lay hidden. Adults no longer recognized what was good for, and in, the child as nature intended it to be.

21. PAMPERED CHILDREN

Another class of children living in unusual social conditions are the children of the wealthy. One might easily imagine that it would be much easier to educate them than the indigents of our first school or the orphans from Messina. But how are they to be "converted"? The children from wealthy families, surrounded as they are by all the luxuries that society can provide, seem to enjoy great privileges, but it will be sufficient to cite the experiences of teachers in Europe and America who have given me their first impressions and described the difficulties they encountered to counteract this opinion.

Children of this kind are not attracted by the paths of a garden, the beauty of flowers, and magnificent surroundings. They take no interest in objects which fascinate poorer children, and, as a consequence, their teacher becomes puzzled and disheartened since they will not pick out objects that should satisfy their own particular needs.

If children are poor, they will as a rule rush instantly toward the objects offered to them. But if they are rich and already satiated with elaborate toys, they rarely respond at once to the stimuli offered to them. An American teacher, Miss G., wrote to me as follows from Washington: "The children snatched the objects from each other's hands. If I tried to show something to one of them, the others would drop what they had in their hands and gather noisily about me. When I finished explaining an object, they would all fight for it. The children showed no real interest in the various materials. They passed from one object to another without lingering over any of them. One child was so incapable of staying in one place that he could not remain seated long enough to run his hands over any of the objects given to him. In many instances the movement of the children was aimless: they simply ran about the room heedless of the damage done. They ran into the table, upset chairs and trampled upon the material provided for them. Sometimes they would begin to work in one spot, then run off, take another object, and then abandon it for no reason whatever."

Mlle. D. wrote from Paris: "I must confess that my experiences were quite discouraging. The children could not concentrate on a task for more than a few minutes. They had no initiative, no perseverance. At times they followed each other about like a flock of sheep. When one child took an object the rest wanted to do the same. Sometimes they simply rolled on the floor knocking over the chairs."

The following laconic description comes from a school for rich children in Rome: "Our chief concern is discipline. The children are disoriented in work and refuse to take guidance."

But then there were turns for the better:

Miss G. continued with her experiences in Washington: "In a few days that nebulous mass of whirling particles (the disorderly children) began to take on a definite shape. It seemed as if the children began to give themselves direction. They started to take interest in objects which they had originally despised as silly toys. As a result of this new interest, they began to act as independent beings. An object which absorbed the complete attention of a child would not have the least attraction for another; the children pursued their own separate interests."

"The battle is finally won when a child finds something, some particular object, that spontaneously arouses his intense interest. Sometimes this enthusiasm comes suddenly and without warning. Once I attempted to stir up the interest of a child with nearly all the different objects used in the school without getting a single spark of attention. Then by chance I showed him two tablets, one red and the other blue, calling his attention to the different colors. He immediately stretched out his hands as if he had been anxiously waiting for them and in a single lesson learned the five colors. During the following days he took up all the various objects that he had earlier scorned and gradually became interested in them all."

"One child, who at the beginning had a minimal span of attention, escaped from this state of chaos by becoming interested in one of the most complicated objects at his disposal, the so-called 'lengths.' He played continuously with these for a whole week and learned how to count and make simple additions. Then he began to return to simpler materials and became interested in all the various objects of the system. "

"As soon as children find something that interests them they lose their instability and learn to concentrate."

This same teacher has given the following description of the awakening of a child's personality: "There were two sisters, one three and the other five years old. The three-year-old girl had no individuality of her own. She copied her older sister in everything. If the older girl had a blue pencil, the younger one was unhappy until she also had a blue pencil. If the elder ate bread and butter, the younger would eat nothing but bread and butter, and so on. The child had absolutely no interest in anything about the school: she simply followed her sister about, imitating her in everything she did. One day, however, she became interested in red cubes. She built a tower and repeated this exercise many times over, completely forgetting her sister. This puzzled the older girl so much that she called her and asked: 'Why are you building a tower when I am filling in a circle?' That day the little girl acquired a personality of her own and began to develop and ceased to be a simple reflection of her sister."

Mlle. D. gives an account of a four-year-old girl who was so utterly incapable of carrying a glass of water without spilling it, even when it was only half full, that she deliberately avoided the attempt. But then, after she had succeeded in another exercise in which she had become interested, she began to carry glasses of water without any difficulty and became engrossed in bringing water to her schoolmates who were painting with water colors, and she did this without spilling a drop.

Another very interesting fact has been reported to us by an Australian teacher. Miss B. had a little girl in school who could not speak but simply uttered indefinite sounds. Her parents were so concerned that they had taken her to a physician to see if she were retarded. One day this little girl got interested in the solid insets and spent a great deal of time in taking the wooden cylinders out of their holes and putting them back in. After she had done this over and over again with the keenest interest, she ran to the teacher saying, "Come and see!"

Mlle. D. further reports: "After the Christmas holidays, there was a great change in the class. It seemed that order was established by itself without any intervention on my part. The children seemed to be too occupied with their work to carry on aimlessly as they had done before. They went to the cabinet of their own accord to get the very objects which had formerly bored them. An atmosphere of work was created in the class. The children who had earlier chosen their objects at the promptings of a passing whim, now showed the need they had for a kind of inner discipline. They concentrated their efforts on exacting tasks and experienced a real satisfaction in overcoming difficulties. These precious efforts produced an immediate result upon their characters. They became their own masters."

An example which struck Mlle. D. was that of a four-and-a-half-year-old child with an extraordinarily developed imagination. This was so vivid that when an object was given to him he did not notice its shape but would immediately personify it and himself as well. He talked constantly and found it impossible to fix his attention on the object itself. Since his mind wandered so much, he was clumsy in his actions. He could not fasten even a single button. All at once something marvelous happened to him: "I was amazed at the change that came over him. He took up one exercise after the other and was thus able to calm himself."

These experiences of teachers who opened up schools before we had a fixed and definite method could be endlessly repeated, but they are much the same. Similar incidents and similar difficulties, though to a lesser degree, may be found in the lives of nearly all happy children who have intelligent and loving parents to watch over them. There are spiritual difficulties connected with material prosperity which explain why the words of Christ strike home in every heart: "Blessed are the poor in spirit! ... Blessed are they who mourn!"

But all are called and all, if they surmount their difficulties, can answer the call. The phenomenon of "conversion" thus belongs to childhood. It is a question of a rapid, and at times, almost instantaneous change that comes always from the same source. I would not be able to cite a single example of a conversion taking place without an interesting task that concentrated the child's activities. There are wide varieties of conversions that have occurred in this way. Children of a nervous temperament have become calm. The depressed have regained their spirits, and all have advanced together along the path of disciplined work, making progress through the outward manifestation of an inner energy which has found a means of expression.

These fixed attainments have an explosive character that foretells a child's later development. They may be compared to the sprouting of a child's first tooth or his first steps. The first tooth will be followed by others, and after he has taken his first steps a child will begin to walk.

The diffusion of our schools throughout the world has shown the universality of these child conversions. Numerous childish traits fade away and are replaced by others. An initial error in the training of a child can be the source of countless deviations in his psychic life.

NORMALIZATION

What is to be particularly noted in these child conversions is a psychic cure, a return to what is normal. Actually the normal child is one who is precociously intelligent, who has learned to overcome himself and to live in peace, and who prefers a disciplined task to futile idleness. When we see a child in this light, we would more properly call his "conversion" a "normalization." Man's true nature lies hidden within himself. And this nature, which was given him at conception, must be recognized and allowed to grow.

But this interpretation does not remove the appearance of a child's conversion. Even an adult could perhaps be converted in the same way but the change would be so difficult that it could no longer be recognized as a simple return to the essentials of human nature.

In a child the normal psychic traits can flourish easily. Then all those traits that deviated from the norm disappear, just as with the return of health all the symptoms of a disease vanish.

If we would observe children in this light, we would ever more frequently recognize the spontaneous flowering of normality, even in the midst of a harsh environment. And though these indications of a normal development are rejected because they are not recognized or assisted, they still return as vital principles that thread their way through obstacles in their desire to succeed.

It might even be said that a child's normal energies, like the voice of Christ, teach us a lesson in forgiving, not seven times, "but seventy times seven." From the depths of his nature, the child repeatedly pardons the adult and strives to flourish despite the latter's repressions. He is engaged in a constant struggle against forces that would submerge his normal development.

22. THE SPIRITUAL PREPARATION OF THE TEACHER

A teacher, therefore, who would think that he could prepare himself for his mission through study alone would be mistaken. The first thing required of a teacher is that he be rightly disposed for his task.

The way in which we observe a child is extremely important. It is not sufficient to have a merely theoretical knowledge of education.

We insist on the fact that a teacher must prepare himself interiorly by systematically studying himself so that he can tear out his most deeply rooted defects, those in fact which impede his relations with children. In order to discover these subconscious failings, we have need of a special kind of instruction. We must see ourselves as another sees us.

This is equivalent to saying that a teacher must be initiated. He must begin by studying his own defects, his own evil tendencies, rather than by being excessively preoccupied with a "child's tendencies," with the manner of "correcting a child's mistakes," or even with "the effects of original sin." First remove the beam from your own eye and then you will see clearly how to remove the speck from the eye of a child.

This interior preparation of the teacher is something quite different from the "perfection" sought by a religion. A good teacher does not have to be entirely free from faults and weaknesses. In fact, one who is constantly seeking to perfect his own interior life may not notice the various defects that prevent him from understanding a child. We must be taught and we must be willing to accept guidance if we wish to become effective teachers.

Just as a doctor reveals to a patient the ills that afflict him, so we point out the defects in our future teachers that would hinder their work. We tell them, for example, "Anger is a great evil that can master us and keep us from understanding a child." And just as one sin never comes unaccompanied, so anger brings another evil—pride. It is concealed under the guise of good.

We can conquer our evil tendencies in two different ways, interiorly and exteriorly. The first way is by struggling against our known defects. The second way is by repressing the outward manifestations of our evil tendencies. External conformity to accepted standards of conduct is important since it makes us reflect and become aware of our faults. Respect for the opinion of one's neighbor enables one to conquer pride; straightened circumstances diminish avarice; a strong reaction on the part of another checks anger; a need to work in order to live conquers prejudices; social conventions are a check on loose conduct; difficulties in acquiring luxuries mitigate prodigality; and the need to retain one's dignity precludes envy. All of these various external factors can have a constant and salutary effect upon our inner life. Social relationships help to preserve our moral equilibrium.

Still we do not conform to social pressures with the same purity of intention that we obey God. If we readily enough admit the need of correcting errors which we recognize in ourselves, we do not so easily accept the humiliation of being corrected by others. We would rather make a mistake than admit it. When we have to amend our ways, we instinctively strive to save face and pretend that we have chosen what was inevitable. A proof of this may be seen in the little lie we tell when we say: "I didn't want it anyway," when we fail to obtain something which we desire. This is our instinctive reaction to external resistance. Instead of attempting to perfect ourselves interiorly, we continue the fight. And here, as in other battles, we soon find that our individual efforts have need of the help of others. Those who share the same defects instinctively assist each other, finding strength in their union.

We hide our defects under the guise of noble and impelling duties, just as in time of war offensive weapons are described as means for protecting peace. And the weaker the resistance is to our defects, the easier it is for us to organize our pretexts.

When we are criticized for our faults, we find it easy to excuse them. But in reality we are not defending ourselves but our mistakes, concealing them under the mask of what we call "beauty," "necessity," "the common good," and so forth. And little by little we convince ourselves of the truth of that which our conscience knows to be patently false and which becomes daily more difficult to correct.

Teachers, and in general all those concerned with the education of youth, should free themselves from this combination of errors that undermines their position. They should strive to rid themselves of their basic defect composed of pride and anger, seeing it in its true light. Anger is the principle defect, but it is cloaked by pride which lends it a certain dignity that can even demand respect.

But anger is an evil that is promptly resisted by our neighbors. Prudence demands that it be kept under control. And one who succeeds in thus humbling himself eventually comes to be ashamed of his temper.

When we are dealing with children, however, it is quite another story. They do not understand us, they cannot defend themselves from us, and they accept whatever we tell them. They not only accept abuse, but feel guilty whenever we blame them.

A teacher should reflect often upon a child's predicament. A child does not understand injustice with his reason, but he senses that something is wrong and becomes depressed and deformed. A child's unconscious reaction to the malice or thoughtlessness of adults finds expression in timidity, lying, errant behavior, crying without apparent reason, sleeplessness, and excessive fear, since he cannot grasp with his reason the cause of his depression.

In its primitive state anger implies a certain amount of physical violence, but it also finds expression in more subtle and refined ways which mask its real character. In its simplest form anger with a child is irritation at a child's resistance, but it soon becomes mingled with pride and develops into a kind of tyranny when confronted by the child's feeble attempts to express himself.

Tyranny defies discussion. It surrounds the individual with the impenetrable walls of recognized authority. Adults dominate children by virtue of a recognized natural right. To question this right would be the same as attacking a kind of consecrated sovereignty. If in a primitive community a tyrant represents God, an adult to a child is divinity itself. He is simply beyond discussion. Rather than disobey, a child must keep silent and adjust himself to everything.

If he does show some resistance, this will rarely be a direct, or even intended reply to an adult's action. It will rather be a vital defense of his own psychic integrity or an unconscious reaction to oppression.

Only with time does a child learn how to react directly against this tyranny. But by then an adult will have learned how to overcome a child by subtler means, convincing him that this tyranny is all for his own good.

A child owes respect to his elders, but adults claim the right to judge and even to offend a child. At their own convenience they direct or even suppress a child's needs, and his protests are regarded as a dangerous and intolerable lack of submission.

Adults here adopt the attitude of primitive rulers who exact tribute from their subjects without any right of appeal. Children who believe that they owe everything to adults are like those peoples who think that everything they possess is a gracious gift from their king. But are not adults responsible for this attitude? They have adopted the role of a creator and in their pride have maintained that they are responsible for everything that pertains to a child. They make him good, pious, and intelligent, and enable him to come into contact with his environment, with men, and with God. And to make the picture more complete, they refuse to admit that they are exercising any tyranny. And yet has there ever been a tyrant who has ever admitted that he has preyed upon his subjects?

One who would become a teacher according to our system must examine himself and forgo this tyranny. He must rid his heart of pride and anger. He must learn how to humble himself and be clothed with charity. These are the virtues he must acquire, and this inner preparation will give him the balance and poise which he will need.

On the other band, this does not mean that we must completely abstain from judging a child or that we must approve everything that he does or that we should neglect the development of his mind and feelings. Rather, a teacher should never forget that he is a teacher and that his mission is one of education.

But still we must be humble and root out the prejudices lurking in our hearts. We must not suppress those traits which can help us in our teaching, but we must check those inner attitudes characteristic of adults that can hinder our understanding of a child.

23. DEVIATIONS

Experience has shown that normalization causes the disappearance of many childish traits, not only those which are considered to be defects but also others which are generally thought to be virtues. Among the traits that disappear are not only untidiness, disobedience, sloth, greed, egoism, quarrelsomeness, and instability, but also the so-called "creative imagination," delight in stories, attachment to individuals, play, submissiveness, and so forth. They also include traits which have been scientifically studied and identified with childhood, such as imitation, curiosity, inconstancy, and wavering attention. The disappearance of these childish characteristics shows that the true nature of a child has hitherto not been understood. The universality of this fact is striking, but it is not entirely new since from earliest times a twofold nature has been recognized in man. The first was given to him at the time of his creation. The second came as a consequence of his first sin, a violation of God's law. Because of the fall man was deprived of the blessings of his earlier state and left to the mercy of his surroundings and the illusions of his own mind. This doctrine of original sin can help us understand what happens to a child.

A creature can be led astray by something that is in itself quite small. It is something that creeps in unnoticed under the guise of love and assistance but which is actually due to the blindness of an adult whose unconscious egoism can have a truly diabolical influence upon a child. And yet children are constantly being born anew, bearing within themselves unspoiled the plan according to which they should normally develop.

If a child's return to his normal, natural state is connected with a single specific factor, that is, his concentration upon some physical activity that puts him in contact with exterior reality, we may conclude that there is a single source for all his deviations—the child has not been able to actualize his primitive plan of development because of the hostile environment he encountered in his formative period when his potential energies should have evolved through a process of *incarnation*.

FUGUES

The concept of incarnation can thus be taken as a guide for interpreting deviant traits: psychic energy must be incarnated in movement so that it can unify the personality of the agent. If this unity is not attained, either because of adult domination or lack of motivation for the child in his environment, the two constituent factors, psychic energy and movement, develop separately and "the man is divided." Since nothing is created or destroyed in nature, a child's psychic energies will either develop as they should or go off in wrong directions. Such deviations generally occur when these energies lose their finality and wander aimlessly about. The mind, which should be building itself up through voluntary, physical activites, then *takes refuge* in fantasies.

When a fugitive mind fails to find something upon which it may work, it becomes absorbed with images and symbols. Children who are afflicted with this disorder move restlessly about. They are lively, irrespressible, but without purpose. They start something only to leave it unfinished since their energies are directed toward many different objects without being able to settle upon any of them. Adults, even though they punish or patiently tolerate the errant and unruly actions of these disordered children, actually favor and encourage their fantasies, interpreting them as the creative tendencies of a child's mind. Froebel invented many of his games to encourage the development of a child's imagination along these lines. A child is taught to see horses, castles, or trains in the bricks and blocks that he arranges in various ways. A child's imagination can give a symbolic meaning to any object whatever, but this creates fantastic mirages within his mind. A knob becomes a horse, a chair a throne, a stone an airplane. Children are given toys with which they can play, but which create illusions and afford no real and productive contact with reality. Toys furnish a child with an environment that has no particular goal and, as a consequence, they cannot provide it with any real mental concentration but only illusions. They can stir up a child's activity like a puff of air that rouses a tiny flame concealed beneath the ashes of a fire. But the flame is soon spent and the toy is soon thrown away. And yet toys are the only outlets that adults have found for a child's voluntary activity and believe that a child finds his happiness in them.

Even though a child easily tires of his toys and breaks them, this conviction persists; and adults are thought to be kind and generous when they lavish such gifts upon a child. Playing with toys is the only freedom that the world grants to a child, who should at this precious period by laying the foundations of a higher life. "Divided" children of this sort are regarded, particularly in school, as being highly intelligent, even if they lack order, neatness, and discipline.

In the surroundings which we provide for them we see these children immediately attach themselves to some task. Their excited fantasies and restless movements disappear and they calmly face reality and begin to perfect themselves through their work. They become normal children. Their aimless actions become directed. Their arms and legs become the instruments of minds eager to know and to penetrate the reality of their environment. A search for knowledge now replaces their aimless curiosity. With a brilliant insight, psychoanalysts have described the abnormal development of the imagination and excessive interest in play as a "psychic fugue."

A "fugue" is a kind of flight, a taking refuge. A flight into play or into a world of fancy often conceals an energy that has been divided. It represents a subconscious defense of the ego which flees from suffering or danger and hides itself behind a mask.

BARRIERS

Teachers discover that highly imaginative children are not the best in their studies as might be expected. Instead, they achieve little or nothing at all. Despite this fact no one suspects that the minds of these children have been diverted. Rather, it is thought that great creative intellects cannot apply themselves to practical matters. And yet the fact that a diverted child cannot control his thoughts or develop his mental powers as he should is an obvious indication that such a child is less intelligent. This weakening of a child's intellectual powers occurs not only when his mind takes flight into a world of illusions, but also when a child has become discouraged and seeks escape by withdrawing into himself. The average level of intelligence in ordinary children is low in comparison with that of normalized children. Because their energies have been misdirected, they are like children with broken bones who have need of special care if they are to become physically fit again. But instead of receiving the delicate treatment which they need for the correction of their psychic disorders and the furthering of their intellectual growth, children are frequently bullied about. A diverted mind cannot be forced and any such attempt to correct it in this way will provoke a psychological reaction.

This is not the commonly recognized psychological defense externally manifested in listlessness and disobedience. Rather it is a psychic defense completely outside the control of the will which unconsciously impedes the reception and understanding of ideas brought in from the outside.

It is a phenomenon described by psychoanalysts as "a psychic barrier." A teacher should be able to identify such a problem. A kind of veil descends upon a child's mind that renders it increasingly less responsive. Through this defensive mechanism the soul unconsciously says, "You speak, but I do not listen. You keep repeating, but I do not hear you. I cannot build up my own world since I am too busy erecting a wall to keep you out."

A prolonged defense of this kind causes a child to act as if he had lost the use of his natural faculties. There is no longer a question of good or bad will. In fact, teachers who are confronted with children afflicted with such psychic barriers believe that they are below average in intelligence and incapable of grasping certain types of material such as arithmetic and spelling.

If intelligent children erect psychic barriers against many different kinds of study and perhaps even against any kind of study whatever, they may be considered stupid; and if they repeat the same class several times over, they are considered to be mentally retarded. As a rule, a psychic barrier is not the only obstacle; it is surrounded by outer defenses known to psychoanalysts as "repugnances." There is first a repugnance for a particular subject, then for studies in general, then for the school, the teacher, and the child's companions. There is no longer room for love and cordiality, and the child finally fears school and becomes completely alienated from it.

Very frequently individuals carry with them through life a psychic barrier that was erected in childhood. An example of this may be found in the repugnance which many retain for mathematics as long as they live. They are not only unable to comprehend it, but the mere mention of it raises up an interior obstacle that worries and repels them. The same can also happen with other subjects. I once knew a young woman who was very intelligent, but who made truly inconceivable errors in spelling, considering her age and background. Every attempt to correct this defect proved to be useless. The errors seemed to multiply with practice. Even the reading of the classics proved ineffectual. But one day to my utter surprise, I saw her write beautifully and correctly. This is something which I cannot here take up in detail, but it is clear that she must have known the correct way to express herself. A secret force, however, held this ability in check, and all that appeared was a storm of errors.

CURES

The question might be raised as to which of the two modes of deviation, fugues or barriers, is the most serious. In our normalizing schools, fugues like those mentioned above connected with play or flights of fancy have proved to be the easier to cure. The reason for this may be seen in a comparison. If a person flees from a place, it is because he has not found in it what he needs; yet he can always return if there is a change in the environment from which he fled.

In fact, one of the things most frequently observed in our schools is the rapid transformation of disorderly and violent children. They seem to return almost instantly from a far-off land. There is not only a change in their disorderly habits of work, but a deeper change that is effected through the attainment of peace and satisfaction. The deviations disappear spontaneously. The child undergoes a natural transformation and yet, if he had not been freed from his deviations, these could have accompanied him throughout life. Many adults who seem to have a fertile imagination have in reality only vague feelings toward their surroundings and are dominated by their sense impressions. Such individuals are known for their imaginative temperament They are without order, but are ready admirers of lights, of the sky, of colors, flowers, landscapes, of music, and they have a sentimental and romantic outlook on life.

But they do not know the light which they admire well enough to really love it. The stars that inspire them cannot hold their attention long enough for them to attain the least knowledge of astronomy. They have artistic tendencies but they produce nothing since they lack the perseverance to acquire any technical skill. As a rule, they do not know what to do with their hands. They cannot keep them quiet, nor can they put them to work. They touch things nervously and frequently break them. They absentmindedly pluck up the flowers that they admire. They cannot create anything beautiful nor make their own lives happy. They do not know how to discover the poetry that is to be found in the world. They are lost if no one assists them since they take their failures and their organic weaknesses as marks of perfection. These defects, which can develop into serious psychic maladies, had their origins in their early years when one is most easily confused and when a barred road causes deviations which are imperceptible at the beginning.

Barriers, on the other hand, are quite difficult to overcome, even when they are found in little children. An inner wall is built up which closes the spirit and conceals it as a defense against the world. Behind these multiple barriers a hidden drama is unfolded, since the soul is frequently separated from all that is beautiful outside that could be a source of happiness. The pursuit of knowledge, the secrets of science and mathematics, the fascinating charm of music are all "enemies" of a man who isolates himself. His natural energies are perverted so that they darken and conceal everything that would be an object of interest and love. Studies lead to weariness and a repugnance for the world instead of preparing a child to take a place in it.

"Barriers" is a highly suggestive word. It makes us think of the means used to ward off diseases before there was any true knowledge of hygiene. Men and women avoided contact with fresh air, water, and the sun. They remained shut up behind walls that were impermeable to light. They kept their windows closed by day and night, even though these were already too small for proper ventilation. They wrapped themselves up in heavy garments, one on top of the other like the layers of an onion, thus preventing the air from cleansing the pores of their skin. Their physical environment was a veritable barricade against life itself.

But there are aspects of society that also make us think of barriers. Why do men isolate themselves from each other, and why does each family group shut itself off with a feeling of aloofness and repugnance towards other groups? A family does not seek to be alone so that it can find its pleasures within its own circle, but to separate itself from others. Walls are not built to protect love. A family's defenses are closed, insurmountable, stronger than the walls of the house in which it dwells and, as a consequence, are the real barriers which separate men into social castes and nations.

National barriers were not erected to separate one united, homogenous group from another and furnish it with freedom and protection. Rather, this longing for isolation and defense strengthens the barriers already existing between nation and nation and hinders the exchange of persons and commodities.

But if civilizations develop through a mutual exchange of materials and ideas, what lies behind this lack of trust? Can it be perhaps that even nations suffer from these psychic barriers that are the products of suffering and violence? Pain and sorrow have become organized and the suffering has been so intense that the life of nations has drawn back behind barriers that are ever more terrible and entrenched.

ATTACHMENT

Some children are of such a retiring nature that their psychic energies are too weak to resist the influence of an adult. Instead, they attach themselves to an older person who tends to substitute his own activity for theirs and they thus become extremely dependent upon him. Their lack of vital energy, although they are not aware of it themselves, makes them prone to tears. They complain about everything; and since they have the air of one who is suffering, they are thought to be sensitive and affectionate. They are always bored, though they do not realize it, and they have recourse to others, that is, to adults, because they cannot by themselves escape the boredom that oppresses them. They cling to another as if their very life depended upon it. They ask an adult for help. They want him to play with them, to tell them stories, to sing to them, and never to leave them. An adult becomes a slave to such children. Even though child and adult seem to have a deep understanding and affection for one another, they are ensnared in the same net. Children such as these are constantly asking "why" something is so, as if they were eager for knowledge. But if we observe them closely, we notice that they do not listen to the answers given them, but simply keep repeating their questions. What seems to be an eager curiosity is in reality a means of keeping a person whom they need for support near at hand.

They readily give up their own activities and obey the least bidding of an adult, who finds it easy to substitute his own will for that of a docile child. But there is a grave danger that this will cause a child to lapse into a kind of apathy that can be taken as sloth or laziness.

An adult is pleased with such a state of affairs since the child is no hindrance to his own activities. But this only emphasizes the serious character of this deviation.

Indolence is in reality a spiritual sickness. It may be compared to the weakness of a person who is seriously ill. It is the external manifestation of a decline of vital, creative energies. Christianity recognizes sloth as one of the capital sins, as one of the evils that can bring death to the soul.

Without realizing it, an adult with his useless assistance and hypnotic influence has substituted himself for a child and impeded his psychic growth.

POSSESSIVENESS

In tiny infants and in normalized children there is a natural tendency to make use of their various faculties. They are not indifferent to their environment, but are deeply in love with it. They are like hungry individuals in search of food. This longing for something to satisfy a physical need is not the product of reasoning. We do not say, for example: "It is a long time since I have eaten; if I do not eat, I will not be able to retain my strength or even stay alive. I must therefore look for something nourishing to eat." No, hunger is rather a kind of pain that irresistibly drives us on in a search of food. A child has a comparable hunger for his environment. He seeks for things that can nourish his spirit, and he finds his nourishment in activity.

As newborn children "let us love spiritual milk." This drive, this love for his environment is innate in man. It would not be right to say that a child is passionately in love with his environment, since passion is something that is impulsive and transitory. Rather it should be described as an impulse towards "a vital experience." The drive behind the child's love for his environment urges him on to ceaseless activity. The fire that burns him could be compared with the heat that is generated in the body by the oxygen of the air. An active child creates the impression of one living in a suitable environment, that is, in an environment that contributes to his self-realization. If a child does not have such an environment his psychic life is not developed but remains weak, warped, and apart from the world. The child himself becomes an enigma. He is helpless, without resources, bored, subject to whims, and unsociable.

If a child finds no stimuli for the activities which would contribute to his development, he is attracted simply to "things" and desires to possess them. To take something and keep it is easy and requires little knowledge and love. A child's energies are thus diverted. Such a child will say, "I want it," when he sees a gold watch, even though he cannot tell time. But then another child will immediately shout, "No, I want it," and they are ready to fight over the watch even if this might ruin it. This is the way in which individuals begin to compete against each other and destroy the objects they desire to possess.

Practically all moral deviations flow from this first step that makes a decision between love and possession. One who has made such a choice advances along one of two diverging roads. A child's natural energies reach out like the tentacles of an octopus to seize and destroy the objects that he passionately desires. A feeling of ownership makes him cling tenaciously to things, and he defends them as he would defend his own life. Strong and active children defend their possessions by fighting off other children who would like to have them. Children of this sort, since they want the same objects, are constantly quarreling among themselves. This gives rise to painful reactions—harsh feelings and quarrels over trivialities. Such disputes should not be taken lightly. There is something out of joint, and darkness where there should be light. And this has happened because one's natural energies have been diverted. Possessiveness has its origin in some inner evil and not in an external object.

As part of their moral training, children are urged not to attach themselves to material things. The basis of this instruction is respect for the property of others. But when a child has arrived at this point, it has already crossed the bridge which separates one from a deep interior life, and this is why he eagerly turns to external things. A child is so penetrated with this desire that it is thought to be a part of his very nature.

Children of a retiring temperament also turn their attention to worthless, material objects. These children, however, possess things in a different way. They are not contentious and usually do not compete with others. They rather tend to accumulate and conceal things. They are thought to be collectors, but they do not collect objects in order to classify them into rational categories. They accumulate objects that are highly diversified and have nothing to do with each other. Not only mentally sick adults, but delinquent children as well, who frequently have their pockets filled with useless and ill-sorted objects, have an irrational mania for collecting. Children of a weak and retiring character engage in similar activities, but their habits of accumulating things are regarded as perfectly normal. If anyone attempts to deprive these children of the objects they have collected, they put themselves on their guard to the best of their ability.

The psychologist Adler has given an interesting interpretation to this habit of collecting. He compares it with the avarice of adults, the germs of which can be already recognized in infancy. A man's attachment to many things and his reluctance to give them up even if they are of no use to him is a deadly poison that can upset his basic equilibrium. Parents are pleased at seeing their children defend their property. They look on this as a part of human nature and as an important factor in society. Children who are possessive and collectors are types recognized and understood by the average man.

DESIRE FOR POWER

Another deviant characteristic associated with possessiveness is a desire for power. One kind of power may be recognized in the instinct to dominate one's environment and thus gain possession of the outer world through a love of this environment But. this power becomes diverted when, instead of being the natural outcome of psychic growth, it is reduced to mere covetousness.

A deviated child finds himself in the presence of an adult who, as far as he is concerned, is a supremely powerful being with everything at his disposal. Such a child realizes that his own power will be great if he can act through an adult. He begins to exploit the adult so that he can obtain far more than he ever could through his own unaided efforts. This is a perfectly understandable procedure, and one that little by little so infects all children that it is thought to be something very ordinary, though difficult to correct. In reality it is a classic trick on the part of a child. There is nothing more natural and reasonable than that a weak and helpless child, once he has discovered that he can make use of another powerful individual, should start to do so. He begins to make demands beyond what an adult thinks to be right. His desires, in fact, are limitless. To an imaginative child an adult is omnipotent and capable of fulfilling his most extravagant and fickle wishes. Such an attitude finds its full realization in the fairy tales that are so appealing to a child's soul. A child feels his obscure desires delightfully portrayed in these fantastic stories. One who has resource to fairies can obtain riches and favors far beyond mere human powers. There are good fairies and bad fairies, beautiful fairies and ugly fairies. They are found among the poor as well as among the rich, in woods as well as in enchanting palaces. They are the projection of the imagination of a child who lives among adults. There are old fairies like his grandmother and young, beautiful fairies like his mother. Some of these fairies are dressed in rags and others are clothed in silk and gold, just as there are poor mothers and rich mothers with their fine clothes, but they all spoil their children.

An adult, however high or low he may be, is always a powerful being in comparison with a child. Carried away by his dreams, a child begins to exploit him. At first the adult is pleased and delights in seeing the happiness he gives his child. But his concessions lead to grief. An adult will help his child to wash his hands, but he will later pay for yielding to this demand. After an initial victory, a child looks for a second, and the more an adult yields the more the child craves. Eventually the illusion that an adult was made to satisfy a child's desires is dissolved into bitterness. Since the material world is severely limited, whereas the imagination can wander out into infinity, there comes at last a clash and violent struggle. A child's whims become the scourge of an adult who suddenly realizes that he has been at fault and says: "I have spoiled my child."

Even a submissive child has his own way of conquering. He gains his victories through affection, through tears, entreaties, a melancholy look, and even through his natural charm. An adult may yield to such a child until he can give no more, and then a state of bitterness is reached which leads to all kinds of deviations. The adult comes to his senses and realizes that his own way of acting has been the source of his child's defects, and he looks around for a means of correcting them.

But we know that nothing can correct a child's whims. Neither exhortation nor punishment are efficacious. It is like telling one delirious with a fever that he should get well and threatening to beat him if his temperature does not go down. No, an adult did not spoil his child when he yielded to him, but when he hindered his growth and caused his natural development to go astray.

THE INFERIORITY COMPLEX

Adults manifest a contempt for children which they fail to realize. Though a father may believe that his child is beautiful and perfect, and though he may center in him his pride and hopes for the future, a secret urge makes him act as if he were convinced that his child was "empty" and "bad" and thus in need of filling and correction. This obscure attitude constitutes the adult's contempt for a child. He looks upon the weak child before him as his own and to be treated as he pleases. He sees nothing wrong in revealing to a child traits of character that he would be ashamed to manifest in the company of adults. Within the domestic walls his greed and tyranny, disguised as paternal authority, are constantly breaking down the child's ego. If, for example, an adult sees a child carrying a glass of water, he begins to fear that the glass may be broken, and when he feels this way, his greed makes him regard the glass as a treasure and he takes it from the child. The adult who does this may even be very wealthy and intent upon increasing his fortunes many times over in order to make his son still more wealthy than himself. But for the moment he esteems a glass as something of greater value than his child's activity and seeks to prevent its being broken. He thinks within himself, "Why does this child have to set a glass down in this way when I do it in another? Can't I arrange things as I please?" And yet this same adult would gladly make any sacrifice for his child. He dreams of the child's success. He would like to see him become a famous and powerful man. But at this moment he is swayed by an authoritarian, tyrannical impulse that wastes his energies protecting a worthless object. In fact, if a servant were to handle the glass in the same way as the child, the father would simply smile; and if a guest were to break the glass he would immediately be reassured that the glass was worthless and the accident of no account.

A child, therefore, must notice with a continued sense of frustration that he is the only one thought to be unreliable and a source of harm. He thus comes to look upon himself as an inferior being, worth less than the objects he is forbidden to touch.

Some other facts must also be taken into account If. a child is to develop his interior life, he must not only be allowed to touch various objects and work with them but he must do this in a rational and consistent fashion. All of this is of the utmost importance for the development of his personality.

An adult no longer pays any deliberate attention to the succession of ordinary acts in daily life since they have become a part of his pattern of existence. When an adult rises in the morning, he knows by habit what he must do and carries out his ordinary actions as if they were the simplest things in the world. The sequence of his acts is almost automatic and no more noticed than the air he breathes or the beating of his heart.

A child, on the other hand, has yet to develop his habits of acting, but he is never allowed to lay out a continuous course of action. If a child is playing, an adult interrupts him, thinking that it is time for a walk. The child is dressed and taken out. Or a child may be working at a task such as filling a pail with stones when a friend of his mother calls. The child is then interrupted in his work and shown to the visitor. An adult is constantly interrupting the child and breaking into his environment. This powerful being directs the child's life without ever consulting the child himself. And this lack of consideration makes the child think that his own activities are of no value. On the other hand, when an adult addresses another adult in a child's presence even though this may be a servant, he does not interrupt him without saying, "If you please," or "if you can." A child consequently feels that he is different from the rest of mankind, that he is inferior, subject to all.

As we have already noted, a succession of acts dependent upon an interiorly preconceived plan is of utmost importance for a child's development. One day an adult will explain to a child that he is responsible for his own actions. Such a responsibility is dependent upon a thorough understanding of the connection between his various actions and a normal judgment with regard to their meaning, but a child only feels that his every action is insignificant. A father who is grieved that he has not succeeded in arousing a sense of responsibility and self-control in his son is the very one who has destroyed his child's sense of continuity in his actions and his regard for his own dignity. The child bears within himself a secret conviction of inferiority and impotence. And yet, before anyone can assume a responsibility, he must be convinced that he is the master of his own actions and have confidence in himself.

The greatest source of discouragement is the conviction that one is unable to do something. If one who is paralyzed had to race with another who is perfectly sound, he would not wish to race at all. An ordinary citizen would not care to meet a professional boxer in the ring. A feeling of incompetence discourages effort even before one is put to the test. An adult, by constantly humiliating a child and making him aware of his weaknesses, dampens the child's desire to act. But an adult is not content with simply impeding a child's activities; he keeps telling him, "You can't do that; it is useless for you even to try." If the adult is rude he will even say, "You idiot, what are you doing? Don't you know you can't do that?" But such a manner of acting not only impedes a child at his work and interrupts the continuity of his actions, but it is an insult to the child himself.

This leads the child to believe that not only are his actions worthless but that he is personally helpless and inept. This conviction in turn is a source of discouragement and diffidence. If one stronger than ourselves prevents us from doing what we want, we can at least conjecture that there will be another weaker than we are who will not prevent us from doing what we would like in the future. But if an adult persuades a child that his impotency lies within himself, a cloud descends upon his mind and he sinks into a state of apathy and fear. When this happens, a child develops that inner obstacle known as an "inferiority complex." Such an obstacle can become fixed within him as a feeling of impotency and inferiority with respect to others; and it keeps the child from becoming engaged in the conflicts of daily existence.

Timidity, hesitancy in the making of decisions, a withdrawal before difficulties or criticism, frequent tears, and an appearance of despair accompany the painful state created by an inferiority complex.

On the other hand, one of the most remarkable characteristics of a "normal" child is his self-confidence and sureness in action.

When the little boy at San Lorenzo told the disappointed visitors that the children could open up the classroom and set to work even though the teacher was absent because it was a holiday, he showed the balance of a well-rounded personality that is not presumptuous but still knows its potentialities. The boy knew what he was doing and brought the necessary sequence of acts to completion without feeling that he had done anything exceptional.

Another little boy who was using movable letters to put words together was not at all disturbed when the queen of Italy stopped in front of him and asked him to spell out "*Viva l'Italia!*" When the child heard this, he put the letters which he had been using back in their proper order. He did this as calmly as if he had been alone, though one might have expected him to suspend this work in honor of the queen so that he could carry out her bidding at once. But he could not give up his habitual manner of working. Before he could compose new words, he had to put the letters already used back in their proper places. When he had done this, he then spelled out the words, "*Viva l'Italia!*" Though this little fellow was only four years old, he was in reality already a little man in control of his actions and emotions and secure in his environment.

FEAR

Fear is another form of deviation which is thought to be natural in children. It is understood as an emotional disturbance deeply rooted within a child and quite independent of his surroundings. In other words, fear, like shyness, is taken as a part of a child's character. Some children are so retiring they seem to be enveloped in an aura of fear. There are others, however, who are brave, active, and often courageous in the face of danger, but who can at times be subject to mysterious, illogical, and invincible alarms. Such attitudes may be explained as the products of vivid impressions received in the past. Children may be afraid to cross a street, or that there are cats under a bed, or they may fear the sight of a hen. These fears are like the phobias noted by psychiatrists in adults. They are found especially in children who are dependent upon adults. And an adult can take advantage of a child's ignorance to frighten him with vague fears so that he will be obedient. This is one of the worst defenses that an adult employs against a child since it aggravates the child's natural fear of the dark by peopling it with frightful images.

Anything that enables a child to come into contact with reality and to experience and understand his environment will help to free him from this disturbing state of fear. One of the first fruits of our normalizing schools is the disappearance of these subconscious fears.

A Spanish family had four girls, the youngest of whom attended one of our schools. Whenever there was a storm during the night, she was the only one of the girls who did not become afraid. She would bring her older sisters to their parents' room, where they could find protection. She was a true support to her older sisters afflicted with this strange fear. Whenever they became frightened in the dark, they would hasten to their little sister to overcome their anxiety.

A "state of fear" is different from that dread aroused by the instinct of self-preservation in the face of danger. This latter type of fear is less frequent in children than in adults, and not simply because children are less experienced than their elders in meeting dangers. It might even be said that a child naturally confronts dangers and does so with greater readiness than adults. As a matter of fact, children often expose themselves to peril. Street urchins steal rides on moving cars or trucks, and in the country children climb high up in the trees and slide down steep slopes. They plunge into the sea or a river and often teach themselves how to swim. In countless cases they have shown great heroism in saving, or at least attempting to save, their companions. For example, a fire broke out in a hospital in California which contained a ward for blind children. Among the victims were several children who could see. Although they lived in another part of the building, they had rushed to assist the blind. And almost every day we read in newspapers or magazines of other examples of youthful heroism.

The question might be raised as to whether or not a child's return to a normal state favors this heroic tendency. None of the children in our schools have performed any heroic feats, though they have on occasion expressed some truly noble desires. As a rule our children develop a kind of "prudence," which enables them to avoid dangers and consequently to live with them. They can handle knives at a table and even in the kitchen, use matches for lighting a fire or even sparklers, stand alone near pools of water, and cross city streets. Our children have learned how to control their actions and to avoid rashness. This enables them to lead a nobler and more peaceful life. Normalization, therefore, does not consist in hurling oneself into the midst of dangers, but in acquiring a prudence which permits one to recognize and dominate dangers and thus be in a position to live in the midst of them.

LIES

Psychic deviations can shoot out in all directions like the branches of a luxuriant plant, but they all spring from the same deep roots, and it is only there that the secret of normalization is to be found. A common mistake of educators is to consider these deviations as separate entities independent of each other.

One of the most serious defects is lying. Deceit is a kind of garment that conceals the soul. It might even be compared to a whole wardrobe, so many are its guises. There are many different kinds of lies, each having its own meaning and significance. There are normal lies and others that are pathological. Psychiatrists of the last century were much interested in the compulsive lies of men and women subject to hysteria. In such individuals lying grows to such a proportion that speech becomes a whole tissue of deceit. Attention has also been drawn to the lies of children in juvenile courts, and to the possibility of unconscious deceit on the part of children summoned as witnesses. A considerable stir was created when men came to realize that a child, whose "innocent soul" is looked upon as the mouthpiece of truth, could in all sincerity state that something was true which was actually false. Further study of this phenomenon showed that these children were actually trying to tell the truth and that their lying was due to a mental confusion that had been exaggerated by their emotions.

Such substitutions of falsehood for truth, whether they be chronic or isolated, are quite distinct from the lies which a child deliberately imploys as a defense behind which he can hide. But there are still other lies which are not connected with self-defense, and they are told by normal children in the ordinary circumstances of life. Lying can also have its origin in a child's desire to narrate something fantastic, and an invention of this sort can have the added relish of being taken by others as the truth, even though it is not recounted for the sake of deceit or personal gain. It can take on an artistic form like that of an actor who identifies himself with his role. A number of children, for example, once told me that their mother had given a person whom she had invited in for dinner some vegetable juices that she had prepared herself. The drink was not only healthful but so delicious that the guest said he had never tasted anything like it before. The story was so interesting and detailed that I asked the children's mother to tell me how to prepare the drink. But she then told me that she had never made anything of the kind. Here we have an instance of a pure creation in a child's imagination expressed in a lie with no other intent than that of concocting a story.

These lies are different from the kind told because a child is lazy and is not interested in discovering the truth.

Sometimes, however, a lie can be the product of subtle reasoning. I once knew a five-year-old boy who had been temporarily left by his mother in a boarding school. The governess in charge of the group of children to which he belonged was admirably suited for the task and had a high regard for this particular child. After a time he began to complain to his mother about her, saying that she was entirely too severe. His mother went to the principal of the school to make inquiries and became convinced of the affection which the governess had for her son and winch she had constantly shown him. When the woman asked her son why he had lied, he replied, "I couldn't say that the principal was bad." It does not seem that he lacked courage to accuse the principal but rather that he was subject to the force of convention. Much more could be said of the cunning used by children in adapting themselves to their environment.

Weak and retiring children, in turn, make up lies on the spur of the moment. Such lies are not carefully thought out, but are rather a kind of defensive reflex. They are naive, improvised, and consequently quite obvious. Teachers combat deceit of this sort, but forget what they represent. They are an obvious defense against the assaults of adults. Children who are guilty of such lies are accused of being weak, shameless, and failing to act as they should.

Deceit is an intellectual phenomenon that appears in childhood, but which becomes organized with maturity. It plays such an important role in human society that it seems to be indispensable, noble, and even beautiful, like clothes for the body. A child in one of our schools gives up this perverted notion and appears natural and sincere. Nevertheless, lying is not a deviation that disappears miraculously. There is more need of reconstruction than conversion. Clear ideas, a contact with reality, freedom of spirit, and an active interest in what is good and noble provide the environment that can straighten out a child's soul.

Social life is so immersed in an atmosphere of false conventions that society would be thrown into a turmoil if an attempt were made to correct them. Many children who have left the Children's Homes for more advanced schools have been thought to be impertinent and disobedient simply because they were much more sincere than other children and had not learned to make the necessary adaptations. Their teachers did not recognize this fact. The discipline and conventions of an ordinary school, like those of society, are shot through with deceit, and these teachers took the hitherto unknown sincerity of the children from our schools as a factor that would disrupt the education of others.

One of the most brilliant contributions of psychoanalysis to the history of the human soul has been the interpretation of the subconscious camouflages. Adult shame and not childish fictions, make up the terrible fabric of human life. They are like the fur of an animal or the feathers of a bird that cover, adorn, and protect the vital principle that lies hidden beneath. Camouflage, the concealing of one's true feelings, is the lie that a man builds up within himself so that he can live, or rather, survive in a world at odds with his natural sentiments. And since it is impossible to be engaged in a constant struggle, the soul adapts itself to its surroundings.

One of the most remarkable camouflages is the hypocrisy with which an adult treats a child. An adult sacrifices a child's needs to his own, but he refuses to recognize the fact, since this would be intolerable. He persuades himself that he is exercising a natural right and acting for the future good of the child. When the child defends himself, the adult does not advert to what is really happening but judges whatever the child does to save himself as disobedience and the result of his evil tendencies. The feeble voice of truth and justice within the adult grows weak and is replaced by the false conviction that one is acting prudently, according to one's right and duty, and so forth. The heart is hardened. It becomes like ice and gleams like crystal. Everything is broken against it. "My heart has become a rock; I strike it and my hand is injured." Dante uses the magnificent image of ice in the abyss of hell where hate finds its refuge. Love and hate are two states of the soul which can be compared to water in its liquid and solid states. Conventions which camouflage a man's true feelings are a spiritual lie which help him adapt himself to the organized deviations of society but which gradually change love into hatred. This is the terrible lie lurking in the deepest recesses of the subconscious.

24. REPERCUSSIONS ON PHYSICAL HEALTH

Psychic deviations bring a wide variety of traits along with them. Some of these may seem to be unrelated since they affect the functioning of the body. Modern medicine has thoroughly studied and established the fact that many physical disturbances have a psychic origin. Even certain defects which seem to be intimately connected with the body have their ultimate source in psychic problems. Some of these, such as difficulties with digestion, are particularly common among children. Strong and active children tend to have a voracious hunger which is hard to control. These children eat more than is necessary. Their insatiable desire for food is often lightly taken as "a good appetite," even though they may become sick and need medical assistance.

From antiquity a craving for more food than the body needs, which results in more harm than good, has been recognized as a vice. In this craving may be seen the degeneration of a normal sensibility which prompts one to eat, but which also determines the amount of food required. Such a sensibility is characteristic of all animals whose well-being is determined by their instinct for self-preservation. And, as a matter of fact, this instinct has a twofold aspect. One of these concerns the animal's environment and guides it in the avoidance of dangers. The other is proper to the individual itself and has reference to the taking of food. Brute animals have a guiding instinct which not only induces them to eat what they should, but also in the measure that is good for them. Indeed, this is one of the most distinctive characteristics of every species of animal. Whether they eat much or only a little, every animal eats the amount of food that its instinct tells it to take.

Only man is guilty of the vice of gluttony, which blindly leads him to eat not only more than he should but also what is actually harmful. We can therefore say that with the appearance of psychic deviations individuals lose the sensibilities which would protect them and assure their state of health. Proof of this may be found in a deviated child, who soon begins to show a lack of balance in his eating habits. The child is attracted by the sight of food, which is judged only by the external sense of taste. The instinct of self-preservation, the vital interior force is weakened and disappears. One of the most striking things about our normalizing schools is the fact that children who have been freed from their psychic deviations and have acquired a normal state lose their greedy craving for food. They become interested in eating correctly and with the proper gestures. When the time came to eat, tiny children would occupy their time with properly arranging their napkins, with looking at their knives, forks, and spoons in an effort to remember the exact way to hold and use them, or in assisting a companion smaller than themselves. And sometimes they were so meticulous about these matters that the tasty food set before them grew cold. Other children appeared sad: they had hoped to be chosen to serve at table, but saw themselves instead condemned to an easier task, that of eating.

A further proof of the relation between food and a person's psychological state may be seen in the attitude of retiring children. Such children have a notable, and often unconquerable, repugnance for food. Many refuse to take anything to eat and at times their refusal can be so emphatic that it creates real difficulties within a family or boarding school. This is particularly striking in institutions for poor, weak children, who might be expected to eat their fill whenever they could. At times a lack of interest in food can bring a child to such a physical state that he resists all cure. But this repugnance for eating should not be confused with a physical disorder that causes a child to lose his appetite. Rather, the child refuses to eat because of his psychic condition. In some cases, this may be due to a defense mechanism. An adult, for example, tries to make the child eat in a hurry, but a child has his own particular rhythm for eating and refuses to accept that of the adult. This is a fact now recognized by pediatricians who note that children do not eat all they need at once, but stop eating for considerable periods of time.

The same may also be noticed in infants before they are weaned. They withdraw from their source of nourishment before they are full in order to rest, and then return to it in a kind of slow, intermittent rhythm. When a child refuses to eat, a possible reason for this may thus be found in a barrier which a child has erected against those who would force him to eat in a way opposed to his own natural tendencies. There are instances, however, where this particular type of defense must be ruled out and the source of the trouble must be sought elsewhere. The child seems almost to be constitutionally lacking in appetite. He is hopelessly pale and no exposure to the open air, the sun, or the sea can conquer his habitual repugnance for food. On closer examination, however, we will find that there is near the child an adult to whom he is extremely attached, but who completely dominates him. There is only one way to cure such a child, and that is to remove the person who represses him and provide an environment where he will be psychologically free and active. Only in this way will he rid himself of the attachment that has deformed his spirit.

The connection between one's psychic life and physical phenomena that seem to be far from it, such as the taking of food, has always been recognized. In the Old Testament we read how Esau, because of his gluttony, yielded his birthright to his brother, foolishly acting against his own best interests. Indeed, gluttony is listed among the vices that "obscure the mind." It is interesting to see the precision with which St. Thomas Aquinas points out the ties between gluttony and the intellect. He maintains that gluttony dulls one's judgment and as a consequence weakens one's knowledge of intelligible realities. But the very opposite of this is found in a child: it is the psychic disturbance that engenders gluttony.

Christianity has so closely connected this vice with spiritual disorders that it places it among the capital sins, that is, among those that lead to the death of the soul; in other words, it leads to a violation of one of the mysterious laws of the universe. Further support for our theory of the blunting of the guiding instinct, that is, of the tendency for self-preservation, has been indirectly given by psychoanalysis. But this modem science interprets it in a different fashion and speaks of a "death instinct." It recognizes in man a natural tendency to assist and facilitate the natural advent of death and to hasten its coming even to the point of committing suicide. A man can become hopelessly attached to such poisons as alcohol, opium, and cocaine. Instead of clinging to life and salvation, he becomes enamored with death and calls it to himself. But does not all this indicate in a very precise fashion the disappearance of a vital interior sensibility which ought to watch over the preservation of the individual? If such a tendency were connected with the inevitability of death, it should be found in all creatures. But since it is not, we must say that every psychic deviation sets a man on the road to death and leads him on to destruction, and that this terrible tendency may already be seen in an almost imperceptible form in early childhood.

Illnesses may always have something psychological about them, since man's physical and psychic lives are so intimately connected. But abnormalities in the taking of food open up the gates to all kinds of sicknesses. Sometimes a person may only be apparently sick. It is in reality only an imaginary illness and its source is psychological. A great contribution to our understanding of these abnormalities was made by psychoanalysis which showed that a person can find a kind of refuge in sickness. Such escapes are not simply feigned. There can be rises in temperature and functional disorders that at times seem serious. And yet there is no real sickness. The symptoms are due to subconscious psychic disorders which succeed in dominating the laws of physiology. Through this type of illness the ego can withdraw from unpleasant situations or obligations. The disease resists all treatment and only disappears when the ego is freed from the conditions it sought to escape. Many illnesses and morbid states, like many moral defects, disappear when children are placed in a free environment where they can live and act in a way that brings them back to normal. Today many pediatricians recognize our schools as Health Homes (*Case della Salute*). They send children with functional illnesses that have resisted ordinary treatment to them, and astonishing cures have thus been obtained.

PART III

25. THE CONFLICT BETWEEN ADULT AND CHILD

The conflict between adult and child has consequences reaching out almost to infinity, like the waves that are propagated when a stone is thrown into the surface of a tranquil lake. A disturbance is started that spreads out in a circle in all directions.

Just as an examination of the ripples of the water will lead one back to the cause of the disturbance, so psychoanalysts and physicians have been able to trace physical and mental diseases back to their origins. But they must travel long distances in their search for the sources of mental ills. They are like the first explorers of the Nile who had to travel thousands of miles and negotiate fantastic cataracts before they reached the calm waters of the great lakes that feed the river. Sciences that seek to probe the causes of the weaknesses and failures of the human soul must go beyond immediate causes and, passing beyond what is consciously known, arrive at the original sources, the peaceful lakes, that are the body and soul of the child. But if we wish to travel in an opposite direction, if we are interested in the history of humanity as it has been newly written from its primitive beginnings, we can start from the limpid lakes of early childhood and follow life's dramatic course as it frees itself and rushes rapidly along, leaping from one cataract to another, completely free except for one thing, that is, to stop, to cease to augment its tumultuous waters.

If the physical, mental, and nervous diseases that afflict adults can be traced to childhood, it is in the life of a child that we can notice their first symptoms. Moreover, it will be well to keep in mind that every great and obvious evil is accompanied by an infinity of lesser ills. More people are cured of a disease than die from it. And if sickness represents a breakdown in one's ability to resist the onslaught of a disease, other failures of the same type may be anticipated.

There are countless things that can occasion the collapse of one's physical or mental health. When water is examined to see if it is fit to drink, only a small sample needs to be drawn. If this is tainted, we may conclude that the rest is tainted as well. Somewhat similarly, when we see numerous individuals perishing through their own mistakes, we may conclude that the whole human race has been afflicted by some basic error.

This is not a new concept. Already in the time of Moses it was known that the first man sinned and that his sin brought ruin on all mankind. To those who do not understand its true nature, original sin may seem to be unjust and unreasonable since it involves the condemnation of all of Adam's descendants. And yet we see under our very eyes innocent children condemned to carry within themselves the fatal consequences of centuries of error with respect to their natural development. The sources of these errors are to be found in the basic conflicts of human life, and they are freighted with consequences that have not as yet been adequately investigated.

26. THE INSTINCT TO WORK

Before these new discoveries were made, the laws governing the psychic growth of children were absolutely unknown. But now it seems likely that the study of the "sensitive periods" may constitute one of the most important sciences dealing with man.

Growth and development depend upon a continued narrowing of the relationships between a child and his environment. The reason for this is that the development of his personality, or what is called his "freedom," cannot take place unless he becomes progressively independent of adults. And this growth is effected by means of a suitable environment, in which a child can find the necessary means for the development of his own proper functions. A parallel to this may be found in the weaning of infants. Food is prepared for them from cereals that will be a substitute for their mother's milk. In other words, they no longer draw their nourishment from their mothers but from the products of their environment.

It would be a mistake to speak about a child's progressive attainment of freedom without at the same time furnishing him with the kind of environment that will enable him to become independent. The preparation of such surroundings, however, like the proper feeding of children, demands close study. Nevertheless, the basic outline of a new system of education that will properly take care of a child's psychic needs has been drawn by children themselves. And this outline is clear enough to be followed and put into practice.

The most important discovery is that a child returns to a normal state through work. Countless experiments made upon children of every race throughout the world have shown that this is the most certain datum that we have in the field of psychology and education. A child's desire to work represents a vital instinct since he cannot organize his personality without working: *a man builds himself through working*. There can be no substitute for work, neither affection nor physical well-being can replace it. And on the other hand, if this instinct to work becomes diverted, there is no remedy for it either in the example of others or in punishments. A man builds himself by carrying out manual labor in which he uses his hands as the instruments of his personality and as an expression of his intellect and will, helping him to dominate his environment. A child's instinct for work is a proof that work is instinctive to man and characteristic of the species.

Why then has work, which should be a source of great satisfaction and a principle of health and regeneration (as it is for children), been rejected by adults who simply regard it as a harsh necessity? It may be due to the fact that society has lost the proper motives for work. The profound instinct for work remains hidden within man as a recessive trait: it has been deviated by a desire for possessions, for power, and by apathy and attachment. Amid such conditions work depends solely on external circumstances or is occasioned by the mutual struggles of deviated men. It thus becomes forced labor which in turn gives rise to powerful psychic barriers. And this is why work seems hard and repugnant.

But when because of favorable circumstances work flows naturally from an inner impulse, it assumes an entirely different character, even in adults. When this happens, work becomes fascinating and irresistible and raises a man above his diverted self. Examples of this may be found in the toils of an inventor, the discoveries of explorers, and the paintings of artists. When a man is engaged in such work, he becomes possessed of an extraordinary power and experiences again that natural instinct that enables him to express his own individuality. This instinct is like a powerful stream that gushes forth from the earth and provides refreshment for mankind. It is the source of true progress in civilization, for men have a natural instinct for work, and it is through work that their environment is perfected. Work is characteristic of men, and progress in civilization is directly linked with their manifold ability to create an environment that will make life more easy and comfortable.

In such an environment men thrust aside a natural way of living. Nevertheless the new environment which they create cannot be called artificial. Since it transcends rather than replaces nature, it may perhaps be best described as transcendent. Men become progressively so habituated to this transcendent order that it becomes their vital element.

In natural history we notice a process of slow evolution that results in the production of a new species. An example of this may be found in the passage of animals from a maritime to a terrestrial form of life through the amphibia. Somewhat similarly, man began with a natural life and has gradually created for himself a transcendent environment. Man today no longer lives simply according to nature, but nonetheless he makes full use of both the visible and invisible forces of nature.

Man has not simply passed from one vital environment to another: he has constructed for himself his new environment and is now so dependent upon it that he could not live apart from his marvelous creation. Man's life therefore depends upon other men. Nature does not assist him as it does other living creatures. A bird finds its food ready for the eating and materials with which to build its nest, but man has to obtain from other men what he needs. We are all dependent upon each other, and each one of us contributes through his own labors to that transcendent environment in which we all must live.

But if man is dependent upon other men, he is at least the master of his own existence and able to direct and dispose of it as he pleases. He is not immediately subject to the vicissitudes of nature. He is isolated from them and depends exclusively upon human vicissitudes, and his whole life will be in danger if the personalities of those about him have been warped.

The intimate connection between work and the attainment of normality is the best proof of the fact that a man has a natural instinct for work. Nature urges him on to build something by himself that will be an expression of his own existence and further the ends of creation itself. Indeed, it would be unreasonable to think that man does not share in the harmony of the universe to which all living beings contribute, each according to the instincts of its particular species. Corals construct islands and continents by rebuilding the coasts worn away by the ceaseless action of the waves. Insects carry pollen from one blossom to another and thus enable plants to propagate themselves. Vultures and hyenas are scavengers that cleanse the earth of unburied bodies. Some animals rid the world of waste materials and others produce such useful things as honey, wax, silk, and so forth.

Living beings surround the earth almost like the atmosphere, and individual living things are dependent upon others for the preservation of life on earth. Indeed, the life that covers the earth is regarded today as a *biosphere*. Living creatures do not simply preserve themselves in existence and provide for the preservation of their species, but they all work together in a kind of terrestrial harmony. Animals produce more than they actually need for themselves. This results in a surplus that far surpasses the immediate needs of conservation. They may therefore be regarded as workers in the universe and the followers of natural laws. Man, the worker par excellence, must also fall within these general laws. He builds for himself a transcendent environment which, because of the richness of its production, obviously surpasses the simple fact of existence and pertains rather to a cosmic order.

The perfection of man's works is not to be measured by man's own personal needs but by the mysterious designs of his instinct to work. By a fatal deviation man has been separated from his goal in life. If a child is to become the kind of a man that he should, his development must be intimately united with his own guiding instinct. The normal education of a child should thus lead to man's transcendence.

27. TWO DIFFERENT KINDS OF WORK

Although child and adult are made to love each other and to live together in harmony, they are constantly at odds because of the failure to understand each other, which gnaws at the roots of their existence.

This conflict gives rise to many different problems. Some of these are obvious and are connected with their mutual relationships. An adult has a complicated and intense mission to fulfill in life. It becomes increasingly more difficult for him to interrupt his own labors to satisfy the needs of a child by adapting himself to the latter's rhythms and psychic outlook. And, on the other hand, the ever increasing complexity and intensity of an adult's world is not attuned to a child. In contrast with the artificial character of contemporary civilization, we can call to mind the simple, peaceful lives of primitive peoples, where a child could find a natural refuge. In such societies a child came in contact with adults engaged in simple work carried out in a peaceful, tranquil manner. The child was surrounded by domestic animals and other objects which he could freely touch. He could do his own work without fear of protest. When he felt tired, he simply lay down beneath a shady tree and went to sleep.

But civilization has slowly withdrawn the natural environment from the child. Everything is regulated, rapid, and confined. Not only has the accelerated rhythm of adult life proved to be an obstacle to the child, but the advent of machines has swept away his last places of refuge like a whirlwind. A child can no longer engage in the natural activities that he should. The care lavished upon him is largely concerned with protecting him from the perils of existence, which are constantly being multiplied to the increased detriment of the child. He is now like an exile in the world, helpless and enslaved. No one thinks of creating for him a suitable environment or reflects on the need which he has of work and activity.

Since there are two forms of life, that of the child and that of the adult, we must be convinced that there are two distinct social problems and two essentially different types of work.

THE WORK OF THE ADULT

An adult has his own task to perform, that of building up a transcendent environment. He must use his intelligence and external efforts for productive work, which is as a rule both social and collective.

In carrying out his work a man must follow the norms of organized society. These laws must be voluntarily followed to obtain the common goal. But in addition to these laws which are demanded by local customs and which are the source of different cultures, there are other laws pertaining to work rooted in nature itself. Laws of this kind are common to all men and to all times. One of the laws found among all living beings is that of the division of labor. Among men it is indispensable since they cannot all produce the same things. There is another natural law that has reference to an individual's own work. This is the law of minimum effort, according to which one seeks to attain the maximum productivity with the least expenditure of energy. This is a law of utmost importance. It represents not so much a desire to do as little work as possible as to produce as much as one can with the least effort. It is a principle applied to machines that complement man's own labors.

All of these laws are good, even if they are not always universally applicable. Since the material resources at a man's disposal are limited, his desire to enrich himself engenders competition. A struggle for life like that found among brute beasts consequently ensues.

In addition to these natural conflicts there are others caused by deviations in individuals. Among these may be listed the longing for possessions without reference to the preservation of the individual or of the species. Since this longing has no natural origin, it is unlimited. Another deviation is possessiveness, which dominates love, replacing it with hatred. When this enters an organized environment, it is an obstacle not only to individual but also to corporate work. Exploitation of the work of others thus takes the place of the natural division of labor. The guiding norm becomes convenience which, under the guise of rights, establishes the results of human deviations as social principles. In this way error triumphs and is taken as a part of human life and morality. Under a tragic cloud that is not recognized as such everything becomes warped, and all accept as inevitable the consequent ills.

A child is a natural being living in the midst of adults. He finds himself in an alien atmosphere. He has nothing to do with the social activities of adults. His own activities have nothing to do with the production of things that would be useful to society. We must be firmly convinced of the fact that a child simply cannot participate in the social activities of adults. If we would represent man's labor as that of a smith striking an anvil with a heavy hammer, it would be perfectly obvious that a child could not engage in it. If we would represent intellectual toil as that of a scientist using delicate instruments in a difficult research project, it would be equally clear that a child could have nothing to contribute to it. Or we might even think of a legislator drawing up new laws: a child could never replace him in such a task.

A child is completely foreign to this organized society of adults. His "kingdom" is certainly "not of this world." He is a stranger to that artificial world which men have built above nature. A child comes into the world as an asocial being since he cannot adapt himself to society nor contribute to its productivity nor influence its structure. He is rather a disturber of the accepted order. A child is asocial in that he is a source of disturbance wherever there are adults, even in his own home. His lack of adaptation to an adult environment is aggravated by the fact that he is naturally active and constitutionally incapable of renouncing this activity.

Adults are inclined to repress a child's activity. Since they do not want to be disturbed or annoyed, they attempt to make the child passive. A child is confined to a nursery or even to a school. He is condemned by adults to these places of exile until he reaches an age when he can live in an adult world without causing others distress. It is only then that a child is admitted to society. Prior to this he has to obey adults like a person deprived of civil rights. A child has an adult as his lord and master and must always be subject to his bidding, from which there is no appeal.

A child must start from nothing and make his way into the company of adults. In comparison with the child an adult is great and powerful like a god, and it is from him that the child must obtain the necessities of life. The adult is the child's creator, ruler, guardian, and benefactor. Never is anyone so utterly dependent upon another as a child is upon an adult.

THE WORK OF THE CHILD

A child is also a worker and a producer. Although he cannot share in the work of adults, he has its own difficult and important task to perform, that of producing a man. The newborn child is helpless and incapable of moving about. But this tiny child eventually grows into an adult, and if the latter's intelligence has become enriched through his psychic conquests and become resplendent with a spiritual light, this is due to the child that he once was.

It is solely from a child that a man is formed. An adult cannot take part in this labor. An adult is more definitely excluded from a child's world than the child himself is from the transcendent social world of the adult. A child's labor is far different from and, we might say, even opposed to that of an adult. It is an unconscious labor brought about by a spiritual energy in the process of developing. It is a creative labor which recalls the biblical description of man being created. But how was man created? How did man receive intelligence and power over all creation even though he came from nothing? We can observe and admit this wondrous event in all its details in any and every child. Every day our eyes contemplate this marvelous spectacle.

What happened at man's first creation is reproduced in all men when they come into the land of the living. We can thus constantly repeat, "The child is the father of the man." All the powers of the adult flow from the potentialities which the child has of fulfilling the secret mission entrusted to him. What makes a child a real worker is the fact that he does not develop into a man simply by rest and reflection. Rather he is engaged in active work. He creates by constant labor, and we must remember that for this labor he uses the same external environment which the adult uses and transforms. A child grows through exercise. His constructive efforts constitute a real work which takes place in an external environment.

A child gains experience through exercise and movement. He coordinates his own movements and records the emotions he experiences in coming into contact with the external world. These help to mold his intelligence. He laboriously learns how to speak by listening attentively and making those initial efforts which are possible for him alone, and with tireless efforts he succeeds in learning how to stand erect and run about. As the child grows he follows a schedule as closely as any earnest student, with that same invariable constancy with which the stars move along their invisible courses. In fact, we can measure the height of a child at every stage of his development and he will reach the foreseen limits. We also know that he will come to one level of intelligence at five and another at eight. Since a child will obey the plan fixed for him by nature, we can also foresee what his height will be, and his intellectual capacity, at ten. By means of his constant efforts, experiences, sorrows, and conquests of difficult trials and straggles, a child slowly perfects his activities. An adult can assist in shaping the environment, but it is the child that perfects his own being. He is like a man who is always running so that he can attain his goal. The perfections of an adult are thus dependent upon his efforts as a child.

We adults are dependent upon the child. With respect to his sphere of activity, we are his sons and dependents, just as he is our son and dependent in our particular sphere of work. The adult is master in one area, but the child is master in the other, and the two depend upon each other. Both child and adult are kings, but they are rulers of different realms.

A COMPARISON OF THE TWO TYPES OF WORK

Since a child's work consists in actions upon real objects in the external world, they can be made the object of a special study. After the origins and modes of his operations have been investigated, they can be compared with those of adults. Both child and adult carry on an immediate, conscious, and voluntary action upon their environment that may be regarded as work in the proper sense of the term. But here the comparison ends since they each have a different goal to achieve which is not directly known and willed. All life, even that of plants, develops at the expense of its environment. But life itself is an energy that tends to keep the balance of creation by constantly perfecting the environment without which this energy would itself disintegrate. Coral polyps, for example, draw calcium carbonate from the waters of the sea so that they can build their protective coverings. This is the specific goal of their activity, but in the general plan of creation they also build up new continents. Since this ultimate goal is far removed from their immediate activity, we can learn a great deal about corals and coral reefs without ever taking up the question of new continents. The same could be said of all living beings and especially of men.

The fact that every adult is the product of the creative activity of a child proves that the child has a definite, visible, and ultimate goal. Nevertheless we could study a child from every angle and know everything about him from the cells of his body to the smallest details of his countless operations and we would still not perceive his ultimate goal, that is, the adult he is to become.

And yet, the two remote goals of a single act imply work at the expense of the environment.

Nature can at times use simple means to reveal some portion of her secrets. Among insects, for example, we may note the effects of truly productive labor. One of these is silk, the brilliant thread which men weave into precious fabrics. The other is the spider's web made up of fragile threads which men hasten to destroy. And yet, silk is a product of the silkworm a being that is still maturing, whereas the web is the product of an adult spider. This comparison should help us to realize that when we speak of the work of a child and compare it with that of an adult, we are speaking of two real activities but distinct in kind and goal.

It is important for us to know the nature of a child's work. When a child works, he does not do so to attain some further goal. His objective in working is the work itself, and when he has repeated an exercise and brought his own activities to an end, this end is independent of external factors. As far as the child's personal reactions are concerned, his cessation from work is not connected with weariness since it is characteristic of a child to leave his work completely refreshed and full of energy.

This illustrates one of the fundamental differences between the natural laws of work for children and for adults. A child does not follow the law of minimum effort, but rather the very opposite. He consumes a great deal of energy in working for no ulterior end and employs all his potentialities in the execution of each detail. The external object and action are in every case of only accidental importance. There is a striking relationship between the environment and the perfecting of a child's inner life. A man who achieves sublimation is not preoccupied with external things. He only uses them at the proper time for the perfecting of his own inner life. In contrast to such a man, one who is leading an ordinary life is preoccupied with some external goals and he persues them at any cost, sometimes to the extent of losing his health or even his soul.

Another obvious difference between the work of an adult and that of a child lies in the fact that a child does not look for gain or assistance. A child must carry out his work by himself and he must bring it to completion. No one can bear a child's burden and grow up in his stead. Nor is it possible for a child to speed up the rate of his development. One of the special characteristics of a growing being is that it must follow a kind of schedule that does not admit delays or accelerations. Nature is strict and punishes the least acts of disobedience with functional deviations, that is, with abnormalities or ills known as "retardations."

A child possesses a driving force that is different from that of an adult. The adult always acts for some external motive that demands his strenuous efforts and arduous sacrifices. But if a man is to carry out this mission, he must have received the strength and courage to do so from the child that he was.

A child, on the other hand, does not become weary with toil. He grows by working and, as a consequence, his work increases his energy. A child never asks to be relieved of his burdens but simply that he may carry out his mission completely and alone. His very life consists in the work of growth since he must work or die.

If adults do not understand this secret they will never understand the work of children any more than they have understood it in the past. They place obstacles in the way of a child's work, thinking that rest will be of greater assistance to his proper growth. An adult does everything for the child instead of letting the child act as he should. An adult is interested in using the least effort and in saving time. Since adults are more experienced and agile, they seek to wash and clothe a child and carry him about in their arms or in a buggy and to rearrange a child's room without letting him help.

When a child is given a little leeway, he will at once shout, "I want to do it!" But in our schools, which have an environment adapted to children's needs, they say, "Help me to do it alone." And these words reveal their inner needs.

What a profound truth lies behind this paradox! An adult must assist a child in such a way that he can act and carry out his own work in the world. This reveals not only the child's need but also the fact that he should be surrounded by a vital environment. Such an environment is not one for the child to conquer and enjoy but a means that will enable him to perfect his various activities. This environment must obviously be prepared by an adult who knows a child's inner needs. Our concept of the education of children thus differs not only from those who do everything for a child themselves but also from those who think that they can leave the child in a purely passive environment.

It is therefore not enough to prepare objects for children adapted in size and shape to their needs: adults must also be trained to help them.

28. THE GUIDING INSTINCTS

There are two forms of life in nature: one that is mature and another that is still immature. These two types are quite diverse and even opposed to each other. The life of adults is characterized by struggle. These conflicts may have their origin in adaptation to an environment, as illustrated by Lamarck, or they may have their source in competition and natural selection, as illustrated by Darwin. Conflicts of the latter type not only further the survival of the species, but they lead to natural selection through sexual conquest.

The growth of society may be compared with what happens among grown animals. Men must exert constant efforts to preserve their lives and defend themselves from their enemies; they encounter toil and trouble as they adapt themselves to their environment, and they are moved to love and sexual conquest. Darwin traced the cause of evolution, that is, the gradual perfecting of living beings and the survival of the fittest to these forces and rivalries among the species. In a similar fashion materialistic historians attribute the evolution of humanity to the contests and rivalries among men.

The only sources that we have at our disposal for the writing of human history are the various activities of adults. But this is not so in nature. Here the real key to the understanding of life in its countless, marvelous manifestations is the young and growing being. All living beings are too weak at first to struggle, and all begin to exist before they have any organs to adapt. No living being begins its life as an adult.

There must then be a hidden kind of life with another form, other means, and other incentives different from those that appear in the interplay between mature individuals and their environment. A study of creatures in the process of development is of utmost importance since the true key of life is to be found in them. The experiences of adults only explain the accidents of survival.

Biologists who have studied the infant life of creatures have thrown light on the most wonderful and complex part of nature. They have shown that the whole of living creation is filled with astounding wonders and sublime potentialities. All nature, in a word, is replete with poetry. Biology has shown how species preserve themselves through impulses that act as inner guides. These may be called "guiding instincts" to distinguish them from the immediate instictive reactions of a being to its environment.

Biologically, all instincts may be divided into two fundamental classes according to their separate goals, that is, whether they pertain to the preservation of the individual or to that of the species. In both classes may be found transient and permanent reactions or attitudes. There are, for example, passing conflicts between an individual and its particular surroundings, and there are other fixed and guiding instincts necessary for the preservation of the life of the individual.

Among the transient instinct pertaining to the preservation of the individual, for example, is the defense it raises against whatever is hostile or threatening. Among the instincts, on the other hand, that pertain to the preservation of the species, there is the transient reaction that leads to sexual conflict or union. These episodic instincts, since they are more violent and apparent, were the first observed and studied by biologists. Later, however, more attention was paid to the instincts connected with the preservation of the individual and the species that are of a more permanent character. These have been defined as the guiding instincts.

The very existence of life itself in its cosmic functions is connected with these instincts. They are not so much reactions to an environment as delicate inner sensibilities, just as pure thought is an inner quality of the mind. They may be considered as the divine thoughts being elaborated within the intimacy of the living being to assist it in its operations upon the outer world. The guiding instincts, therefore, do not have the impulsive character of passing conflicts but are marked by a knowledge and wisdom that guides these beings in their voyage through time (the individuals) and in eternity (the species).

The guiding instincts are a cause of special wonder in the direction and protection they afford an infant at the very beginning of its life, when it is still very immature but on the way to attaining its full development, when it does not as yet have the special characteristics of the species, nor the strength, nor the endurance, nor the biological weapons for the contest, nor even the hope of final victory, whose reward is survival. Here the guiding instincts act like a mother or pedagogue hidden within the secret of creation. They save the helpless creature that has neither the strength nor the means to save itself.

One of these guiding instincts is connected with maternity. It has been shown by Fabre and other biologists to be a kind of key to the survival of a species. Another has reference to the growth of the individual and has been described by the Dutch scholar De Vries in his research on the sensitive periods.

The maternal instinct is not confined solely to females, although they are the procreatrices of the species and play the greatest part in protecting the young, but it is found in both parents and at times pervades a whole group. A more profound study of this maternal instinct reveals that it is a mysterious energy which is not necessarily connected with existing individuals but which exists for the protection of the species.

"Maternal instinct" is thus a generic definition given to the guiding instinct that is concerned with the preservation of the species. It has certain characteristics that are common to all living creatures. For one thing, it demands a sacrifice of all other adult instincts. A fierce animal can show a tenderness and gentleness that is not natural to it. A bird which flies far in search of food or to save itself from danger will closely watch its nest. It will find other means of fending off dangers, but never that of flight. Instincts that are inherent in a species unexpectedly change their character. Many species will work to build a place of refuge. This tendency is not found in them at other times, for once they are fully grown they simply adapt themselves to nature as they find it. Their building activities are directed to preparing a shelter for their young. And each species has its own plan to follow. No living being gathers at random the first material that it encounters or simply adapts itself to a particular locality. No, the instructions given in this regard by its maternal instinct are fixed and precise.

The way in which a bird builds its nest is one means of identifying the species to which it belongs. Insects are marvelous builders. Beehives are, for example, veritable palaces built upon perfect geometrical lines. The whole hive works together to build this home for the next generation. Other examples of industry, less spectacular but extremely interesting, could also be noted. There is the spider that stretches her large nets for her foes. But then all of a sudden she forgets her foes and her own needs and undertakes a radically new type of work. She fashions a tiny sack of fine, densely woven threads. This is waterproof and frequently made in two layers to resist the cold and damp of a spider's normal habitat. Within the pouch the spider lays her eggs, but the remarkable fact is that the spider is so strongly attached to this sack that she can die of grief at the distressing sight of her sack being torn or destroyed. She is, in fact, so closely attached to her pouch that it seems to be a part of her body. Her affection, therefore, is centered on the sack but not upon the eggs nor the tiny spiders that finally emerge from them. It seems as if she does not even notice their existence. Instinct has led this mother to do something for the species without her having a living being as a direct object. There can thus be an instinct without an existing object which acts irresistibly and represents submission to an inner command to do what is necessary and to love what has been commanded.

There are butterflies which during the whole of their lives feed on the nectar of flowers without craving any other food. But when the time comes for them to lay their eggs they never deposit them on flowers. They are guided by another instinct The instinct for food which is directed toward the good of the individual is replaced by another. The butterflies turn towards a different kind of food, one which is of no use to them themselves but which is necessary for the larvae from which the butterflies eventually emerge. Insects thus bear within themselves commands of nature that are foreign to their own being but which are for the good of the species. Ladybugs and similar insects never place their eggs on the top, but on their lower sides of leaves, where the larvae that will come out of the eggs and feed upon the leaves will be protected. Similar instincts are found in numerous other insects which never feed upon the plants they choose for the sustenance of their offspring. They instinctively know what will be the proper nourishment of their young and even foresee the dangers that may come from rain and sun.

A creature which has the mission of preserving the species changes its own inclinations and transforms itself as if the laws governing its own life had been for a time suspended and it stood in expectation of some great natural event—the miracle of creation. It then transcends its usual activities and performs what could be described as a rite in the presence of this miracle.

And, in fact, one of the most resplendent miracles of nature is the power which the newborn have, despite their utter lack of experience, to orientate themselves within, and to protect themselves from, the external world. They are able to do this with the help of the partial instincts of their sensitive periods. These instincts are the guides that lead them through successive difficulties and animate them from time to time with irresistible drives. Nature has not given to adults the same protection that it has to the newly born. She has her own norms and watches carefully to see that they are obeyed. Adults must simply collaborate within the limits established by the guiding instincts for the protection of the species.

Frequently, as may be seen in the case of fish and insects, the guiding instincts of the adult and of the newborn creature act in a distinct and independent manner. When this happens, parents and offspring never associate with each other. In higher animals the two instincts work harmoniously together and the concurrence of the guiding instincts of the mother with the sensitive period of her offspring begets a reciprocal love between mother and child, or a maternal relationship is established that extends to the whole of an organized society which takes over the care of the new generation. This occurs, for example, among insects living in communities, such as bees, ants, and so forth.

The species is not protected by love and sacrifice. Rather these are the effects of the guiding instinct which, having its roots in the great creative laboratory of life, determines the survival of every species. The emotion or sentiment which creatures have in caring for their offspring facilitates the task imposed by nature and affords that special pleasure which is found in a perfect obedience to nature's bidding.

If we would wish to embrace the adult world in a single glance, we could say that exceptions are periodically made to the laws governing it. The natural laws, which seem to be so absolute and unchangeable, are suspended for a higher good. They yield to the demands of new laws that favor the infant life of the species. Thus, by a constant suspension and renovation of nature's laws, life is perpetually maintained.

We may now ask ourselves how man fits into these laws of nature. Man is the ultimate synthesis containing within himself all the natural phenomena of lesser beings. He epitomizes and surpasses them and, what is more, through his intelligence he clothes them in a rational splendor that is manifested in his works of art.

How, then, are these two forms of life, that is, of child and adult represented in man, and under what sublime aspects do they reveal themselves? Actually these two lives are not apparent. If we were to search for them in the world of men, we would have to say that there is only an adult world, one preoccupied with externals and securing an easy existence. Men's minds are concentrated on conquest and production as if there were no other matters of importance. Human effort lashes out and is broken in competition. If an adult looks at the life of a child, he does so with the same logic that he regards his own. He sees a child as a different kind of being and keeps this useless creature far away. Or, with what is regarded as education, he attempts to draw a child directly within the orbit of his own way of life. He acts as a butterfly would act (if it were possible) that would break the cocoon of its larva to encourage it to fly. Or he acts like a frog that would draw its tadpole out of the water so that it might breathe on land, and would change its dark skin into the green with which it is itself clothed.

This is more or less the way in which men act towards their children. Adults show them their own proper perfections, their maturity, their historical examples, and they expect the children to imitate them. They fail to realize that a child's life is such that it needs a different kind of environment and a different means of life.

How can we explain such a great misunderstanding on the part of man, the most evolved, the highest form of being in the material universe, one endowed with his own intelligence, the master of his environment, full of power, and immeasurably superior to other living beings in bis ability to work?

And yet man, architect, builder, producer, and molder of his environment does less for his child than the bee and other insects for their young. Is the highest and the most essential of life's guiding instincts completely lacking in man? Is he truly helpless and blind before a staggering phenomenon characteristic of all life which guarantees the very existence of the species?

Man should have feelings like those of other beings, for in nature everything is transformed but nothing destroyed. The forces that pervade the universe survive even if they are turned aside from their proper objects.

Man is a builder, but where does he build a nest suitable for his child? It should be a place of beauty and uncontaiminated by any outward need. It should be a place where a generous love can store up riches not used for production. Is there any place where a man feels the need to abandon his usual mode of acting, where he perceives that struggle is not an essential part of life, where he comes to realize that getting the better of others is not the secret of survival, and where, as a consequence, self-renunciation seems to be a true source of life? Is there no place where a soul longs to break the iron bonds that hold it fast to the world of external things? Is there no anxious looking for a miracle, a miracle that will foster new life? Is there likewise no longing for something that transcends the life of the individual and stretches out towards eternity? This is the way of salvation: man sees that he must give up his own laborious reasonings and come to believe.

These are the sentiments which rise in a man at the birth of his child. Like other living creatures he should give up his own way of acting and make a holocaust of himself so that life may be carried forward towards eternity.

Yes, there are places when a man no longer feels the need of conquest but of purification and innocence, where he longs for simplicity and peace. In that innocent peace man seeks for a renewal of his life, for a kind of resurrection from the burdens of the world.

Yes, there must be in man great aspirations that are far removed from those of ordinary life. They represent a divine voice that nothing can still, calling men together to stand about the child.

29. THE CHILD AS A TEACHER

One of the most important objects for research today is the discovery of man's guiding instincts. With no precedents to guide us, we have opened up this new field of investigation. We have demonstrated the existence of certain instincts and indicated how they can be further studied. But such a study is only possible among normal children, that is, among those who live in an environment that is suitable for proper growth. When this happens, a new human nature is so clearly revealed that there can be no doubt about its normal character.

Countless experiences have brought to light a truth that is of great importance for education and society. It is clear that if men had a nature different from the one we know, they would have a different form of social organization. But if such a normalization of adult society is to be brought about, it must be done through education. A social change of this type cannot come from the ideas or energies of individual reformers but from a slow and steady emergence of a new world in the midst of the old, the gradual appearance of the world of the child and adolescent. From this world should gradually come the revelations and natural guidance that can lead society to a normal life. It is foolish to hope or even to imagine that theoretical reforms or individual efforts could fill so great a void as that which has been made in the world through the oppression of children. As long as children cannot develop according to nature's norms but suffer deviations, men will always be abnormal. The energy that can help mankind is that which lies within the child.

We must insist upon the attainment of the ancient ideal contained in the saying, "Know thyself!" The various biological sciences that have contributed so much to men's physical well-being have started with this dictum. Though man has made great strides in physical hygiene, his psychic life is still an unknown quantity. The first great advances in the knowledge of the human body were made through the dissecting of cadavers. New advances in the understanding of the human mind will be made through a study of the newborn child. Such studies seem to be necessary for the progress of civilization. The problems of education and of society will remain unsolved as long as there is no basis for their solution, that is, the normalization of the child.

The same might be said of adults. They are confronted with the problem of self-knowledge, that is, of knowledge of the hidden laws that direct the psychic development of man. But this problem has already been resolved by the child in a practical way, and there seems to be no other solution. Deviated men, who seek to obtain power and authority, can become obsessed with any good, which is then transformed into something dangerous before it can be rightly used. This is why any good, any discovery or invention, can increase the ills that afflict the world. We can see this social effect produced by machines. They can be used to further man's material well-being or for war and the heaping up of excessive profits. The progress that has been made in physics, chemistry, and biology, and the discovery of new means of transportation have augmented the danger of increased misery and the eventual triumph of barbarism. We can thus place no hopes in the external world until the normalization of man is recognized as a basic social need. Only then will material progress bring true blessings and a higher form of civilization.

Within the child lies the fate of the future. Whoever wishes to confer some benefit on society must preserve him from deviations and observe his natural ways of acting. A child is mysterious and powerful and contains within himself the secret of human nature.

30. THE RIGHTS OF THE CHILD

Up until the turn of the century society was not at all concerned with the child. It was left exclusively in the care of the family. The only protection that he had was his father's authority, a relic of Roman law going back some two thousand years. During this long period of time advances were made in civilization and many improvements were made in the laws for adults. But children were left deprived of any such defense. A child received the material, moral, and intellectual assistance which the family into which he was born could afford. If a child's family was without resources, society felt no responsibility in his regard, and he grew up in the midst of material, moral, and intellectual misery. Society did not ask husband and wife to prepare themselves so that they could take proper care of their children. The state, which was so rigorous in the drawing up of official documents, so meticulous with the smallest formalities, and so anxious to regulate every other aspect of society, was not in the least concerned about the ability of future parents to protect their children and provide for their proper development. Nor did it give any kind of preparation or instruction that would have helped these parents to assume their responsibilities. Even now all that a man and woman need to do to establish a family is to obtain a license and go through the marriage ceremony.

From all this we may conclude that society has long been indifferent to the tiny workers to whom nature has entrusted the role of the building of humanity. In contrast with the constant benefits that have been heaped upon adults, children have remained exiled and forgotten.

It was only about seventy years ago that physicians began to take a real interest in children and began to realize that they were the victims of society. At that time children were even more abandoned than they are today. There were no specialists or hospitals set aside for children. But when statistical studies revealed the high incidence of infant mortality, men were aroused from their lethergy. The figures showed that, even though many children might be born into a family, only a relatively few survived. The death of small children seemed so natural that families consoled themselves with the thought that their offspring passed immediately to heaven. So many infants died through ignorance and lack of care that their deaths were considered to be quite normal.

But when men came to realize that something could be done for these children, an extensive campaign was undertaken to stir up the consciences of their parents. They were told that it was not enough for them to give life to their children but that they should also use the new discoveries of science to save them from sickness and death. This meant that they would have to learn the principles of child hygiene and apply them.

But it was not only within the bosom of their family that children suffered. In the last decade of the nineteenth century, when physicians were studying diseases among workers and laying the foundations for social hygiene, it was discovered that, in addition to the infectious diseases that resulted from a lack of hygiene, children were also afflicted with other ills.

They had to undergo sufferings in school imposed upon them by society. Bending for long hours over a desk while learning how to read and write caused a constriction of the spinal column and a narrowing of the chest that predisposed these children to tuberculosis. Prolonged effort to read without sufficient light caused nearsightedness, and their bodies were in general weakened through long confinement in narrow, crowded quarters.

But their sufferings were not simply of a physical nature; they were spiritual as well. Forced study brought on fear, weariness, and nervous exhaustion. They became disheartened, and melancholy replaced their natural gaiety.

Families, as a rule, took little account of all this. The parents of a child were solely interested in seeing a child pass his examinations and learning as quickly as possible so that there would be no further expenditures for education. They were not much concerned with learning for its own sake or with cultural attainments. They were simply attending to an expensive social obligation. All that interested them was that a child should acquire a social passport in the least possible time.

Investigations made at the time revealed some interesting facts. Many children came to school wearied from tasks they had already performed. Some had walked for several miles before school distributing milk to customers, others had sold newspapers on the streets or had worked at home. They thus came to school tired and hungry. Nonetheless these same children were frequently punished for being inattentive and failing to understand the teacher. The latter, concerned with his reponsibilities and still more with his authority, sought to awaken their interest by scolding them. He exacted obedience with threats or humiliated his charges in the presence of their companions by reproaching them with their lack of ability or weakness of will. Children thus spent their lives being exploited at home and punished in school.

So much injustice was revealed by these early investigations that a reaction set in. Various changes were made in schools. Doctors and teachers now worked together for the health of the students. The introduction of these school health programs has had a beneficial influence in all civilized countries. They mark the first step towards the social redemption of childhood.

If we look back beyond this first saluatory awakening we shall not find in the whole course of history any evidence of a recognition of the rights of a child, or any appreciation of their importance. And yet Christ, to arouse men from their blindness and to point out to them the way to the Kingdom of Heaven, had embraced a child and said, "If you do not become as one of these little children, you shall not enter into the Kingdom of Heaven." But despite this salutary warning adults continued to be preoccupied with bringing a child to their own way of living, setting themselves up as examples for his perfection. And it seemed as if their tremendous blindness was wholly incurable. This universal blindness, old as humanity itself, is certainly one of the great mysteries of the human soul.

From remote antiquity down to our own days education has been synonymous with punishment. The end of education was to subject the child to an adult, who substituted himself for nature and replaced the laws of life with his own desires and intents. Support for this attitude was found in the Book of Proverbs where a father could read that if he spared the rod he would spoil the child. During the course of thousands of years, no great changes have been made. People of different nations have used different means for punishing children. In private schools there frequently are fixed modes of punishment. These may include the hanging of a humiliating sign about a child's neck, putting the ears of an ass on his head, or exposing him to the insults and derision of anyone who happens to pass by. There are other punishments that entail physical pain. Among these are forcing a child to stand for hours with his face towards a corner, or to kneel on the floor with bare knees, or to be whipped in public. A modern refinement of cruelty has sprung from the theoretical union of family and school in the work of education. The child who has been punished in school is obliged to reveal the fact at home so that his father may add his own reproaches and chastisements to those of the teacher. The child is then compelled to bring a note from his father to show that he has been informed of his son's misdeeds.

In such cases a child finds it impossible to defend himself. To what tribunal can he turn? He does not even have the right of appeal enjoyed by a condemned criminal. And where is the love that might serve a child as a consoling refuge in his troubles? There is none. Teachers and family unite in inflicting punishment upon a child in the belief that otherwise the correction would be ineffective. But families do not need to be reminded that they should punish their children. Studies of the various ways in which children are punished show that even in our own day there are no nations in which children are not punished within the family. They are insulted, scolded, slapped, beaten, banished to dark rooms, threatened with even greater punishments, and deprived of the little amusements and recreations, like that of playing with other children or eating candy or fruit, which constitute their sole refuge and the only compensation for so many sufferings unconsciously endured. Then, too, they are forced to go to bed without their supper and thus pass a troubled night because of their grief and hunger.

Although the use of such punishments is rapidly disappearing among educated people, they have not entirely disappeared. Parents still shout at their children in harsh and threatening tones. Adults think they have a natural right to punish a child, and a mother thinks a slap is a duty.

And yet corporal punishment has been abolished for adults as an insult to human dignity and a social disgrace. But is there anything so mean as to insult and beat a child? Man's conscience in this regard has certainly been dulled.

Progress in civilization no longer depends upon individual efforts or the burning flame of the human soul. Its advance is like that of an insensible machine. The driving force is the enormous impersonal power of society moving relentlessly ahead.

Society is like an enormous train traveling at a dizzy speed towards some distant goal, and the individuals who make up this society may be compared with travelers asleep in their compartments. Their sleeping consciences are the greatest obstacle to true progress. If this were not so, there would not be the dangerous contrast between the ever increasing speed of the means of transportation and the ever greater rigidity of the human soul. The first and most difficult step towards social reform is to arouse this slumbering humanity and force it to listen to the voice that is calling. Today it is absolutely necessary that society should become aware of the child and earnestly strive to draw him from the great and perilous abyss in which he lies. The social rights of children must be recognized so that a world suited to their needs may be constructed for them. The greatest crime that society commits is that of wasting the money which it should use for children on filings that will destroy them and society itself as well.

Society is like the guardian of a child who has squandered his patrimony.

Adults spend money on themselves and build what they want, when it is obvious that a great share of their wealth should be destined for their children. This truth is instinctive in life itself and may be found even in the lowest insects. Why do ants store up provisions? Why do birds seek for food and carry it to their nests? Nature furnishes no examples of adults who devour everything themselves and abandon their own offspring to misery. And yet nothing is done for the child. His body is kept alive and that is all. When, because of its wastefulness, society has an urgent need of money, it takes this from schools, and especially from the lower schools that shelter the seeds of life. It takes it from these schools since there are no voices to defend them. This is one of humanity's worst crimes and errors. Society does not even perceive that it causes double destruction when it uses this money to build instruments of war. It destroys by preventing life and bringing death, but the two are the result of a single error. Since no effort was made to secure their proper development in life, men have grown up in an abnormal manner. Adults must therefore be organized, not for themselves, but for their children. They must raise their voices in the name of a right which their habitual blindness prevents them from seeing but which, if it is once affirmed, could never be questioned. If society has been a faithless guardian of children, it must now set things aright and return to them their inheritance.

THE MISSION OF PARENTS

A child's parents are not his makers but his guardians. They must protect him and have a deep concern for him like one who assumes some scared trust. For their exalted mission, a child's parents should purify the love that nature has implanted in their hearts and they should strive to understand that this love is the conscious expression of a deeper sentiment that should not be contaminated by self-interest or sloth. Parents should be concerned with the great social question of the day, the struggle to gain a recognition of the rights of childhood in the world.

Much has been said in recent years of the rights of man and especially of the rights of workers, but it is now time to speak of the social rights of the child. A recognition of the rights of workers is a matter of fundamental importance for society since it is solely by human toil that humanity survives. But if workers produce what men consume and are the creators of countless objects, the child produces humanity itself and consequently his rights have still greater need of recognition. It is evident that society should lavish upon children the greatest care so that it may in turn receive from the child new energies and potentialities.

Men's consciences should be strongly moved by the fact that they have neglected and forgotten the rights of the child, that they have failed to recognize his worth, his power, and his very nature.

Parents have a very important mission. They are the only ones who can save their children by uniting and working together for the improvement of society. They must come to appreciate the mission which nature has entrusted to them. They have a primary role in society and control the future of humanity in so far as they give life to their children. If they do not act as they should, they will be like Pilate.

Pilate could have saved Christ but he did not do so. A mob held in the grip of ancient prejudices demanded the life of the Redeemer, and Pilate did not effectively oppose them.

Parents today act like Pilate. They abandon their children to social customs as if they were inevitable. No voice is raised in their defense, and yet if there is a voice that should defend them, it is that of love and the power of love, the human authority of their parents.

As Emerson has observed a child is like the Messias in that he descends to fallen men in order to lead them back to the Kingdom of Heaven.

致敬经典　品读名著

“世界教育经典名著丛书”举隅

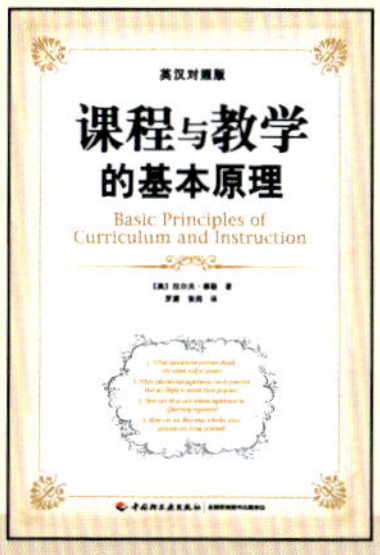

《课程与教学的基本原理》（英汉对照版）

【美】拉尔夫·泰勒 著
罗康 等 译

定价：42.00元

“现代课程理论之父”泰勒的代表作，被誉为“现代课程理论的‘圣经’”。高等院校教育专业师生和中小学教师的必读经典。英汉对照有助于品读原汁原味的名著。

《去学校化社会》（汉英双语版）

【美】伊万·伊利奇 著
吴康宁 译

定价：58.00元

当代著名教育思想家伊万·伊利奇在书中炮轰美国教育、现代学校和社会，并绘制了“去学校化社会”的美好图景。著名教育社会学者吴康宁教授倾情翻译并解读这一思想巨著。

《教育的目的》（汉英双语版）

【英】阿尔弗雷德·诺斯·怀特海 著
靳玉乐 等 译

定价：48.00元

英国哲学家、教育家和数学家怀特海的教育代表作。著名教育学者靳玉乐教授等翻译，译者注释丰富、汉英双语对照，十分有助于品味经典。

《论教育学·系科之争》

【德】伊曼努埃尔·康德 著
杨云飞 邓晓芒 译
邓晓芒 校

定价：58.00元

全面地反映了德国伟大的哲学家和教育家康德的教育思想。我国著名哲学家邓晓芒教授和其弟子杨云飞博士根据德文原著历时一年多精心翻译，并撰写了大量的译者注和精彩的“译者导读”。

《大教学论》（评注版）

【捷】约翰·阿莫斯·夸美纽斯 著
刘富利 等 译

定价：48.00元

被誉为“现代教育之父”的捷克教育家、哲学家、神学家夸美纽斯的代表作，标志着教学论的诞生。牛津大学教育学者莫里斯·沃尔特·基廷在书中做出了精彩的评论，中文版译者撰写了大量译者注。

《爱弥儿》（精选本）

【法】让-雅克·卢梭 著
檀传宝 等 译

定价：48.00元

法国启蒙思想家和教育家卢梭的代表作，一本小说体教育名著。卢梭因该书而被誉为“新时代的苏格拉底”，歌德称《爱弥儿》是教育的福音。著名教育学者檀传宝教授领衔选译《爱弥儿》全书的精华部分。

“世界教育经典名著丛书”共16部著作，遴选了14位世界著名的教育家、哲学家和心理学家的教育代表作，由国内十余位权威专家精心译校，大量的译者注和精彩的“译者导读”有助于读者领略名著的思想精髓，7种名著采用了汉英双语的出版形式，用纸考究、印刷清晰和软精装使丛书可读宜藏。

扫一扫，下载万千最新书目